区域高速交通基础设施可达性研究

蒋海兵 著

科学出版社
北京

内 容 简 介

本书系统地探究高速交通基础设施驱动下的区域可达性空间分异规律，透过可达性视角系统地揭示高速交通基础设施空间溢出效应、区域旅游空间结构和城镇体系以及城市客运联系等方面的演变机制，阐明高速交通可达性对社会经济的作用机理。全书分三个部分，第 1~3 章为区域交通可达性研究的理论部分，重点阐述区域交通可达性理论、研究进展及分析方法；第 4~6 章为实证部分，重点分析我国高速交通网络设施作用下的区域交通可达性空间格局演变及其空间效应、高速交通可达性对城市铁路客运联系的作用机制；第 7 章和第 8 章为总结部分，主要根据区域高速交通可达性规律研究，提出区域综合高速交通空间组织与空间优化的建议和对策。

本书可供交通运输地理、现代交通管理和区域规划等相关领域的科研、教学和实践工作者参考。

图书在版编目(CIP)数据

区域高速交通基础设施可达性研究/蒋海兵著. —北京：科学出版社，2022.1
ISBN 978-7-03-068982-5

Ⅰ.①区⋯ Ⅱ.①蒋⋯ Ⅲ.①高速公路–交通运输建设–基础设施建设–研究 Ⅳ.①U412.36

中国版本图书馆 CIP 数据核字（2021）第 105868 号

责任编辑：周 炜 朱英彪 罗 娟／责任校对：任苗苗
责任印制：吴兆东／封面设计：陈 敬

科学出版社 出版
北京东黄城根北街 16 号
邮政编码：100717
http://www.sciencep.com

北京凌奇印刷有限责任公司 印刷
科学出版社发行 各地新华书店经销

*

2022 年 1 月第 一 版 开本：720×1000 B5
2023 年 1 月第三次印刷 印张：12 3/4
字数：257 000
定价：98.00 元
（如有印装质量问题，我社负责调换）

前　言

近年来，我国高速交通基础设施建设快速发展，高速公路、高速铁路、过江通道、跨海大桥等快速交通项目陆续规划、上马或运营。各地高速交通的迅猛发展需求也推动了我国交通可达性研究的发展，使其成为交通地理学研究的热点问题。交通可达性研究不仅能够有效地评估新建或规划交通基础设施可达性收益的分布格局与变化，判断新建交通基础设施能否有效地提高区域交通运输的效率与公平性，而且可以揭示区域空间结构与旅游空间结构演变规律，分析高速交通基础设施带来的空间效应。在实践上，交通可达性研究可为区域综合交通规划、交通调控与管理的相关政策及交通公共政策提供技术支撑和科学建议。

本书首先梳理了近年来国内外区域交通可达性的研究脉络以及区域可达性的相关研究理论与方法，跟踪和评述了国内外区域可达性研究的动向。然后，以过江通道、高速公路、高速铁路和综合高速交通设施为研究对象，重点刻画区域高速交通可达性空间格局及其变化特征，解析高速交通可达性空间效应，通过可达性分析技术系统地研究高速交通基础设施对区域社会经济的作用机制。研究表明：①高速交通可达性增量具有交通设施的距离衰减规律，带来非均衡的时空收敛效应。边缘地区可通过加强其与高速交通网络的衔接来提高该地区的可达性水平。②高速交通可达性溢出效应具有非均衡性，中间地区溢出效应高于其他地区。多数中间地区是溢出效应的显著地区，边缘区域一般为溢出效应的输入地区。③高速交通增强了区域中心城市对其他城市的辐射能力，扩大了城市腹地范围，引导城市体系的重构，推动区域经济一体化进程。④高速交通客运量高的城市集中于东部地区和区域中心，客运量具有显著时间距离衰减特征。可达性、城市等级和城市间的时间距离会影响城市客运量空间格局和城市空间联系强度。⑤可达性在城市经济增长方式转变等方面发挥关键作用。

本书相关研究得到国家自然科学基金项目（41301108）、中国博士后科学基金项目（2011M500374）、江苏高校哲学社会科学研究重大项目"交通一体化驱动下长三角产业集聚与空间优化配置研究"（2021SJZDA024）和盐城师范学院高端人才支持计划项目的资助，在此表示感谢。同时，衷心感谢张文忠教授、徐建刚教授以及余建辉、祁毅和廖邦固博士在本书撰写过程中给予的指导与支持。

由于作者专业知识背景与水平有限，书中难免存在不妥与疏漏之处，敬请专家和读者批评指正。作者邮箱：haibingjiang1@163.com。

蒋海兵

2021 年 10 月

目 录

前言
第 1 章 绪论 ··· 1
  1.1 研究背景与意义 ·· 1
    1.1.1 研究背景 ··· 1
    1.1.2 研究意义 ··· 3
  1.2 研究思路与内容 ·· 4
    1.2.1 研究思路 ··· 4
    1.2.2 研究目的 ··· 4
    1.2.3 研究内容 ··· 5
第 2 章 区域交通可达性理论和研究进展 ··· 6
  2.1 区域交通可达性理论基础 ··· 6
    2.1.1 可达性基本概念 ··· 6
    2.1.2 可达性与社会经济发展的关系 ·· 7
    2.1.3 可达性理论和方法应用 ··· 8
    2.1.4 可达性组成部分 ··· 8
    2.1.5 可达性测度方法及其影响因素 ······································ 10
  2.2 国外区域交通可达性研究 ··· 11
    2.2.1 区域交通可达性时空变化研究 ······································ 11
    2.2.2 交通可达性空间效应研究 ·· 14
  2.3 国内区域交通可达性研究 ··· 16
    2.3.1 区域交通可达性研究方法 ·· 17
    2.3.2 区域交通可达性时空格局 ·· 18
    2.3.3 可达性地域空间效应 ··· 18
    2.3.4 高铁可达性研究 ··· 19
    2.3.5 高速交通可达性影响下的城市空间联系 ························ 19
  2.4 研究述评与展望 ·· 23
    2.4.1 国外研究述评 ··· 23
    2.4.2 国内研究述评 ··· 23
    2.4.3 未来可能研究方向 ·· 23

第 3 章 区域高速交通可达性分析方法······25
3.1 栅格可达性分析法······25
3.1.1 技术方法概述······25
3.1.2 栅格分析方法步骤······26
3.1.3 成本加权栅格法具体操作······27
3.2 网络可达性分析法······30
3.2.1 网络分析法概述······30
3.2.2 交通网络最短路径分析过程······30
3.2.3 网络分析法应用······30
3.2.4 网络分析法具体步骤······31
3.3 矢量-栅格集成可达性分析法······33
3.4 时刻表法与网络分析法集成可达性分析法······33
3.4.1 技术方法概述······33
3.4.2 可达性测算的关键技术······35
3.5 基于交通大数据的可达性分析法······36
3.5.1 技术方法概述······36
3.5.2 技术方法特点······36
3.6 可达性测算评价指标······38

第 4 章 高速交通影响下区域可达性空间格局与演变······41
4.1 过江通道对乡镇可达性影响分析······41
4.1.1 研究区域与技术路线······41
4.1.2 可达性空间格局及其变化······43
4.1.3 本节小结······45
4.2 京沪高铁对区域中心城市陆路可达性影响分析······46
4.2.1 研究方法与指标选取······47
4.2.2 方法实现与结果分析······48
4.2.3 本节小结······53
4.3 高铁与出行成本影响下的全国陆路可达性分析······54
4.3.1 研究方法与指标选取······55
4.3.2 结果分析······58
4.3.3 本节小结······65
4.4 全国高铁可达性空间演变特征······66
4.4.1 数据来源与研究方法······67
4.4.2 结果分析······70
4.4.3 本节小结······72

第 5 章 高速交通基础设施可达性空间效应······74
5.1 可达性视角下高速公路投资空间溢出效应······74
- 5.1.1 引言······74
- 5.1.2 研究区域与模型方法······75
- 5.1.3 结果分析······78
- 5.1.4 本节小结······83

5.2 高铁可达性与区域经济相关性······83
- 5.2.1 引言······83
- 5.2.2 数据来源与研究方法······85
- 5.2.3 方法实现与结果分析······87
- 5.2.4 本节小结······96

5.3 高铁影响下旅游空间相互作用······97
- 5.3.1 引言······97
- 5.3.2 研究方法与指标选取······98
- 5.3.3 结果分析······100
- 5.3.4 本节小结······104

5.4 基于交通可达性的全国城市经济区划分······105
- 5.4.1 引言······105
- 5.4.2 腹地划分技术方法······105
- 5.4.3 结果分析······107
- 5.4.4 城市经济区划分······111
- 5.4.5 本节小结······113

5.5 可达性视角下高铁网络空间效率和供需关系······114
- 5.5.1 引言······114
- 5.5.2 数据来源与研究方法······114
- 5.5.3 全国高铁网络空间效率分析······116
- 5.5.4 全国高铁网络供需关系分析······121
- 5.5.5 本节小结······124

5.6 可达性对资源枯竭城市经济转型发展的影响······125
- 5.6.1 引言······125
- 5.6.2 研究指标和数据来源······126
- 5.6.3 资源枯竭城市可达性空间格局特征分析······128
- 5.6.4 可达性与经济转型发展指标的相关性分析······130
- 5.6.5 可达性与城市经济转型发展回归分析······130
- 5.6.6 资源枯竭城市经济转型发展格局的驱动因素分析······132

- 5.6.7 典型资源枯竭城市经济转型发展成效与可达性关联分析 · · · · · · · · · · · · 133
- 5.6.8 可达性对资源枯竭城市经济转型发展成效的作用机理 · · · · · · · · · · · · 134
- 5.6.9 本节小结 · 135

5.7 可达性视角下高铁竞争与合作效应空间特征 · 136
- 5.7.1 引言 · 136
- 5.7.2 数据来源与研究方法 · 137
- 5.7.3 高铁竞争效应空间特征分析 · 137
- 5.7.4 高铁合作效应空间特征分析 · 138
- 5.7.5 本节小结 · 139

第 6 章 高速交通可达性对城市铁路客运联系的作用机制 · · · · · · · · 140

6.1 高铁可达性作用下城市空间联系格局分析 · 140
- 6.1.1 引言 · 140
- 6.1.2 数据来源与研究方法 · 141
- 6.1.3 城市高铁客运量空间格局分析 · 143
- 6.1.4 城市高铁客运空间联系强度分析 · 145
- 6.1.5 城市高铁客运量的时间距离衰减特征 · 147
- 6.1.6 城市高铁客运空间联系的影响因素分析 · 151
- 6.1.7 本节小结 · 152

6.2 长江三角洲城市群铁路客运联系网络结构演变特征 · · · · · · · · · · · · · · · · · · 153
- 6.2.1 引言 · 153
- 6.2.2 数据来源与研究方法 · 154
- 6.2.3 铁路客运联系强度空间演变特征 · 156
- 6.2.4 长江三角洲城市群铁路客运联系网络演变特征 · · · · · · · · · · · · · · · · · · 157
- 6.2.5 铁路客运联系网络凝聚子群演变分析 · 159
- 6.2.6 长江三角洲城市群铁路客运联系网络演变驱动机制分析 · · · · · · · · · · 162
- 6.2.7 本节小结 · 163

6.3 国家中心城市对外交通空间联系强度 · 164
- 6.3.1 引言 · 164
- 6.3.2 数据来源与研究方法 · 165
- 6.3.3 国家中心城市对外交通客运空间联系特征分析 · · · · · · · · · · · · · · · · · · 166
- 6.3.4 本节小结 · 173

第 7 章 区域高速交通空间组织的建议与对策 · 175

7.1 区域交通空间组织优化调控的政策建议 · 175

7.2 区域高速交通背景下国土空间规划策略 · 176

第 8 章　总结与展望 ··· 178
　8.1　主要结论与核心观点 ·· 178
　　8.1.1　主要结论 ··· 178
　　8.1.2　核心观点 ··· 180
　8.2　主要创新点 ·· 181
　8.3　研究展望 ··· 181
参考文献 ··· 182

第 1 章 绪　　论

1.1　研究背景与意义

1.1.1　研究背景

区域交通基础设施建设是国民经济发展的重要基础，我国交通设施建设曾长期滞后于经济发展的速度，成为国家经济发展的瓶颈 (陈航, 2000)。经过多年的发展，交通建设已经取得了举世瞩目的成果。自 2005 年以来，我国交通基础设施建设总体上呈现出超前建设的特征和趋势 (金凤君, 2012)，近些年仍在不断加大区域高速交通设施投资力度。

随着经济全球化进程加快以及对我国经济发展的影响加剧，部分经济发展较快的城市和区域与全球经济中心的联系更加密切，其他地区和城市则通过增强与中心城市对接积极融入全球化进程。同时，我国加快建设城市群来推进经济高质量发展。在区域交通一体化规划指引下，各地区域交通设施日趋大型化、高速化与公交化，并成为各地投资的热点工程，高速交通设施迅猛增长引起了国内外广泛关注。

近些年来，在区域层面，我国高速交通网络与信息技术快速发展，高速铁路(简称高铁)、高速公路、过江通道、跨海大桥等设施加快建设。在城市层面，大中城市轨道交通、高架快速路、大型停车设施等快速交通设施不断完善。自从 2008 年京津高铁通车以来，高铁网络快速拓展，2019 年底总里程达到 35388km，占全世界高铁里程总量的 58.7%，高铁客流量达到 23.58 亿人次，占铁路客运量的 64.4%，我国铁路迈入高速时代，高铁正积极参与城市群的整合，京沪高铁将环渤海经济区和长江三角洲经济区更加紧密地联系起来，为高铁沿线省市经济注入更为长远和持久的推动力，为人们提供快捷便利的出行服务；而规划的"八纵八横"的中国高铁网络意味着未来时空收敛效应将不断增强。与此同时，高速公路建设持续加快，高速公路通车总里程居世界第二位，2019 年底私家车保有量达到 2.25 亿辆，国家计划用 20~30 年使高速公路通车里程达到 8.5 万 km。另外，众多跨海大桥、过江通道建成通车融入我国高速网络，如苏通大桥、杭州湾跨海大桥、胶州湾大桥、港珠澳大桥等，显著减少了城市与区域之间的通达时间，增强了地区间的社会经济联系，高速交通网络建设实现了"天堑变通途"和"天涯若比邻"。

交通技术革命大大缩短了旅客的出行时间，高速交通基础设施加强了空间相互作用的强度与广度，是深刻改变区域经济活动分布的重要因素之一。随着我国智慧出行方式的加快推广和普及，移动互联网和全球卫星定位系统 (global positioning system, GPS) 导航服务重塑出行者感知地图，引导客货运输选择最优交通出行路径，而网约车和共享汽车又实现交通工具的高效和便捷换乘。在交通和信息技术革新背景下定量化地分析高速交通对社会经济活动分布的影响，对于理解与认识经济社会活动空间演化规律意义重大。随着高速交通时代的到来，区域综合交通体系不断完善，城市之间的时间距离急剧压缩，空间距离因素在区域发展中的影响逐渐弱化，"时空收敛"效应日益明显，这有利于增加人流量、提高物流效率，从而促进城市间的经济联系与分工合作，引导生产要素和产品市场重新分配 (王姣娥和金凤君, 2005)。此外，迅猛发展的高速交通网络时空收敛效应不仅改变了城市之间的时间距离和空间关系，加快区域城镇体系重构，而且强力地推进了区域一体化的进程，促进京津冀协同发展、粤港澳大湾区建设和长江三角洲一体化行动计划等重大战略的实施。

随着人民群众生活水平的不断提高，从温饱型向小康和中等发达水平过渡，逐步进入注重生活质量的新阶段，居民出行、旅行和准时制快递物流运输需求大幅增长，导致高速交通基础设施需求与日俱增，它将对高速交通设施合理规划与空间配置提出更高的要求。科学、合理与公平地进行高速交通基础设施选址布局，已经成为我国新时期区域交通规划与开发建设的客观要求和重要任务。党的十八大报告将"必须坚持维护社会公平正义"作为在新的历史条件下夺取中国特色社会主义新胜利的基本要求，强调区域社会经济发展不仅要重视经济效益，增强各地社会经济活力，更要保证各地获得平等的发展机会。

近十多年来，我国加大交通基础设施的投资力度，区域交通基础设施建设步伐加快，高铁、高速公路、过江通道、跨海大桥等高速交通项目陆续规划、上马或运营，它们的建设无疑会促进区域发展，既破解了束缚经济社会发展的区域交通运输瓶颈，也可节约大量时间成本，增加劳动就业机会。然而，局部地区出现了交通网络过度扩张的现象 (陆大道, 2012)，也存在高速交通运输过度竞争的风险 (金凤君, 2012)。

2019 年《交通强国建设纲要》明确了规划目标，到 2035 年，我国基本建成交通强国。现代化综合交通体系基本形成，拥有发达的快速网、完善的干线网、广泛的基础网，城乡区域交通协调发展达到新高度；基本形成"全国 123 出行交通圈"(都市区 1 小时通勤、城市群 2 小时通达、全国主要城市 3 小时覆盖) 和"全球 123 快货物流圈"(国内 1 天送达、周边国家 2 天送达、全球主要城市 3 天送达)，旅客联程运输便捷顺畅，货物多式联运高效经济。

在国家和地方交通建设规划指引下，各地高速交通基础设施建设如火如荼。对于我国高速交通可达性及其空间效应的研究，受到国内学者的广泛关注，成为交通地理学研究的热点。

1.1.2 研究意义

1. 理论意义

(1) 区域高速交通可达性研究丰富了交通运输经济学的研究内容。区域高速交通可达性分析探究交通服务设施利用效率和均衡性问题，它涉及如何处理公平与效率关系的问题。

(2) 区域高速交通可达性研究有助于科学地认识区域高速交通网络的空间效应及其规律。区域高速交通可达性带来的效应包括交通可达性溢出效应、经济社会效应等方面。其中，交通溢出效应指区域交通设施投资与建设对周边地区社会经济或者行业产生的影响。

(3) 高速交通可达性空间效应研究深化了对高速交通社会经济作用机理的认识，对于区域一体化和城镇体系规划具有重要的理论和实践指导意义，因而该研究方向具有时代紧迫性、现实性和必要性。

(4) 高速交通可达性作用下的城际客货运输联系研究能够揭示高速交通网络背景下的城市交通运输联系格局演化规律与发展趋势，为科学合理地预判城际客货运量格局和交通空间组织模式演化趋势提供重要的参考依据。

2. 实践意义

(1) 可达性研究能够科学合理地评价规划高速交通带来的社会经济效益，为区域交通布局优化和交通政策制定提供有价值的参考依据。高水平可达性是区域交通规划和政策的重要目标之一，是对交通系统的响应，从长远来看会影响经济活动空间区位。区域交通设施布局应寻求公平与效率的平衡，科学合理地布局区域交通基础设施不仅有助于缩小区域之间的差距，协调区域经济，实现优化区域交通设施布局的目标，而且能够引导区域生产力要素重新配置，带动关联产业的快速发展，实现要素的扩散与集聚，从而优化生产力布局。可达性分析是刻画规划高速交通基础设施的空间效应强度及其空间分异，客观地评估新建或规划的高速交通基础设施可达性收益分布格局与变化，判断高速交通网络能否高效地提升区域交通效率与公平性，识别区域高速交通建设和规划中存在的布局问题，回答是否有助于区域交通公平、规划项目带来的可达性收益水平如何、哪里的可达性收益最显著等问题。

(2) 可达性研究有助于城市群规划建设。城市群已成为区域社会经济发展新的增长点，作为重要基础设施，高速交通网络成为都市圈或城市群空间系统运行的物质条件和必要前提，是都市圈与城市群发展的"催化剂"，其可达性的优良与否制约着城市与区域之间物质流、能量流和信息流的通畅程度。高水平可达性可以加强城市之间的合作，促进城市圈与都市圈的形成，能够优化城市群空间结构，对统筹城乡区域发展战略的进一步推进意义重大。

1.2 研究思路与内容

1.2.1 研究思路

(1) 刻画高速交通可达性空间格局及其演化。一方面，从交通供给角度看，探究区域高速交通基础设施带来的时间收益，并分析高速交通网络影响下的陆路可达性空间格局、变化及其交通公平性特征。另一方面，根据交通需求规律分析交通可达性。交通票价或通行成本会限制交通设施的需求，制约它们的广泛使用，所以仅凭时间距离测度无疑会夸大高速交通网络给区域带来的可达性及其空间效应，而将地区之间的最短通达时间与票价转化成统一的最少出行经济成本，采用地区之间的最少经济成本作为交通阻抗参数，能够较为客观地研究高速交通网络影响下的区域可达性收益与空间特征。

(2) 探析区域高速交通可达性空间效应。包括高速交通溢出效应、高速交通影响下的旅游空间相互作用、高速交通作用下的城市空间联系格局、高速交通可达性的空间效率和供需关系、资源枯竭城市经济转型发展成效。

(3) 揭示高速交通可达性对城市客运联系的作用机理。包括：高速交通可达性作用下的城市铁路客运联系格局演变特征；高速交通可达性对铁路客运联系的作用机理；高速交通可达性影响下的铁路客运联系模式与交通空间组织模式演化路径。

(4) 根据区域高速交通可达性研究，提出区域综合高速交通空间组织和空间优化的建议与策略。

1.2.2 研究目的

在方法上，构建基于空间分析方法与多种可达性的测算模型，用于测度高速交通与出行成本影响下的区域陆路可达性及其变化；构建区域平均溢出效应模型，测度可达性溢出效应的空间分布强度；建立交通公平性评价指标体系，测度区域交通公平性格局与变化；研究基于高速交通可达性分析的旅游空间相互作用和城市空间联系格局。

在理论上，以经济地理学和交通地理学相关理论为基础，探讨高速交通与出行成本影响下的区域陆路可达性空间分异规律；阐明高速交通可达性对社会经济的影响机理；揭示高速交通带来的空间溢出效应、交通公平性、区域空间结构的特征及其影响因素和相互关系。

在实践上，本书通过实证研究，揭示高速交通可达性的基本规律与特征，并基于此研究高速交通基础设施布局问题，为区域综合交通规划、交通调控与管理的相关政策及交通公共政策的制定提供有价值的建议和依据。本书研究的高速交通基础设施包括高速公路、高铁和跨江通道。

1.2.3 研究内容

本书借助城市地理学、经济地理学与城市规划学等学科方法，以地理信息系统 (geographic information system, GIS) 空间分析为主要手段，定量分析高速交通可达性格局、变化及其特征，揭示高速交通可达性的空间效应，探讨区域高速交通网络规划建设的可达性影响，并根据实证探讨对区域高速交通网络发展提出优化调控对策。

(1) 绪论、国内外相关研究综述和分析方法。阐明研究背景、目的和意义，研究基本思路、主要研究内容及框架。此外，构建基于 GIS 的区域高速交通可达性分析方法框架，对其中的主要分析方法和相关指标以及数据仓库进行阐释。

(2) 区域高速交通可达性特征研究。以全国和局部区域为例，探讨高速交通网络影响下的陆路可达性格局、变化及其空间效应；分别采用栅格分析法、集成法与网络分析法来测度过江通道、京沪高铁与全国高铁网络影响下的区域陆路可达性格局、演变及其特征。

(3) 区域高速交通可达性的空间效应研究。以全国和局部区域为例，研究高速交通影响下的旅游空间相互作用、高速交通可达性的溢出效应，基于交通可达性分析中心城市经济区划分、高速交通可达性与经济社会相关性、高铁可达性作用下的城市空间联系格局等。

(4) 高速交通可达性对城市客运联系的作用机制分析。利用交通流空间数据与复杂网络分析方法，系统地分析城市群客运联系格局演变特征，甄别铁路客运格局的关键影响因素；通过综合可达性和交通竞合效应诠释高速交通网络的时空收敛效应；系统地解析铁路和公路客运联系格局演变过程中时空收敛效应发挥的作用强度、作用方式和作用机理，探究时空收敛效应对铁路客运空间组织模式演变的作用机理，进而揭示铁路客运联系对时空收敛效应的响应机制，梳理时空收敛效应下的铁路客运联系模式演化路径，预判城市群铁路客运联系格局与交通空间组织模式的演化趋势。

(5) 区域综合高速交通空间组织的优化建议与对策。基于高速交通可达性及空间效应的研究分析，提出区域综合交通优化对策。

第 2 章 区域交通可达性理论和研究进展

2.1 区域交通可达性理论基础

2.1.1 可达性基本概念

可达性概念由 Hansen(1959) 首次提出，定义为交通网络中各节点相互作用的机会大小。Morris(1978) 将其定义为经济活动借助某种交通系统从某地到另外一个地方的难易程度，也可理解成到达城市某个公共服务设施的难易程度，它能够综合反映交通系统建设和土地利用调整带来的多种收益。可达性在经济活动空间分布与经济发展中扮演着重要的角色，反映城市和区域克服空间阻碍并实现相互作用的能力。可达性概念在城市与区域科学中具有悠久的研究传统，古典区位理论中渗透着可达性的基因。从城市角度来看，它是决定城市地租和密度的关键参数 (Alonso,1964)，从区域角度来看，它在经济活动发展和空间分布过程中承担着重要的角色 (Krugman, 1991)。可达性与机动性概念容易混淆，机动性是指社会个体所具有的自主进行交通出行的条件和能力。相对而言，机动性仅反映移动的便利性，而可达性更强调到达目的地的难易程度。

可达性和一系列空间概念密切相关，包括区位、空间相互关系、空间扩散和空间等级规模、时间地理等，它可以作为地区或个人的属性，分别指地区可达性或个人可达性 (Kwan et al., 2003)。可达性既可以作为社会活动分析指标，又可作为经济分析指标。作为社会活动分析指标，用于研究社会活动相互作用潜力、就业和其他社会服务可达性水平、公共服务公平性等。作为经济收益分析指标，可以在成本收益分析中评价直接土地利用或交通系统变化带来的经济影响 (Geurs and van Wee, 2004)。

可达性研究涵盖内容广泛，根据研究理论与视角的差异，包括交通基础设施的可达性、基于社会经济活动的可达性、基于个体需求的可达性及基于效用函数的可达性四个方面 (Geurs and van Wee, 2004)。从研究地域尺度来看，可达性研究包括城市公共服务设施可达性与区域交通基础设施可达性两方面。从交通运输类型来看，区域可达性包括区域客运可达性和区域货运可达性。从研究内容来看，传统可达性分析不仅重视交通效率，也注重公平分析。

随着可达性研究不断深入，可达性测度指标不仅需要考虑交通出行模式的时间和空间距离，而且需要考虑票价、出行频率和所有出行方式换乘。在交通网络设施中，交通阻抗因素较少考虑不同交通设施的影响，忽视交通拥挤和交通方式竞争，如低票价竞争因素。

可达性测度涉及研究时间与空间分辨率。在空间分辨率上，采用的空间单元可以是街区、普查区、交通小区、街道或其他行政区等。此外，可以结合各种社会群体(性别、种族、收入水平)来进行可达性对比分析。在时间分辨率上，可测算不同时间单元的可达性水平，例如，早上 7:00~9:00 每分钟城市公共交通就业可达性。

2.1.2 可达性与社会经济发展的关系

可达性是城市与区域社会经济发展的重要推动力。

(1) 在公司区位选址决策中，优越的可达性能够为公司或个人对外开拓业务创造必要的机会 (Linneker and Spence, 1996)。高速交通设施可缩短通勤时间，增强区域之间的联系，创造某地区的空间优势；交通成本的降低增强了经济系统的竞争力，有利于形成规模经济与专业经济 (Forslund and Johansson,1995)。可达性水平在企业区位选址决策中占据重要的地位，这种重要性会根据公司特性不同而存在差异。

(2) 交通基础设施高可达性促进了就业人口增长和城市住宿价格下降，导致服务业人口增长。

(3) 在物流行业，可达性水平是首要因素，因为优越的可达性条件可以转化为低的交通成本和更短的时间距离。优越的可达性能吸引更多的物流公司，产生更多的物流就业岗位。研究显示，高水平可达性有高的物流业就业岗位水平 (van den Heuvel et al., 2014)。

(4) 在不同空间尺度下，可达性水平的提高带来"时空收敛效应"，而这种效应时常与城市和区域经济空间重构相伴而生 (Hou and Li, 2011)。新建交通系统可缩短城际时间，改变城市间相对区位。在区域尺度上，可达性是空间结构再组织的"发生器"(Karlqvist and Lundqvist, 1971)。事实上，历史上每次交通技术革新都带来了城市与区域空间结构重构：铁路与公路促使城市边界不断扩大，高速公路则推动生产活动的郊区化与边缘城市的出现，交通技术革新推动各类产业空间演变，区域综合交通系统通过改变交通可达性来影响社会经济活动区位。

(5) 在空间经济学中，高速交通网络营造了区位、廊道和网络优势，产生集聚优势 (金凤君, 2012)。高速交通网络可节省出行者大量通勤时间，大幅度扩展人们活动空间范围，重新构建区位，进而增强城际空间联系的频率与强度。换言之，时空收敛效应可带来交通综合成本的下降，提升城市区位效用 (刘贤腾和周江评, 2014)，增强城市群内部的城际功能联系。

众多研究表明：可达性是加快城市化步伐的重要动力，可达性水平可以带动中心商务区城市人口和就业增长。将高速交通设施节省的时间用来从事更多工作和其他社会经济活动，可对社会经济增长发挥积极作用。

2.1.3 可达性理论和方法应用

可达性对城市和区域经济社会发展有着重要影响，可达性分析理论和方法在城市与区域规划、企业选址咨询、重大交通基础设施规划评估以及相关科学研究等方面意义重大，具体体现在以下方面。

(1) 在企业选址咨询方面，通过聚焦工人可达性水平可以评价工业和商务园区的发展潜力，之后分析哪些区位客户和员工的可达性水平最高，从而得到公司选址的最佳地点 (Liu and Zhu, 2004)。另外，利用该方法能够评估企业预期市场规模。

(2) 在城市规划中涉及大量公共服务设施布局问题，在学校、医院、购物中心、体育中心、消防站等公共服务设施规划布局中，可达性分析方法综合考虑城市道路网络、土地利用、人口分布等因素，可以得到科学合理的规划方案。

(3) 在区域重大交通设施规划评估中，通过应用可达性分析法、情景分析法和地图可视化技术能够客观公平地评价新建交通设施给区域带来的空间效应及其地域差异，有助于进一步分析交通设施是否推动了区域均衡发展。在区域交通可达性研究中，区域交通可达性普遍具有增量递减效应，即随着区域交通基础设施日益成熟，交通基础设施发展产生的可达性收益越来越小，对区域行业投资的吸引力越来越小 (Li and Shum, 2001)。

2.1.4 可达性组成部分

可达性与交通网络供给水平、土地利用需求、交通出行货币成本等因素有关，它包括四个部分：交通系统、土地利用、时间约束和个体属性。可达性不仅受土地利用 (居住地分布、经济社会文化活动分布) 和交通系统等外生变量影响，也受制于个体特征，如收入、性别、是否拥有私家车等 (图 2.1.1)。

土地利用部分包括目的地提供机会空间分布 (就业、购物、就医、娱乐等)、起始地需求分布 (居住地) 以及供需状态 (有限机会的竞争)。土地利用决定旅行需求和时间约束，并且影响人们参加各种活动的机会。

交通系统部分涉及交通出行模式 (单一模式、综合模式)、时间 (旅行、等待和停车)、可靠性、舒适程度，它的供给水平包括最大时速、道路数量、公共交通时刻表、旅行成本，需求对象包括客运和货运。

时间约束部分反映时间约束，即每天不同时间段可以获取的机会，或者个体可以从事某项活动的可用时间。

个体属性部分，个体能力和需求程度会影响时间成本、出行难易程度、相关活动类型和具体活动时间，认知地图、收入水平等会影响个体出行方式偏好。一方面，认知地图决定居民出行方式、线路和活动场所选择偏好。人们通常难以掌握所有就业、购物、娱乐等机会的信息，认知环境水平约束在决定可达性水平上也发挥关键作用，而移动互联网和 GPS 导航技术正潜移默化地重塑人们的认知地图，改变人们出行、消费等行为空间偏好，所以信息技术革命深刻地影响着人们的可达性水平。另一方面，不同收入水平的出行者对交通可达性水平需求程度不同，经济型旅客可达性水平和商务型旅客可达性水平之间存在巨大差异。对商务出行者而言，小汽车是首选的交通工具，因为其他交通方式不够高效快捷；而对经济型用户而言，公交出行是更为低廉的出行方式 (Beria et al., 2017)。

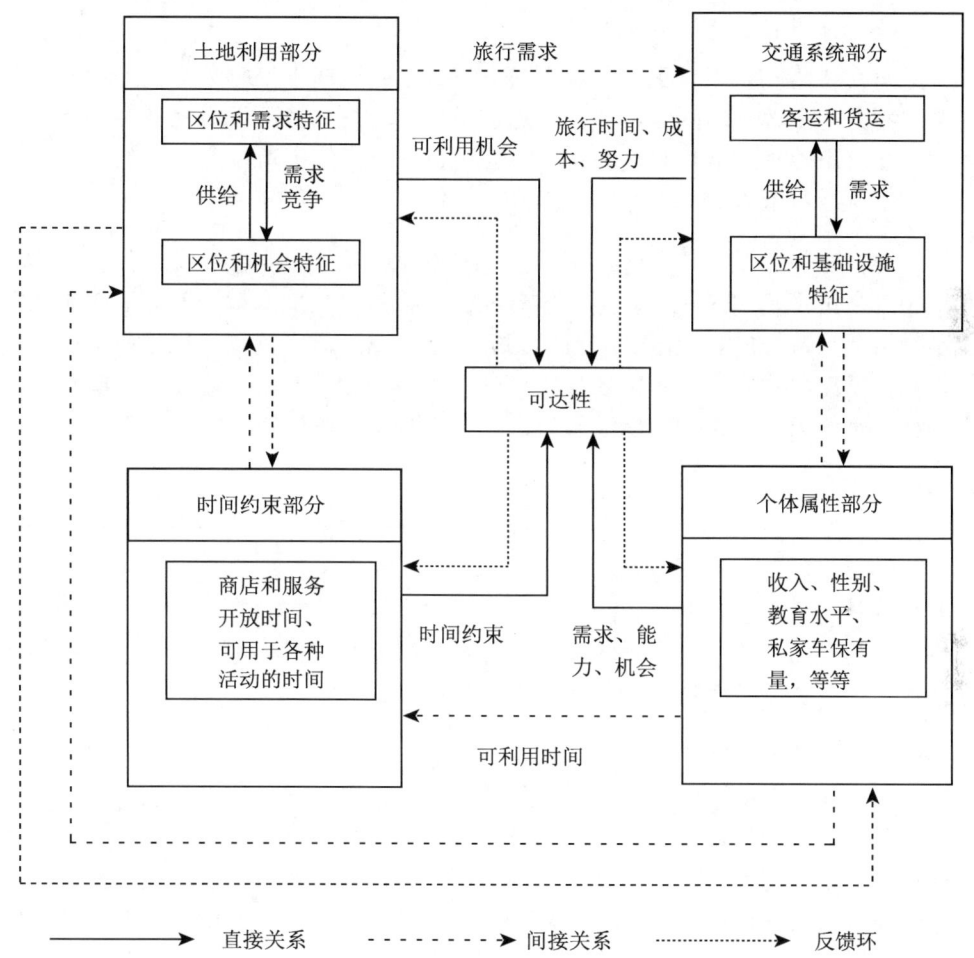

图 2.1.1 可达性各部分关系分析 (Geurs and van Wee, 2004)

可达性也会通过反馈机制作用于各个部分，换句话说，可达性作为居民和公司区位因子影响旅行需求 (交通部分)、人们的经济社会机会 (个体部分) 和开展活动所必需的时间。

总之，可达性分析首先需要考虑交通系统变化，即个体利用具体交通模式通过某段距离的难易程度和效用，包括时间、成本和努力；其次应对土地利用系统变化敏感，即提供机会的数量、质量及其空间分布；再次确定机会的需求空间分布；最后梳理供需匹配情况。土地利用因素不仅直接影响可达性，而且通过交通系统间接影响可达性。例如，高人口密度的城市化地区交通拥堵可能会增加，从而使得可达性水平降低。个别研究考虑供给机会的竞争因素 (Shen, 1998)。

2.1.5 可达性测度方法及其影响因素

1. 交通基础设施可达性测度

分析交通基础设施表现，包括拥挤程度、公路网络平均时速、交通设施可靠性等，不考虑土地利用因素，即在交通服务水平不变的情况下对社会经济活动空间分布变化不敏感，这种测度方法通常应用在交通规划中。

2. 基于区位的可达性测度

通常在宏观层面上分析区位可达性，描述到达各种活动的可达性水平，例如，30min 内从某个起始区位可以到达的就业岗位数量。更多复杂测度方法明确地吸收了供给活动特征的容量限制和竞争因素，通常用于城市规划和地理研究中。它的指标包括距离测度、等时圈、日常可达性、累积测度、潜力测度和空间相互作用模型的平衡因素，这些指标没有考虑竞争因素、个体认知和偏好。

3. 基于个体的可达性测度

分析时空约束下的个体可达性，以及个体在给定的时间范畴内能够参与的活动，这种测度经常出现在哈格斯特朗 (Torsten Hagerstrand) 的时间地理学分析中。该分析考虑社会个体活动自由的多种限制因素，即强制活动的位置和时间、弹性活动的时间预算、交通系统允许的时速，采用时空棱柱刻画时空格局中的出行模式。该方法经常面临大量个体数据获取的问题。

4. 基于效用的可达性测度

分析个体从活动可达性中获取的经济收益。该测度方法用于经济研究，它将可达性看成一系列交通模式选择的结果。效用理论一般解释行为决策问题，可用于模拟旅客出行行为决策。以往研究经常采用两种基于效用的可达性方法，一种是基于随机效应理论的多维 Logit 模型；另一种是基于双重约束熵模型的可达性方法。

在可达性测度中，空间尺度 (国家尺度、省域尺度或县域尺度等) 和空间分辨率 (省级单元、县级单元、街道乡镇单元) 选择会影响可达性水平及交通公平性研究结果。

5. 可达性测度影响因素

可达性测度结果受源点、目的地、成本、交通方式、地理范围、交通类型、动态性及空间分辨率等因素影响。交通类型分为个人出行、货物交通及客货综合交通；交通方式包括铁路、公路、水运、航空与综合陆路。其中，综合陆路交通可达时间计算有三种方法，第一种是综合选择到达目的地的最快交通方式，涉及交通方式中转与换乘；第二种是计算总可达性，即将多种交通方式的可达性按一定权重叠加得到总可达性；第三种是综合对比多种交通方式，选择最快的交通方式，不涉及中转与换乘。目的地既可以是中心城市或城市群，也可以为高铁站点、机场、高速公路入口及交通节点等；源点既可为中心城市，也可为一般城市、乡镇、社区、交通小区、城市群等。动态性说明在不同阶段各地交通可达性的演变，既包括历史可达性演变，也有基于交通规划对未来可达性变化的预测以及新建设施可达性影响评价。地理范围既可以是国家或大洲，也可以为局部地区。上述因素均影响可达性评价指数。

2.2 国外区域交通可达性研究

欧洲学者普遍认为，可达性缺乏是欧洲外围落后地区经济竞争力提高的重要瓶颈 (European Commission, 2004)。区域交通基础设施改善是促进区域经济发展与缩小地域经济差异的关键因素 (Holl, 2004)，带来区域之间的"时空塌陷"。国外诸多研究均表明，可达性与机动性、经济发展、社会福利和环境影响关系紧密，可达性经常用来衡量区域交通设施的社会、经济与环境的综合影响，相关成果也多从可达性时空变化与可达性地域空间效应探究得到，因而高水平可达性是欧美国家和地区交通政策的主要目标之一。

2.2.1 区域交通可达性时空变化研究

1. 评价指标与技术方法日益多样化

交通可达性分析方法是规划师和决策者整合空间规划与交通规划的重要评价工具 (Halden, 2003)，可达性度量技术方法日臻完善与成熟。1959 年 Hansen 将重力法运用到可达性研究中，1960 年 Garrison 将图论理论引入可达性研究，并得以广泛应用。Keeble 等 (1981) 提出了经济潜力指数来描述欧洲公路可达性。

可达性评价方法包括距离法、累积机会法、重力法、平衡系数法、拓扑法等，学者根据这些方法提出了相应的评价指标，分为日常可达性、经济潜力、加权平均旅行时间、网络效率指数、区位指数以及 α、u 与 β 指数等 (陈洁等, 2007)。其中，在测度可达性指标时需要先得到最短时间距离值。最短时间距离应考虑拥挤时间与交通方式的换乘时间，经济潜力指数应考虑到"自潜力"问题。研究中经常采用多个指数来评价可达性，以弥补单个可达性指数的不足，增强可达性分析与解释的全面性。例如，加权平均旅行时间测度新建设施对城市中远距离的影响，日常可达性与经济潜力则反映设施对旅游城市中短距离的作用，日常可达性与加权平均旅行时间不考虑距离衰减，潜力指数考虑距离衰减。此外，个别研究采用数据包络分析法与主成分分析法综合各类可达性指标得到复合指标来评价可达性 (Martin and Reggiani, 2007)。

20 世纪 90 年代以来，随着 GIS 技术在可达性研究中的广泛应用，最短时空距离与拓扑运算更加便捷，为完成微观单元尺度的海量数据运算提供可能。网络法与栅格法均用来测算最短时间距离，空间句法亦可用来展开拓扑计算。利用 GIS 技术，采用网络分析、栅格分析、拓扑分析等方法，测度最短时间距离与拓扑网络值，进而测算各类可达性指标。国外普遍采用网络分析法来测算节点最短时间距离，以节点可达性值插值，从而得到区域可达性地图，它的精度取决于空间单元尺度。少数研究使用栅格分析法描述铁路、公路与航空可达性指数的三维空间特征 (Vickerman et al., 1999; Spieckermann and Wegener, 1996)，划分城市与交通站点等服务范围 (Upchurch et al., 2004)，能更好地展示区域可达性空间格局的细节。

2. 研究视角日趋多元化，内容更加丰富

目前，时间可达性空间格局与演变研究仍然是交通地理学的研究热点，研究对象包括陆路、水陆及航空的可达性等方面。学者定量评价规划待建快速交通基础设施演变对区域可达性的影响，证明快速交通网络建设有利于提高边缘区域可达性水平 (Holl, 2004; Gutiérrez et al., 1996)。Gutiérrez(2001) 与 Holl(2007) 分别评价高铁对未来欧洲与西班牙陆路综合交通可达性的影响，高铁可达性带来"隧道效应"，扭曲"环状"可达性格局，塑造"岛状"或"带状"格局。Monzón 等 (2013) 认为高铁可达性收益水平与可达性初始水平、站点分布、到站点交通网络质量及人口中心的邻近程度等因素有关。

近年来可达性时空演化研究越来越多地考虑现实影响因素，除从交通设施供给角度研究外，还从交通需求差异与管理政策以及可支付性方面剖析，研究视角更加多元化，研究内容更加丰富，对现实可达性的模拟程度不断提高。例如，Vandenbulcke 等 (2009) 分析了交通拥挤对可达性的影响，Condeço-Melhorado 等 (2011)、Keith 和 Martin(2010) 分别探讨交通价格政策与交通干预政策影响下的可达性变化特征，Condeço-Melhorado 等 (2011) 以经济成本为阻抗参数，描述道路价格政策带来的可达性影响。可达性格局与变化研究主要包括：规划或新建快速交通网络带来的可达性时空格局变化，新建或规划交通设施可达性的空间收益；区域交通可达性格局演变与未来格局预测；交通需求、政策与管理引起的可达性变化等。

少数学者探究货物可达性和物流产业之间的关系。实证研究表明，好的可达性能吸引更多的物流公司，提高物流就业岗位水平。此外，van Wee(2016) 指出未来可达性研究方向包括慢行交通、多模式交通、信息技术、交通系统的鲁棒性(可靠性、脆弱性、适应性、韧性和弹性)、感知可达性等。

3. 空间分辨率水平不断提高

空间分辨率反映不同行政单元下的可达性，显示区域可达性的详细程度，分辨率越高则描述的可达性细节越清晰。2000 年以来相关研究的空间分辨率越来越高，更好地展示了可达性空间格局的细节。2000 年以前欧洲的研究单元尺度多数局限于二级行政区或三级行政区空间统计单元，并以时间成本为阻抗参数，2000 年以后出现以更微观的五级行政区为统计单元的研究 (Holl, 2007)。Vandenbulcke 等 (2009) 以 NUT6 为统计单元，比较比利时交通高峰时段与低谷时段的可达性差异。Gutiérrez 等 (2010) 将西班牙划分成 800 个交通区，计算各区的公路可达性。Monzón 等 (2013) 探讨高铁影响下西班牙 8100 个城市的可达性变化。

4. 研究的时间跨度扩大

可达性研究的时间跨度扩大，从关注局部地区单个交通投资项目的短期可达性变化到注重探讨国家交通网络发展与总体规划带来的长期可达性演变过程。20 世纪 90 年代较多研究分析新建或规划快速交通设施的可达性影响，包括高铁、海峡隧道、高速公路等。2000 年以来，更多研究探析区域可达性的长期演变特征与规律，时间跨度为 20~150 年 (Holl, 2007; Kotavaara et al., 2011; Axhausen et al., 2011)。Axhausen 等描述了瑞典 1850~2000 年的全国交通可达性演变特征，揭示该区域可达性长期演变规律。

5. 交通大数据支撑下动态可达性研究

信息技术的快速发展，对可达性研究产生了重要的推动作用，可提供更先进的技术手段和数据来源，有力地推进可达性研究由静态描述向动态分析转变。

目前，越来越多的商业地图与导航公司可以提供高水平时间和空间分辨率的日常交通数据，大数据技术和区位技术应用于获取道路当前的、历史的、预测的时速和交通实时数据，知名的公司包括谷歌公司 (Google)、Inrix 公司和 TomTom NV 公司。

交通大数据不仅可以探索出行行为，包括出行频率、出行线路、目的地、交通模式选择和出行时间，而且日益成为可达性测度的重要数据来源，用来评价大都市区平均就业可达性水平。采用该方法既可测度公共交通可达性水平，又能够计算私家车可达性水平。在公共交通方面，Farber 等 (2014) 采用公交数据通用格式 (GTFS) 数据测算食品店的动态公交可达性水平；Owen 和 Levinson(2015) 采用 GTFS 数据和 OTP (Opentripplanner) 软件测算大都市区街区 7:00~9:00 的 30min 内不同时刻可达性水平，采用循环探测器和 GPS 数据测算小汽车的动态可达性水平；Moya-Gómez 等 (2018) 采用 TomTom 数据测度城市交通小区动态可达性，以此来分析交通拥挤的影响。

2.2.2 交通可达性空间效应研究

1. 可达性影响下的社会经济空间变化研究

尽管可达性与区域社会经济关系复杂，不过学者仍普遍认为可达性与经济发展、城市化和大规模人口增长关系紧密，可达性影响下的社会经济空间变化研究是可达性研究的重要组成部分。近年来快速交通网络可达性地域空间效应研究的成果不断增加 (Chen and Hall, 2011; Kotavaara et al., 2011; Bröcker et al., 2010; Givoni, 2006; Loo et al., 2002; Sasaki et al., 1997)，主要探讨可达性收益如何转化成社会经济效益等各种不同地域效应，解析可达性对社会经济等的影响机制，包括可达性对人口分布、区域经济联系强度与城市体系等的影响。

Linneker 和 Spence(1996) 研究表明，伦敦 M25 公路带来的可达性变化对区域经济发展与就业具有积极促进作用。Kotavaara 等 (2011) 对芬兰近 40 年来人口变化与陆路可达性关系的研究显示人口倾向集中于公路可达性高的地区。Willigers 和 van Wee(2011) 认为高铁站点可达性有助于改善写字楼的区位条件，并且能够提升其城市空间地位。当然也有持不同观点的学者，例如，Andersson 等 (2010) 基于享乐模型发现我国台湾的高铁可达性对城市房地产价格影响较小，高铁票价与住宅区位模式等因素制约了可达性影响；Páez(2004) 认为扣除区域背景因素作用，可达性对经济活动空间分布的影响减弱。

在探讨可达性与人口变化关系时常采用多种统计分析手段，不仅有传统统计方法，也有地统计等方法，可基于多种统计方法与评价模型定量地探析区域交通可达性影响下的社会经济变化，揭示可达性演变与社会经济变化之间的内在关联机制。Páez(2004) 采用空间自回归模型分析可达性对东亚人口与人均 GDP 的空间分布影响，Ribeiro 等 (2010) 应用空间回归模型探讨可达性对人口与购买力空间变化的影响，这两项研究较之传统相关分析，考虑了各参数的空间依赖性因素。而 Kotavaara 等 (2011) 采用广义相加模型分析可达性变量与人口变化的相互关系。

在可达性对城市交通运输联系的作用方面，国外学者较早地开展了城市交通运输联系与城市空间相互作用方面的研究，剖析航空 (Taaffe, 1962; Goetz, 1992)、铁路 (Kobayashi and Okmura, 1997; Mancuso, 2014)、公路 (Lammer et al., 2006) 运输联系特征和中心城市影响范围，模拟城际客货交通运输流量分布格局 (Caceres et al., 2018)，并且基于交通运输联系诠释城市等级体系。另外，学者经常利用引力模型预测城际交通运输流量，Simmons(2005) 收集了航空客流、公路车流量等交通流数据来确定城市体系的空间相互作用。

2. 交通公平性研究

公平性是可达性空间效应研究的主要内容，交通基础设施是实现区域公平的关键因素 (López et al., 2008)。区域公平发展是交通政策制定的重要目标之一，它缩短了各地发展机会的差距。例如，van Wee 和 Geurs(2011) 基于区域可达性探讨公平性与社会隔离性，Monzón 等 (2013) 研究高铁给区域带来的公平与效率影响。

可达性分析广泛应用于交通基础设施规划评估，其均衡程度还作为交通公平性的评价标准 (López et al., 2008)，所以绝大多数可达性研究中都涉及交通公平性的内容。通过可达性指数与公平性分析判断新建设施或未来交通规划是否可推动区域可达性的均衡发展。可达性收益的空间格局与可达性指数成为评价区域公平性的重要依据，它们可以分为静态指数与动态指数。通常采用可达性指数、变异系数、基尼系数、皮尔曼秩相关系数等非均衡指数评价交通公平性，López 等 (2008) 认为没有理想的公平性指数，建议采用互补的指数来评价公平性。个别研究尝试通过交通 "公平地图" 展示区域公平性差异。大多数研究成果表明各地可达性存在清晰的中心-外围格局，外围地区可达性会因为新建设施而得到提高。非均衡的可达性收益将扩大可达性差距与不公平性，加剧空间极化格局 (Monzón et al., 2013)，而有关区域可达性差距是扩大还是缩小的观点并不统一，部分学者认为可达性水平与可达性指数、地理范围及区域发展阶段的选择有关 (Gutiérrez, 2001)。高速交通网络带来的公平性水平下降可以通过次级交通网络构建来改善。

少数学者认为交通公平性包括横向公平性和纵向公平性。其中，横向公平性被定义为交通空间分布的均等化；纵向公平性则针对特定社会群体 (收入、是否拥有汽车、年龄) 从供需匹配角度探讨交通公平性 (Pyrialakou et al., 2016)。横向公平性和纵向公平性评价方法可用于交通劣势分析。

3. 交通溢出效应研究

交通溢出效应指甲地区交通基础设施建设让乙或丙地区获得的交通投资收益 (Pereira and Sagalés, 2003)。研究地区交通投资建设如何影响溢出效应的空间重新分配是有意义的工作 (Pereira and Sagalés, 2003)，政策制定者不仅应考虑每个地区实际的交通投资，也应考虑从其他地区得到的交通溢出，这将有助于理解交通设施在区域经济协调方面的效果。定量的分析手段将增强交通设施基础布局的科学性，从而为交通基础设施引导下的产业布局提供更加可靠的依据。因此，区域交通基础设施的布局必须依赖定量评估，不仅在国家尺度上，而且在地区尺度上考量它带来的溢出效应，溢出效应的定量化可以明确交通设施给不同区域带来的经济收益。

新建交通设施的影响能突破某地范围,在邻近地区产生溢出效应,该效应被认为在欧洲一体化过程中发挥重要作用。Gutiérrez 等 (2010) 认为,目前可达性分析在交通规划方面应用潜力并未得到充分挖掘,而交通空间溢出效应探索拓宽了可达性应用领域,基于可达性分析的交通基础设施投资的空间溢出效应研究正处于起步阶段,并值得深入探讨,它成为可达性研究的新方向。在可达性研究中,空间溢出效应指某地区交通基础设施投资对其他地区的可达性影响,该研究能够回答在某些地区的直接交通设施投资中有多少投资转移到其他地区 (Gutiérrez et al., 2010),而且可以辨析某些地区的空间溢出是否有益于推动交通公平性。近期,可达性指数在空间溢出效应研究中得以应用 (Condeço-Melhorado et al., 2011; Gutiérrez et al., 2011, 2010; López et al., 2008)。Gutiérrez 等 (2010) 基于经济潜力指数提出区域提取法评价交通基础设施投资的空间溢出效应,分析西班牙各地规划高速公路带给其他地区的空间溢出效应。可达性分析能较好地刻画交通基础设施投资溢出效应的空间范围与强度 (Laird et al., 2005),以更好地理解区域交通设施投资给其他地区带来收益的空间分布特征,弥补以往相关研究不能反映新建或待建交通设施影响的局限。交通设施通过网络将其效应延伸到遥远的地区 (Martin and Reggiani, 2007),溢出效应定量化可以明确交通基础设施给不同区域带来的收益,然而可达性在交通设施溢出效应评估方面的研究仍然较少。

综上所述,近期国外区域交通可达性研究趋势如下:① 空间分辨率提高,涉及单元尺度不断偏向微观,个别研究甚至以社区为单元来研究全国的可达性格局,提高区域可达性计算的精度,能更好地描述可达性细节;不仅分析新建交通设施对区域间可达性的影响,而且阐明它对区域内可达性的影响,反映微观单元尺度研究的必要性 (Holl, 2004; Weisbrod and Treyz, 1998)。② 研究的时间跨度增加。③ 交通大数据支撑下的动态可达性成为未来重要的研究方向。④ 研究内容更加丰富,视角日益多样化,可达性应用领域不断拓宽。可达性时空演变研究开始关注交通收费政策、交通拥挤及交通政策设计等因素对可达性的影响。地域空间效应研究基于可达性探讨交通投资溢出。⑤ 评价指标体系与技术方法更加全面与丰富,模拟仿真水平提高。可达性时空格局研究不仅有单项指标,也有综合性评价指标,考虑更多现实影响因素。地域效应研究既采用传统统计方法,也应用地统计等方法。

2.3 国内区域交通可达性研究

近年来,我国工业化与城市化的快速发展推动区域交通基础设施建设步伐加快,区域交通设施日趋大型化、高速化与公交化,并成为各地投资的热点工程。2000 年以后我国交通运输投资额急剧上升,高速公路网、铁路客运专线、航空干线体系快速形成，交通基础设施建设成就巨大，然而出现了交通网络过度扩张的现象 (陆大道，2012)。可达性分析工具能较好地反映区域交通网络系统效率，评价交通网络布局合理性。

高速交通时代的到来，一方面极大压缩了地区间的时间距离，时空收敛效应日趋突显，创造出更多交通区位优势，大幅优化日常可达性，深刻地改变了人们的生产与生活方式，有利于企业在更大范围内实现资源的优化配置，增强中心城市对周边区域经济社会发展的辐射力，扩大了中心城市腹地范围，可达性大幅提高的城市将获得更多发展机会。陆大道 (1995) 强调国家、地区与企业之间能否合作及在多大规模上进行合作，在相当程度上取决于它们之间的可达性，尤其是对可达性敏感的产业，可达性在一定程度上决定了区域内社会经济的空间结构。另一方面带来了非均衡的时间空间收缩，将会扩大沿线城市与外围地区之间的可达性差距，加剧各地发展机会的不均衡。随着我国快速交通基础设施迅猛发展，公众与学术界关注规划或者新建高速交通基础设施是否会带来通达程度的大幅度提高，其数量与规模投入能否带来交通便捷质量飞跃，其规划布局和建设是否存在盲目、无序和过度扩张？由此带来的区域交通可达性及其地域空间效应问题受到地理学者的广泛关注，其中交通基础设施可达性研究持续升温，可达性分析方法广泛应用于区域规划研究领域。

2000 年以来，交通可达性研究逐渐成为我国经济地理与区域规划研究的热门领域，成为 21 世纪我国地理学综合研究的主要领域之一 (宋长青和冷疏影，2005)，区域交通可达性的研究成果颇丰。

2.3.1 区域交通可达性研究方法

可达性分析可采用最短路径模型、网络分析、拓扑算法、栅格分析法、空间句法以及矢量-栅格集成可达性分析法。其中，矢量-栅格集成可达性分析法结合网络分析与栅格法的优点，既发挥网络分析中节点位置精度高的特点，描述跳跃式通行，又利用栅格法提高面状空间数据精度，提高了可达性计算结果的精度 (祁毅，2008)。此外，空间句法在区域交通可达性方面，通过拓扑算法和空间句法模型来构建可达性评价模型，定量分析都市圈路网发育的空间结构性规律 (刘承良等，2009)。然而，与国外相比，国内研究较少考虑经济潜力模型的"自潜力问题"，以及陆路交通中转时间及城市内部拥挤时间。

可达性评价指数不仅包括日常时间距离、加权平均旅行时间、经济潜力指数、环路指数、网络结构指数、集成度及连接度，还包括交通优势度的概念与评价模型，因此需要考虑多种交通方式的影响，评价各地区的交通发展条件 (金凤君等，2008)。在可达性对社会经济影响机制探究上，可采用生产函数、交通优势度、传统统计分析手段与 GIS 技术，但是传统统计分析未排除空间自相关的影响。

2.3.2 区域交通可达性时空格局

学者基于可达性分析不同交通方式下的交通基础设施可达性空间格局与演变,评价新建或规划待建交通网络获得的可达性优化效果。按照交通方式划分,区域交通可达性研究主要包括铁路可达性、公路可达性与陆路综合交通可达性。首先,铁路可达性研究针对不同区域描述铁路交通网络发展与可达性空间格局演化,分析铁路提速和高铁建设对可达性空间格局的影响机制,评价其在网络优化中带给不同城市的收益水平 (孟德友等, 2010; 王姣娥和丁金学, 2011; 王姣娥和金凤君, 2005; 金凤君和王姣娥, 2004; 罗鹏飞等, 2004; 魏立华和丛艳国, 2004),认为铁路网络扩展、铁路提速与高铁建设带来了显著的"空间收敛"效果,站点邻近区域受益较大,塑造了重要经济轴带。铁路可达性的提高促进了城际间联系与合作,扩大了交通枢纽中心的服务范围 (王姣娥和金凤君, 2005; 金凤君和王姣娥, 2004)。高铁可促进沿线站点城市产业结构调整,吸引新行业和旅游者进入沿线城市,全国性高铁网络的形成有助于促进国土均衡发展 (张楠楠和徐逸伦, 2005)。其次,公路可达性研究探讨了全国、长江三角洲等地区的公路网络演化与可达性空间格局及其演变特征 (张兵等, 2007; 吴威等, 2006; 曹小曙等, 2005; Li and Shum, 2001),公路可达性一般呈现"核心-外围"环状结构,沿主要干线突出,公路交通网络日益完善,提高了可达性均衡程度。最后,陆路综合交通可达性研究考虑各种陆路交通方式组合的区域交通可达性水平,评价各城市区位条件。它包括长江三角洲地区、京沪地区、大珠江三角洲地区等陆路综合交通可达性空间格局与演变及预测研究 (Hou and Li, 2011; 吴威等, 2009, 2010; 陆锋和陈洁, 2008; 张莉和陆玉麒, 2006),过江通道带来的城市可达性变化研究 (吴扬等, 2008)。多数研究考虑区内可达性,个别研究考虑了区内与区外的综合交通可达性 (陆锋和陈洁, 2008; 张莉和陆玉麒, 2006)。在上述研究中,可达性空间格局研究描述各类交通设施可达性空间特征;新建设施可达性研究评价新建设施的可达性空间格局与变化;可达性空间演变研究则通过对比不同时期的空间格局与变化,揭示可达性空间的演变趋势与规律,从时间跨度来看,既有几十年交通网络可达性的短期演变,也有上百年交通网络可达性的长期演变,或者基于交通规划预测未来各种交通模式的可达性格局,从空间尺度看,日益关注国家、地区或城市群整体的交通网络发展与交通规划实施带来的可达性空间格局演变。

2.3.3 可达性地域空间效应

国内交通可达性地域空间效应研究侧重于探讨可达性对社会经济的影响,剖析可达性变化与区域社会经济发展的关系,试图揭示其内在机理。一般认为,交通可达性与城市社会和经济发展之间具有不同的响应关系,经济发展水平制约交通成本,交通条件的改善在微观层面上影响经济活动的区位选择 (金凤君等, 2008)。

可达性对经济 (Hou and Li, 2011; 王成金等, 2011; 孟德友和陆玉麒, 2011; 黄晓燕等, 2011; 朱兵等, 2010; 吴威等, 2009; 刘海隆等, 2008; 胡天军和申金升, 1999)、人口分布 (王振波等, 2010)、旅游空间结构 (靳诚和黄震方, 2012; 汪德根等, 2012; 陈浩等, 2011) 和城市与区域空间结构 (蒋海兵等, 2010; 张莉等, 2009) 等的影响机制成为该方向的研究重点, 这些实证研究试图探讨可达性对社会经济与区域空间的影响机制, 而基于可达性的旅游区与城市腹地划分对旅游区与城镇体系规划具有实践指导意义。研究表明, 可达性与经济发展具有同步响应关系, 交通可达性与经济发展耦合度高, 缩短各地可达性差距有助于区域协调发展, 如高铁有助于促进沿线第三产业发展, 增加就业机会, 加快沿线经济发展走廊的形成。优越的可达性具有稳定区域经济发展、强化各地经济联系、促进人口集聚、拓展中心城市腹地范围、完善旅游空间网络体系等作用。个别研究认为交通可达性对区域经济影响具有阶段差异性, 初期作用显著, 后期效果日趋减弱 (Hou and Li, 2011)。

交通公平性为区域经济发展提供一种机会公平。主要通过设计公平性评价体系与标准, 结合可达性水平来综合评估各地交通公平性水平, 可达性均衡程度成为评价公平性的依据之一。Li 和 Shum(2001) 认为全国高速公路阶段性建设使可达性梯度变化呈现 "倒 U 形" 变化, 证实了威廉姆斯的假说, 即初期可达性差距扩大, 后期逐步缩小; 吴威等 (2006)、Hou 和 Li(2011) 分别对长江三角洲与大珠江三角洲地区可达性进行研究, 得到了类似的观点。我国交通公平性研究仍然将公平性作为可达性研究的组成部分 (钟业喜和陆玉麒, 2011; 张兵等, 2007; 吴威等, 2006), 使用可达性的变异系数来测度交通均衡度、评价交通公平性, 由于各地交通网络发展阶段不同, 各地公平性研究结论也不一致。

2.3.4 高铁可达性研究

近年来, 高铁可达性及其空间效应研究备受国内外学者关注, 国内相关研究关注区域高铁可达性 (Jiao et al., 2014; Cao et al., 2013; 贺剑锋, 2012; 蒋海兵等, 2010) 及其对社会经济空间分布 (陈建军等, 2014; Zheng and Kahn, 2013; Chen, 2012; 王缉宪, 2011) 与区域空间结构的影响 (王姣娥和丁金学, 2011; 王缉宪和林辰辉, 2011)。这些研究指出高铁给区域带来了可达性收益的空间差异, 改善高铁城市区位条件, 为城市群空间重构提供了条件, 促进城市生产要素的集聚和扩散, 显著扩大中心城市的劳动力和产品市场, 在将我国城市融合成一个开放的城市系统方面发挥重要作用。

2.3.5 高速交通可达性影响下的城市空间联系

1. 城市交通运输联系研究

国内早期研究关注交通运输联系生成和增长规律 (张文尝等, 1994)、客货流运量时空演化规律与影响因素 (曹小曙和阎小培, 2003; 金凤君, 1991; 张文尝, 1988)

和客货运联系方向 (刘承良, 2004; 周一星和杨家文, 2001)。2000 年以后, 研究侧重于剖析不同交通方式运输空间联系强度及其演变、城市联系方向、中心城市辐射范围、距离衰减规律及交通空间组织模式, 包括航空 (朱英明和于念文, 2002)、铁路 (王海江和苗长虹, 2016; 戴特奇等, 2005; 张莉, 2001)、公路 (李斌等, 2010; 张建松等, 2006) 交通联系的强度与格局; 部分研究结合调查问卷识别区域社会经济功能联系 (李王鸣和江勇, 2012), 梳理城市群主要功能活动空间流动的功能与内涵 (吴康等, 2013)。2009 年以后, 随着交通大数据的不断积累和复杂网络分析方法的使用, "流空间" 数据为城市交通联系格局演化研究提供必要支撑, 越来越多的研究关注城市交通运输联系的网络特征及其演变, 包括网络密度、中心性和凝聚子群, 交通运输网络复杂性研究涵盖航空 (武文杰等, 2011; 王姣娥等, 2009)、铁路 (孟德友等, 2017; 焦敬娟等, 2016)、公路 (陈伟等, 2017; 柯文前等, 2016) 等交通运输网络整体特征及其演变, 通过引入复杂网络理论和分析方法, 系统地解析区域交通和城市交通网络的组织效率、相互作用等问题 (莫辉辉等, 2008)。

2. 区域交通空间组织研究

轴-辐运输组织网络是低成本和高效率的交通运输组织方式, 学者总结了轴-辐空间运输组织模式的机理和演进规律, O'Kelly(1987) 提出美国航空运输的轴-辐网络模型, 金凤君和王成金 (2005) 提出我国轴-辐伺服系统的理论模式, 该组织模式在铁路、公路、航空、港口运输中均普遍使用。不同交通方式之间也存在轴-辐空间运输组织模式。例如, 铁路站点完善的公路网络能够扩大站点服务人口规模, 构成多模式的轴-辐空间运输组织模式 (Martínez et al., 2016), 董瑶和孟晓晨 (2014) 指出我国高铁站点平均腹地半径为 151km。在时空压缩背景下, 铁路客运轴-辐空间运输组织模式发生变形, 更多低等级城市直接连接高等级城市成为可能, 对于中转枢纽城市的依赖会有所下降。因此, 铁路客运轴-辐空间运输组织模式演化趋势的探讨将为未来区域交通运输网络的高效组织提供参考依据。

3. 城际交通竞合关系研究

当前学者探讨我国高铁与航空和公路客运的竞合关系 (孙枫等, 2017; Li and Sheng, 2016; 王姣娥和胡浩, 2013; 丁金学等, 2013), 指出高铁挤占了公路与航空运输市场以及它们之间的市场临界点。在合作方面, 在轴-辐系统中航空线路能利用高铁以喂给模式来达到扩张航空客源市场 (Givoni, 2006) 的目的。目前, 探讨铁路和公路竞争与合作关系的研究相对较少, 并且交通竞合效应作为铁路客运联系的关键影响因素并未受到足够重视。众所周知, 高速交通可达性推动了旅客城际出行方式的多样化, 旅客单一或组合出行模式导致各类交通方式的竞争与合作。简言之, 高速交通网络不仅使可达性大幅提高, 而且推动了交通竞合效应的变化。在竞争方面, 近年来铁路时速的大幅提升让其袭夺了越来越多的航空和公路客运市场，导致铁路沿线的城市间公路和航空客运量减少。在合作方面，高速公路、城铁系统及高架快速路网的无缝对接扩张了铁路站点客运市场腹地范围，各地围绕铁路站点形成了众多换乘网络枢纽。交通竞合效应既促使区域铁路客运格局显著变化，又重塑铁路客运空间组织模式。因此，在高速交通网络时空收敛效应分析中，不仅要测度综合可达性水平，而且要量化交通竞合效应。

4. 基于"流空间"数据和复杂网络法的城市交通运输联系研究

国外学者曾长期采用引力模型研究城际交通流强度，通过修正的空间相互作用模型模拟城际之间的交通流 (Kerkman et al., 2017)。国内城市空间联系的研究始于 20 世纪 80 年代，早期广泛采用引力模型、城市流强度模型、静态客货流量数据和 GIS 技术剖析区域空间联系格局、城市对外联系强弱和城市网络关联特征，为城市与区域规划和区域空间结构研究提供重要依据。航空和铁路客流数据可用于分析城市空间相互作用特征和客流距离衰减规律 (王成金, 2009; 宋伟等, 2008; 戴特奇等, 2005; 金凤君, 2001)。顾朝林等 (2008) 运用引力模型分析我国城市空间联系状态和结节区结构。陈群元和宋玉祥 (2011) 测度环长株潭城市群的城市流强度值和城市流强度结构。钟业喜和陆玉麒 (2012) 基于重力模型划分江苏不同等级城市腹地范围。姜博等 (2009)、刘建朝和高素英 (2013) 采用城市流模型分析环渤海和京津冀城市群的经济联系。王姣娥等 (2014) 基于重力模型研究高铁对城市空间相互作用强度的影响。

社会学家 Castells(1996) 的"流空间"(space of flow) 理论为城市交通运输联系提供了新的研究方法与视角。在"流空间"时代，移动通信和高速交通建立起来的高度流动性社会是城市和区域发展的重要支撑 (甄峰等, 2012)。在交通大数据快速发展背景下，以流空间数据研究城市交通联系特征成为经济地理学的重要研究方向，大数据为"流空间"的相关研究提供重要数据资源，交通流量是城市联系和空间相互作用最真实的直观反映，能够更好地演绎城市群空间的相互作用和空间联系规律 (靳诚等, 2018)，弥补传统数据和引力模型的不足。基于"流空间"城市间关系研究，以人流、物流、信息流等流动要素为重点，通过对商务旅行和交流程度的测度，更为清晰地反映日益网络化的城市区域内部功能结构和关系 (罗震东等, 2011)。同时，通过流空间数据验证引力模型也是目前重要的研究热点之一 (王垚等, 2017)。"流空间"的测度手段有参量替代和实测流分析两种方法 (修春亮和魏冶, 2015)。参量替代法是目前常用的方法，该方法主要是用其他类型数据替代无法观测的关联数据，如以企业关联数据代表经济流、客运班次数代表人流。

复杂网络分析方法能够有效地分析和模拟交通运输网络的发展形态、结构演变、空间组织特征和模式。2000 年以来，国外学者将复杂网络理论方法引入交通地理学研究中。研究表明，航空等交通运输网络具有"小世界"和"无标度"等复杂网络的基本特征。

"流空间"视角下的复杂网络分析研究成果不断涌现，国内外越来越多的学者尝试通过各类交通流和信息流等数据和复杂网络分析方法刻画城市关联网络结构和内在联系特征，拟合城市发展与区域空间的关系，利用动态关系数据测度城市功能的联系，揭示航空、铁路、公路、高铁交通流作用下的城市网络空间结构特征、联系程度和社区识别 (陈伟等，2017; 王海江和苗长虹，2015; 陈伟劲等，2013; Kwon and Jung, 2012; 武文杰等，2011; 赵渺希等，2014; 王姣娥等，2009; Choi et al., 2006)。

目前在城市交通运输联系研究中高速交通可达性方面的研究相对较少，时空收敛效应对城市交通联系格局的作用强度、过程和机理急需更深入的探究。少数研究通过引力模型模拟铁路网络时空收敛效应下的城市交通联系格局演变 (王姣娥等，2014; 孟德友和陆玉麒，2011)。可达性对城市交通联系影响的研究则基于引力模型来模拟时间距离压缩后的城市交通联系格局及其变化，该方法可有效地模拟单个高速交通网络时空压缩下的城市交通联系格局及其变化，但由于数据限制，研究忽视了三方面的因素：① 针对不同交通出行方式，采用统一的距离衰减系数；② 多种高速交通网络带来的整体时空收敛效应对铁路客运联系格局和交通组织模式等方面的影响；③ 不同类型高速交通网络时空收敛效应带来的交通竞合效应对铁路客运联系格局的作用程度。

随着交通大数据挖掘技术的使用，交通大数据和复杂网络分析方法为该方面研究提供了重要数据和方法支撑。通过交通流数据刻画城市交通运输联系，可以分析它与可达性之间的空间耦合关系，将区域可达性和城市交通运输联系结合，探索时空收敛效应背景下的城市交通运输联系格局演变规律，通过多个时期交通流数据分析对比剖析时空收敛效应作用下的城市交通联系强度、距离衰减规律、模式等问题。

国内相关研究不但吸收了国外研究理论、研究思路与技术方法，而且创新了指标体系与技术方法，评价交通设施可达性，描述国内可达性空间格局与演变，探究可达性与社会经济的响应机制，并且提出高速交通发展背景下的区域交通设施布局、城镇体系与旅游空间结构以及交通空间组织优化建议。

本节仅对区域交通基础设施可达性研究展开评述。通过整理近年来国内外区域高速交通基础设施可达性的研究进展，梳理国内外交通基础设施可达性研究的发展历程与特征；通过对比国内外研究的各自特征与方向，发现国内研究中存在的差距与不足。

2.4 研究述评与展望

2.4.1 国外研究述评

在国外，区域交通可达性时空演变仍然为交通地理学领域的研究热点。在方法上日益关注微观单元尺度，重视描述区域内部可达性变化细节，评价指标体系丰富。在内容上考虑交通政策与供需等因素使可达性研究视角日趋多样化，不仅包括时间可达性，而且包括经济成本可达性，模拟结果更加贴近现实。可达性的地域效应研究采用空间自回归分析等多种统计手段探析了可达性影响下的人口与社会经济空间格局，交通基础设施投资的空间溢出效应研究能较好地解释某地区交通投资是否及多大程度使其他周边地区受益，这些均可为国内相关研究提供有价值的借鉴。

国外主要采用网络分析法来测算最短时间距离，基于微观单元尺度数据与海量的交通网络数据，能够细致地测算交通网络上的城市可达性。然而采用节点插值来表征区域可达性，未能考虑地表陆路交通状况，包括地形、地貌与水文条件，可达性精度仍然受制于网络数据量与插值节点数量。

2.4.2 国内研究述评

国内相关研究起步晚，通过借鉴国外研究理论、模型、技术方法及研究思路，已得到长足进步，并且在技术方法与评价指标上有所创新与发展。尽管如此，与国外相比，我国相关研究内容的广度和深度仍有待进一步提高，多数研究仍然集中于交通时间可达性格局与演变本身，较少探讨交通调控干预政策与交通需求等关键因素影响下的经济成本可达性；更多研究仍停留在相对较大的单元尺度，数据处理量有限，可达性精度有待提高，空间测算模型有待完善，公平性评价指标较为单一，传统统计分析在地域效应研究中未排除空间自相关因素；多数交通公平性研究从交通供给角度以可达性作为评价依据，较少综合考虑可达性与社会需求因素。

2.4.3 未来可能研究方向

通过梳理国内外相关研究进展，未来国内相关研究主题主要包括以下内容。

(1) 国内中长期地区与全国交通规划的可达性评价。随着当前各地交通基础建设步伐的加快，各地快速交通基础设施规划需求仍将不断增大，针对于此的区域交通可达性时间演变研究仍然为热点主题；不断提高可达性研究的精度，可以更好地模拟现实各地的通达程度，为区域交通规划提供更为科学的依据，是重要的研究方向。

(2) 基于可达性的城市体系与旅游空间结构变化研究。快速交通网络正在重塑城市与城市群的区位优势，改变各地区的城市体系与旅游空间结构格局。为此，在城市与区域规划和旅游规划方面，分析区域可达性与区域空间结构的关系是该类规划研究的内在需求。

(3) 区域交通可达性地域空间效应研究。围绕新建区域交通设施可达性变化带来的社会、经济、人口等效应展开研究。

(4) 从供需角度探讨交通可达性时空变化。目前，国内交通可达性研究是从交通供给角度来探讨各地时间可达性，未从需求角度来剖析费用可达性，由于不同社会群体的消费水平与能力差异和各地经济发展水平差异，对于快速交通方式的使用效率与交通拥挤程度均有所不同，所以亟待结合可达性研究的其他三个方面，即社会经济活动、个体需求、效用函数的可达性，综合考虑交通管理与政策等，从供需两方面探讨区域可达性的时空格局与演变。

(5) 时空收敛效应在城市交通运输联系格局演变过程中作用的量化解释。就高速交通可达性对城市交通运输联系的影响展开研究，包括高速交通可达性对于城际客货运量空间格局和交通空间组织模式的作用机理。该方向研究需要考虑不同类型高速交通网络距离衰减效应的差异、多种高速交通网络整体可达性、交通竞合效应等因素。

第 3 章　区域高速交通可达性分析方法

3.1　栅格可达性分析法

3.1.1　技术方法概述

栅格数据是使用一定尺寸的网格来划分空间，认为每个网格内的空间具有相同的属性，以及确定的数值 (网格的属性)。使用栅格数据，可以对某一个或一组空间数值在空间上的分布进行简单有效的描述。采用传统的空间分析方法，如叠置、切割、求交等，可以对栅格数据进行操作和计算。

为了在栅格数据上计算每个网格到某个目的网格 (或网格集) 的最短加权距离，需要使用最短路径算法。由于栅格数据的特殊性，这里先对最短路径算法在栅格数据上的实现进行简单说明。

Dijkstra 最短路径算法是最短路径算法中常用的一种，该算法计算的是一个"图"结构上的某个节点到所有节点的最短路径。在栅格图像上应用时，最重要的问题是如何将栅格数据抽象成图的结构加以计算。首先需要取得成本栅格图，将研究区使用一定精度的正交格网分割为栅格图像，每个栅格的属性值表示其"成本"，这里即表示通过它所需要的时间消耗程度。如图 3.1.1 所示，由于栅格图像的特殊性，每个非边缘网格的周围有且仅有 8 个其他的网格，以每个网格的中心为"节点"，可以抽象为 8 条"边"。对边的"长度"取值，使用以下简单定义：若边连接两个水平或垂直相邻的网格，则使用两个网格的值的平均值表示该边的长度；若边连接的网

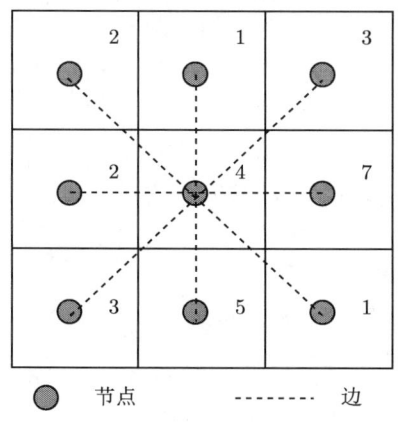

图 3.1.1　成本栅格结构图

格斜相邻，则使用这两个网格的值的平均值乘以$\sqrt{2}$的结果来表示该边的长度。图中，中间的节点到其左边节点的边的长度为$\frac{2+4}{2}=3$，与右下节点的边的长度为$\sqrt{2}\times\frac{4+1}{2}\approx 3.535$。

在计算过程中，将每个源设定为单一节点，其所属栅格的成本值定为0，每个源周围的n个栅格与该源形成n条边（图3.1.2）。这样便构建了完整的"图"结构，可以进行最短路径计算。

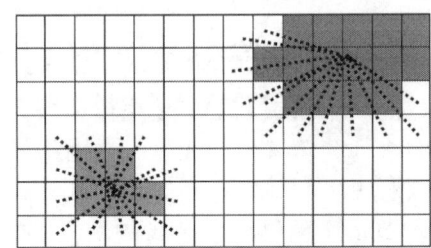

图3.1.2　基于栅格数据的最短路径算法示意图

再以图3.1.1为例，若右下角网格作为一个"源"，则成本加权最短路径计算结果如图3.1.3所示。结果共有2个：① 每个节点到该源的累积总"成本"值；② 每个节点到最短路径上前一个节点的路径方向。因为方向有且仅有8个，所以可以用一个有8个元素的集合编码来表示，表示在图上即方向栅格图，每个网格的值是8个元素中的一个，表示下一个网格相对该网格的方向。在多源的情况下，还可以得到每个网格可以花费最低成本到达的源即服务提供者，表现在图上即分配栅格图。其网格属性的元素数量与源的数量相同，表示该网格所接受服务的源。所有相同属性的网格集合表示对应源的服务范围。

6	4.5	6.5
5	2	3.5
6.5	2.5	0 源

图3.1.3　成本加权最短路径计算结果示例

3.1.2　栅格分析方法步骤

在ArcGIS平台上建立了一整套分析方法，分析评价过程主要由以下几部分组成：

(1) 基础数据的收集与整理。

(2) 指标体系的建立。

(3) 成本栅格图的生成。
(4) 成本加权距离栅格图的计算。
(5) 分级评价栅格图的生成。

各步骤之间的大致关系如图 3.1.4 所示。

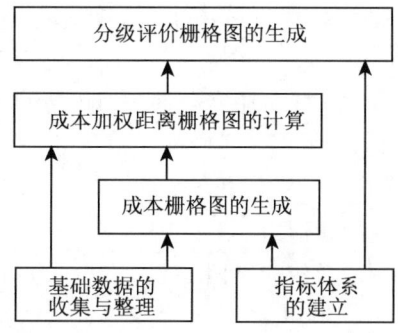

图 3.1.4　评价模型技术路线示意图

3.1.3　成本加权栅格法具体操作

栅格可达性分析法也被称为成本加权栅格法，它可以在 ArcGIS 平台上实现，具体步骤如下。

1. 基础数据收集与整理

陆地：覆盖整个研究区；水域 (较大河湖)：覆盖在陆地数据上；公路：国道、主要道路、待建高速公路、现有高速公路。

2. 对空间地物对象进行分等定级赋值，建立成本栅格图

1) 成本值具体设定方法

(1) 高速公路：按速度 120km/h≈33.33m/s，设定时间成本值为 0.03s/m。

(2) 国道：按速度 80km/h≈22.22m/s，设定时间成本值为 0.045s/m。

(3) 主要道路：按速度 60km/h≈16.67m/s，设定时间成本值为 0.06s/m。

(4) 无道路地区 (陆地)：按速度 30km/h≈8.33m/s，设定时间成本值为 0.12s/m。

(5) 陆地：指没有道路的连续的陆地部分，假设其上是均质的，即在其上可以向任意方向行动，但是行动方式受到限制；考虑主要交通方式根据尺度不同而不同，区域尺度下可以为慢速机动交通方式，城市或小区尺度下可以为步行。

(6) 水域：考虑到实际交通过程中几乎不可能在无道路处穿越水域，水域只在计算过程中起作用，其不与评价的结果区域 (陆地) 重叠，不会包含在最终评价结果之内。在特殊情况下通过轮渡等方式通行，显示水域依然有一定的通行能力，但是相对很小 (速度很慢)，与陆地有很大区别，所以需要设定一个较大的值以示区别。这里将水域的时间成本值设定为 360s/m。

2) 根据如上制定的时间成本值，在 ArcGIS Desktop 的 ArcMap 中，对道路、陆地及河流、湖荡图层的属性表增加一个字段 (如 cost_val，浮点型)，以存储成本数值

(1) 关闭 ArcCatalog 和其他 ArcMap 等 ArcGIS 程序。

(2) 在 ArcMap 内容列表中右击各空间对象图层，选择 Open Attribute Table 命令，打开其属性表窗口。

(3) 在属性表窗口菜单中选择添加字段命令，打开添加字段窗口，输入 cost_val 作为字段名，类型选择 Float。

(4) 确定 (OK)。

(5) 根据上述设定给字段赋值。

(6) 在属性表窗口中右击新建的字段 cost_val 标题处，选择 Field Calculator 命令，打开 Field Calculator 窗口。

(7) 在 Field Calculator 窗口下方空格处输入要赋的值，这里输入 0.12。

(8) 确定 (OK)。

(9) 关闭属性表窗口。

3) 将各图层通过矢量转栅格 (convert-feature to raster) 命令转换为栅格数据，栅格数据的取值为刚才建立的新字段的值

(1) 在 ArcToolbox 工具栏中打开 Spatial Analyst 工具栏，选择 Options 命令，弹出环境设置对话框。进行以下操作：

① 选择 Extent 命令，设置分析范围，这里选择陆地的范围，实际可选择划定的研究区范围 (对应图层) 等。

② 选择 Cell Size 命令。

③ 选择 Analysis cell size – As specified below 选项。

④ 输入 Cell size 值，栅格大小根据分析需要设置，这里设为 500m。

⑤ 确定 (OK)。

(2) 选择 Spatial Analyst –Convert –Feature to Raster 命令，弹出 Feature to Raster 窗口，在该窗口做如下设置：

① 选择要转换的图层。

② 选择字段 cost_val。

③ 栅格尺寸已经自动输入。

④ 选择输出位置和名称。

⑤ 确定 (OK)。

(3) 对要转换的每一层执行第 (3) 步。

4) 使用镶嵌 (Mosaic to new raster) 命令进行叠加，生成成本栅格图

(1) 已通过转换获取的栅格图层：Land，陆地；Water，水系；road_m，主要道路；road_n，国道；road_h，高速公路。

(2) 将上述图层叠加，注意叠加顺序：自上而下，下一层将上一层覆盖。具体步骤如下。

① 打开 ArcToolbox 窗口，定位 (可通过搜索 (Search) 或索引等) 到 Mosaic To New Raster(镶嵌工具) 工具，双击打开该工具对话框，依次将上述各层拽入 Input Location 菜单。

② 在 Output Location 菜单中选择输出的目录 (文件夹)；在 Raster dataset name with extention 中输入名称 (不超过 11 个字符，英文开头)。

③ 在 Pixel type 菜单中选择 32_BIT_FLOAT；在 Mosaic Method 菜单中选择 LAST，表示最后输入的数据将覆盖之前的数据 (如 road_h 覆盖 road_n；water 覆盖 land，road 覆盖 water)。

④ 确定 (OK)，生成完毕。

3. 成本加权距离计算

(1) 将分析目标使用 Spatial analyst – Convertor – Feature to raster 命令栅格化，字段选择任意，或者选择对应 ID 字段 (同时分析多个目标时，需设置为数值型)。

(2) 在 ArcToolbox 工具栏中打开 Spatial Analyst 工具，弹出对话框。进行以下操作：

① 选择 Distance - Cost weighted 命令，弹出对话框。

② 选择 Distance to 命令，并进行如下操作。

a. 选要计算可达性的目标的数据集，这里选择 Source。

b. 若计算失败，请尝试将这个数据转换为栅格，再按上述步骤进行计算。

③ Cost Raster：选择前面生成的 cost raster 工具。

④ Maximum distance：输入最大距离 (时间)，本例中，若只需要计算 5h 之内的时间距离，则输入 18000s。

⑤ Output raster：设置输出图层的保存位置和名称。

⑥ 可选择是否输出路径方向图 (direction) 和源分配图 (allocation)(多源时才有用)。

⑦ 确定 (OK)。

4. 使用 Spatial Analyst-Reclassify 重新分级

(1) 在 Input Raster 工具中选择刚生成的 cost weighted distance 图层。

(2) 在 Reclass field 工具中选择 Value 选项。

(3) 输入范围分级，例如：① 0.5h 内为 1(0~1800s); ② 1h 内为 2(1800~3600s);

③ 2h 内为 3(3600~7200s);④ 3h 内为 4(7200~10800s);⑤ 5h 内为 5(10800~18000s)。

注意表示值域范围的减号左右两端最好各留一个空格。

(4) 选择输出栅格图的保存位置和名称。

(5) 确定 (OK)。

5. 分级面积统计

(1) 右击分级图图层,选择 Open Attribute Table 命令,打开其属性表窗口。
(2) 设置 Value 字段,该字段表示等级。
(3) 设置 Count 字段,该字段每级中栅格数量。
(4) 设置面积:各等级面积 = 各等级栅格数量 × 栅格尺寸的平方 (栅格面积)。

3.2 网络可达性分析法

3.2.1 网络分析法概述

在 GIS 空间数据结构中,矢量数据是以点、线和面来描述空间实体的,与人类对现实世界地理要素的概括是一致的。基于矢量数据结构的 GIS 软件在传统的地图制图功能的基础上,增加了空间数据采集、处理和建库的功能。GIS 空间分析功能是在空间拓扑关系数理逻辑分析基础上得以发展的。

以拓扑数据结构为基础的网络分析模块,已经成为 GIS 空间功能的重要组成部分,而网络最短路径分析方法是网络分析模块的基础。在 ArcGIS 软件网络分析模板的 Network 中,包括最短路径分析、资源分配、设施服务范围、网络流量、网络跟踪等分析功能,可以应用于交通、城市规划、资源调度、市政设施建设等领域。

3.2.2 交通网络最短路径分析过程

最短路径分析可以显示从目的地到源点的最短路径或最小成本路径,综合考虑距离、权重和规划条件。在 ArcGIS 软件中,最短路径计算是首先找到与目标点距离最短的网络上的点,然后以该点为出发点,计算网络上每个结合点到该点的距离,任意边任意位置到出发点的距离由该点在该边上相对两个端点的距离和两个端点到源点的距离来确定,从而可以计算得到网络上每个位置到出发点的最短距离及其路径。

3.2.3 网络分析法应用

网络分析法在国外交通可达性方面应用广泛,常采用海量的网络数据来计算,它的优势在于网络上点到点的距离较为准确,不足之处是网络上没有的位置的可达性只能通过网络上已有点插值推算出来。

第 3 章 区域高速交通可达性分析方法

利用网络分析法，可对交通网络参数进行设置，将时刻表数据与部分道路交通网络数据组合构建网络数据集来进行测算。

3.2.4 网络分析法具体步骤

在 ArcGIS 平台上采用网络分析模块进行分析评价，具体过程主要由以下几部分组成。

1. 基础数据收集与预处理

(1) 从 Openstreetmap 等网站下载城市或区域的 GIS 道路网络等数据。将多个道路网络数据 (高速公路、国道、省道、县道、城市主干道、次干道等) 放入 ArcCatalog 中的要素数据集中建立拓扑数据集。

(2) 通过拓扑数据集功能识别网络数据中的拓扑问题，如道路未闭合和城市质心不在网络上，并对这些问题进行编辑修正。

(3) 打断道路交叉路段，完成要素数据集修改。

(4) 在 ArcMap 软件中打开多个网络数据要素，增加速度 (speed) 和时间 (time) 两个字段，均设置为双精度值，并按照道路等级选择在 Field Calculator 对话框中给道路速度赋值，高速公路为 120km/h、国道为 90km/h、省道为 70km/h 等，通过每个道路网络长度和速度字段在 Field Calculator 中计算得到时间字段，注意将时间单位转换成分钟。

2. 构建网络数据集

(1) 右击拓扑修改后的要素数据集，选择"新建–网络数据集"命令，如图 3.2.1(a) 所示。

(2) 单击下一步，出现连通性菜单，选择线性要素连通性策略为端点，若为 2 个以上道路网络，则应分组列数，多列道路网络应分层，且可以通过单个点要素实现互联互通，如火车站，从而使公路和铁路互联互通，得到图 3.2.1(b)。

(3) 单击属性值，在长度中的单位选择分钟，单击打开"长度"，得到图 3.2.1(c)，在赋值器中将字段值设置成 time，若将线路设置成单行线，则在"方向"的"至-自"

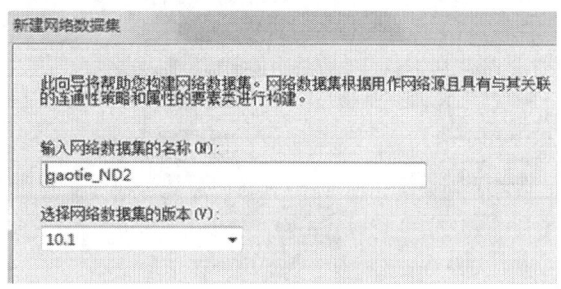

(a) 新建网络数据集

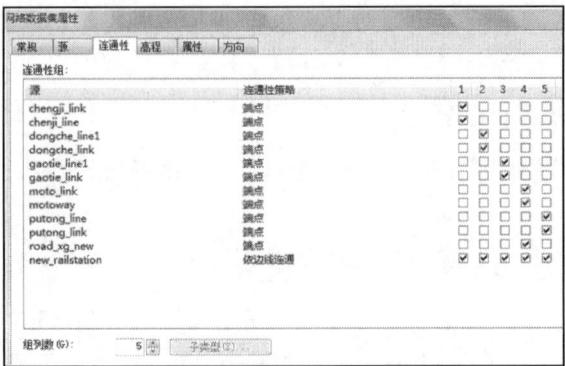

(b) 网络数据集的连通性设置

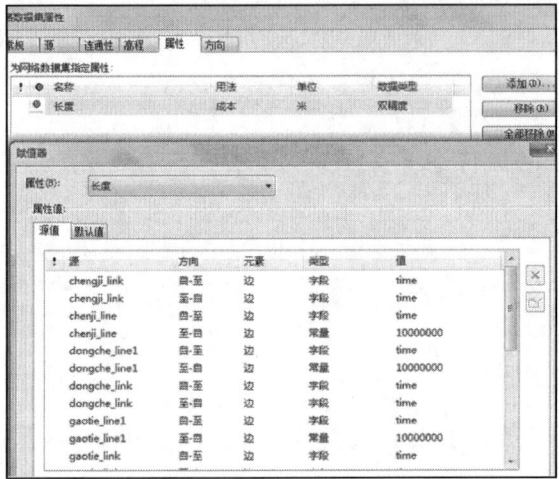

(c) 网络数据集的属性设置

(d) 网络数据集文件

图 3.2.1　网络数据集构建示意图

中设置常量值为 10000000，最后确定完成网络数据集设置，得到图 3.2.1(d)。

3. O-D(起点-终点) 成本矩阵最短时间测算

(1) 将网络数据集数据拖拽到 ArcMap 中，将需要测算的城市点位添加到内容列表，再选择 Network Analyst 模块，打开新建 O-D 成本矩阵。右击内容列表中 O-D 成本矩阵，在图层属性中可以设置相应的 O-D 属性值。单击 Network Analyst 窗口，分别右击起始点和目的地点，打开"加载位置"，输入"需要处理的点"。

(2) 单击 Network Analyst 窗口中的求解工具，得到线，括号内为 O-D 矩阵数量，右击打开属性表，得到最短时间距离，并将其保存为 dbf 格式的表格。

3.3 矢量-栅格集成可达性分析法

网络分析法是在网络数据集的基础上采用 O-D 成本矩阵分析模块，计算得到网络上不同节点间最短距离的方法，当前广泛应用于交通可达性研究。网络分析法在计算网络中线和节点位置上的可达性时精度高，仅测算得到网络上多个节点之间的距离，但在可达性计算中仅得到某一个有限的网络上两点之间的可达性是远远不够的。在将此一维空间 (线) 的可达性计算推广到二维空间 (面) 时，该方法对面域采用插值法进行统一化处理，不考虑实际的土地利用情况，得到的结果精度有限。

在栅格数据上运用最短路径法计算每个网格到某个目的网格 (或网格集) 的最短加权距离，称为成本加权栅格法。该方法的关键是将栅格数据抽象成图的结构加以计算 (祁毅, 2008)。成本加权栅格法在计算可达性时，面状空间数据的测算精度显著提高。缺陷在于网格上每个单元都与周围的单元相通，无法描述不通行或者跳跃式的通行 (如地铁只能在指定站点停车上下客)，且精度受到栅格大小的制约，在较大空间范围内的计算精度不如矢量网络数据上的可达性计算。

矢量-栅格集成可达性分析法是将上述两种方法的优点结合，既充分发挥网络分析中节点位置精度高的特点，又利用成本加权栅格法提高面状空间数据精度，进一步提高城市可达性的计算结果精度。劣势在于计算难度增加，步骤更为复杂。关键技术方法可见祁毅 (2008) 的研究。

3.4 时刻表法与网络分析法集成可达性分析法

3.4.1 技术方法概述

交通可达性分析的关键环节是测算两个节点之间的最短空间、时间距离或经济距离，目前广泛采用 GIS 技术和 Dijkstra 算法进行区域交通可达性分析。可达性分析方法经常用来评估区域新建或规划重大交通设施的可达性收益分布格局与变化,探讨它们能否提高区域交通效率与公平性。按照交通类型划分,交通可达性包括铁路可达性、公路可达性和综合陆路可达性。铁路和公路可达性只需采用单个交通网络测算城市可达性即可;而综合陆路可达性则涉及铁路和公路等多种交通网络类型及其换乘网络设置。近年来,国内外高铁可达性研究成果不断涌现。可达性测算的方法包括栅格可达性分析法、网络可达性分析法、铁路时刻表法和矢量-栅格集成法等。目前广泛用于测算城市之间最短时间距离的 GIS 方法主要为如下三种,它们存在各自优缺点。

(1) 栅格可达性分析法。栅格可达性分析法在计算可达性时,面状空间数据的测算精度显著提高,并且前期数据预处理工作量小。缺点在于网格上每个单元都与周围的单元相通,无法描述不通行或者跳跃式通行 (如高铁只能在指定站点停车),难以较好地模拟高铁、高速公路等与其他交通方式的换乘。该方法在国内区域可达性研究中的应用相对较多。

(2) 网络可达性分析法。网络可达性分析法广泛用于国内外交通可达性研究,可测算网络上不同节点之间的最短时间距离。网络中的节点位置可达性测算精度高,能够设置不同交通方式之间的换乘时间,通过给各类道路和铁路网络赋值来测算城市间的最短时间距离。缺点在于前期空间网络数据拓扑检查等数据预处理工作量巨大,不在网络上的节点可达性值只能通过插值得到,可达性测算精度差。该方法在国外区域交通可达性分析和评估研究中得到普遍应用,特别是公路可达性测算。但现实中,在大区域铁路和综合交通可达性测算中,铁路线路上所有城市之间并非都有班次直接相连。以北京为例,2017 年 7 月通过高铁直接到达的城市仅为 329 个,而全国开通高铁的城市有 501 个。距离北京较远的中低等级城市一般没有班次直接到达北京,此类城市必须通过其他城市中转。城市中转时间包括出站、进站、等待时间,在大区域尺度,目前多数研究并未考虑中转换乘问题,网络分析法就无形中减少了两个事实上并无高铁班次的高铁网络城市之间的时间成本。若是测算大区域可达性,测算值与实际的可达性则有较大的误差,这是众多大区域铁路可达性和综合区域交通可达性测算中容易忽视的一个问题,会使得远距离可达性水平测算值过高,这亦是网络可达性分析法的不足。

(3) 铁路时刻表法。铁路时刻表法能够精准、客观地测算铁路时刻表上任意两个城市间的时间距离,无相连班次的城市对则需要通过第三个城市中转换乘,需要考虑高铁站内换乘时间。采用铁路时刻表法替代原来的网络分析法可以避免出现这样的问题,即尽管距离较远的两个城市之间存在高铁网络,但实际上它们之间并无直接的铁路班次,而需要到其他城市中转换乘。因此,不在铁路时刻表上的城市时间距离难以测算,也就难以测算不同交通方式下的区域陆路可达性水平。该方法适用于铁路站点沿线城市之间的时间距离测算,无法进行区域综合陆路交通可达性分析。

此外,少数研究采用矢量-栅格集成可达性分析法,该方法虽然可提高高铁可达性测算精度,但忽视了中转换乘时间,并且数据处理量巨大。鉴于此,将铁路时刻表法和网络分析法集成来测算全国综合交通可达性,不仅结合了两种方法的优点,而且考虑到大区域远距离高铁站点中转和非铁路站点沿线城市可达性测算,提高了铁路站点城市之间时间成本的测算精度,为区域交通可达性与空间结构研究提供更好的测算和分析工具。

3.4.2 可达性测算的关键技术

1) 空间测算模型设计要点

采用 ArcGIS 软件网络分析模型中的 O-D 成本矩阵分析工具测算 N 个城市之间的时间距离。为了更好地测算城市间最短时间距离,可达性空间测算模型设计考虑如下要点:高速公路需要从互通匝道口连接其他类型道路,其他类型道路之间可互联互通;铁路出行与公路出行通过火车站连接;铁路与公路出行换乘时间为 30min;不同铁路线路之间的站点内部换乘时间为 30min,通过换乘线赋值来统一换乘时间。

在不同的"高铁+"换乘组合下陆路综合交通可达性水平差异较大,包括"高铁 + 传统铁路 + 公共交通"、"高铁 + 传统铁路 + 私家车"等。限于数据原因,本节研究"高铁 + 传统铁路 + 私家车"组合出行下城市之间可达性的测算,采用"门到门"的方法,考虑旅行过程中不同阶段的消耗时间,它的行程时间为

$$T_{\text{rail}} = T_{\text{os}} + T_{\text{ss}} + T_{\text{sd}} + T_{\text{t}} + T_{\text{rush}} \tag{3.4.1}$$

(1) 从出发地到最近的火车站时间为 T_{os},出发地为城市行政中心,出发地到高铁站的时间是指私家车行驶时间,而非步行和公交车行驶时间。

(2) 从目的地所在的最近火车站到目的地的时间为 T_{sd},同 (1) 一致。

(3) 换乘时间 T_{t},不仅包括火车站与公路站之间的换乘等待时间,也包括不同铁路班次之间的换乘时间。

(4) 铁路运行时间 T_{ss},指起点城市站点到终点城市站点的运行时间;由于铁路远距离城市之间有时需要换乘其他班次高铁,高铁运行就包括两段以上的高铁行程,那么就需要包括高铁站点内部换乘时间。

(5) 城市拥挤时间 T_{rush},指起点城市和终点城市内部的拥挤时间;

$$T_{\text{rush}} = 15 \lg(\text{pop} \times 10) \tag{3.4.2}$$

式中,T_{rush} 为城市 i 建成区内部拥挤时间;pop 为城市城区或县域人口总数,单位为百万人。城市内部时间测算低于 10min 的均假设为 10min。

2) 陆路可达性空间测算模型的关键技术

(1) 收集全国公路空间网络数据和县级以上城市 (本书含县级城市) 中心点数据，其中，高速公路连接点与其他公路通过匝道互通网络连接，对数据做预处理，进行拓扑检查。生成城市起始点到最近城市道路之间的连接线，并且根据道路设计时速对公路网络赋予时间成本值。

(2) 收集全国铁路站点空间数据 M 个，铁路和公路的连接点在火车站，从火车站到最近公路或城市道路建立连接，生成连接线，连接相邻道路，并给其赋予换乘时间；同时，在火车站和最近的铁路线路之间建立换乘线路。

(3) 传统铁路内部、高铁内部及传统铁路与高铁之间的换乘是通过铁路站点内部实现的。铁路时刻表转化的铁路线路和铁路站点之间并非直接相连，而是通过建立换乘线路相连的。通过生成火车站和铁路线路之间的换乘线，并给其赋予换乘时间值，将该换乘线纳入 GIS 空间数据集。

3.5 基于交通大数据的可达性分析法

3.5.1 技术方法概述

随着无线通信、移动互联网和 GPS 导航技术的快速普及与推广，交通大数据平台成为可达性测算和居民出行行为研究的重要工具。利用百度地图、高德地图、谷歌地图、Inrix 和 TomTom 等公司的地图导航平台实时测算各地之间最短时间距离，成为近年来国内外日趋流行的可达性分析技术，并形成了基于交通大数据的可达性分析方法。

普通出行者通过查询地图导航平台，能够轻易地得到某个出发时间段通过某种交通出行方式从甲地到乙地的最短时间和路径。而研究人员可以通过 API 接口测算大量 O-D 成本矩阵的最短时间距离。交通大数据平台不仅可以提供私家车出行的最短时间，也可测算公共交通出行的最短时间，该优点是本章前面所述方法难以匹敌的。该方法不需要研究人员拥有研究区空间数据和诸多过程文件，仅通过平台就能高效率地获得可达性分析所需的 O-D 矩阵数据。此方法主要的不足在于难以采用情景分析的方法对比和模拟不同规划情景下交通基础设施可达性的空间效应和可达性及其空间演变趋势，因为它主要提供当前和历史的 O-D 矩阵数据。

3.5.2 技术方法特点

1. 动态可达性

目前，导航地图平台可以提供动态最短时间和最佳路径服务，如图 3.5.1 所示，在一天不同时刻，公交出行和小汽车出行所花费时间存在差异，动态可达性数据保证了城市或区域可达性动态分析的开展。

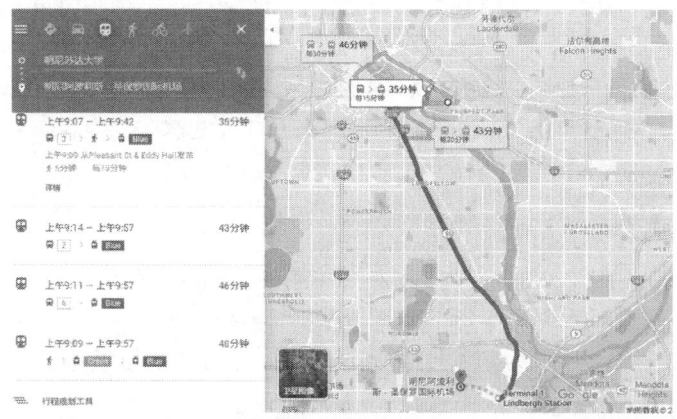
(a) 公共交通出行方式

(b) 小汽车出行方式

图 3.5.1 基于导航平台的动态最短时间示意图

Moya-Gómez 等 (2018) 利用 TomTom 公司的"Speed Profiles"平台研究马德里大都市区交通小区之间小汽车出行时间的变化，它包括每条路段每 5min 的时速数据，同时提供连续的高分辨率时空可达性地图，以此来评价道路拥堵带来的影响。研究中计算了每 15min 交通小区的 O-D 对最短时间。结果显示，在动态可达性情景中，早上 7:00~7:10 的马德里大都市区时间可达性水平高于全天平均可达性水平。相比之下，7:30~18:30 的动态可达性水平均处于平均水平线以下，8:30 和 18:00 是可达性曲线的两个谷底，即这两个时间段交通拥堵状况最为严重。

Owen 和 Levinson(2015) 利用 GTFS 数据，通过 OpenTripPlanner 开源平台处理并计算最短旅行时间，研究 7:00~9:00 明尼阿波利斯—圣保罗大都市区街区之间公共交通旅行时间的变化，进而评价基于公共交通连续时间的就业可达性。结果显示，公交可达性水平在很大程度上取决于出发时间，因为公交发车频次不同，不同出发时间的可达性水平存在差异。出发时间和公交车到站时间越接近，可达性水平越高，反之越低。可达性曲线的深槽区与附近没有或很少有即将出发的公交旅行相关，持续高水平可达性与该时间段较高的发车频率相关。可达性水平波动导致 7:00~9:00 的平均可达性水平低于最高可达性水平 (Owen and Levinson, 2015)。

2. 刻画城市和区域交通系统鲁棒性

导航平台最佳路径的时间差异说明了不同时间段的通行道路拥挤状况和交通运输效率情况，从而有助于交通系统鲁棒性的相关研究。目前，较少文献关注与可达性相关的交通系统鲁棒性、可靠性、脆弱性、弹性和恢复性的重要意义 (van Wee, 2016)，而交通大数据可弥补该方向研究数据的不足。

3.6　可达性测算评价指标

考虑多种类型的可达性分析，包括基于基础设施可达性分析、基于效用可达性分析、基于个人的可达性分析、基于区位可达性分析 (Geurs and van Wee, 2004)，它们选用的评价指标存在差异。其中，基于区位可达性的研究经常采用旅行时间、机会累积测度方法和重力模型方法，机会累积方法更容易理解和沟通，重力模型方法则根据距离衰减规律分配机会，符合旅客出行行为。主要评价指标有旅行时间、加权平均旅行时间、经济潜力可达性、中心城市等时圈、日常可达性等。

1. 加权平均旅行时间

加权平均旅行时间指标是一个评价节点到各经济中心的时间测度，主要由评价节点的空间区位决定，也与经济中心的实力及连接评价节点与经济中心的交通设施质量密切相关。指标得分越低，表示该节点可达性越高，与经济中心的联系越紧密；反之亦然。因此在单个城市中，市中心的指标得分通常要比边缘区低；在经济区或城市带的大尺度区域空间范围内，越靠近经济中心，指标得分越低。它的计算公式为

$$A_i = \frac{\sum_{j=1}^{n}(T_{ij} \times M_j)}{\sum_{j=1}^{n} M_j} \tag{3.6.1}$$

式中，A_i 为区域内节点 i 的加权平均旅行时间，单位为 min；T_{ij} 为通过某交通设施和网络从节点 i 到达经济中心城市所花费的最短时间，单位为 min；M_j 为

评价系统范围内某经济中心和活动目的地的某种社会经济要素流的流量,即该经济中心的经济实力或者对周边地区的辐射力或吸引力,可采用地区生产总值、人口总量和社会商品销售总额等指标,单位为万元或万人;n 为评价系统内除节点 i 以外的节点总数。

2. 经济潜力可达性

采用经济潜力模型表示城镇在空间上所受的中心城市空间"合力",反映区域未来不同的发展状况。经济潜力可达性主要由评价节点的经济区位决定,分值越高,表示该节点可达性越高,反之亦然。分值高低与节点和各经济中心、活动目的地间的空间作用正相关,而其作用强度又与经济中心的规模、实力正相关,与评价节点到经济中心的距离、时间或费用呈反比例关系,侧重于节点城市与经济重心城市的相互作用,以及空间距离衰减。它的计算公式为

$$P_i = \sum_{j=1}^{n} \frac{M_j}{D_{ij}^a} \tag{3.6.2}$$

式中,P_i 为节点 i 的经济潜力可达性;D_{ij} 为通过某交通设施和网络从节点 i 到经济中心或活动目的地 j 所花费的时间、费用或途中距离等;a 为距离摩擦系数,一般取 1;M_j 为节点地区生产总值或者人口规模。

3. 日常可达性

日常可达性指某个经济中心在特定时间内可到达的人口或经济活动规模,3h 或 4h 被认为是一个关键截止点。日常可达性反映交通设施对城市短距离的作用,用来测度在一个限定时间内某地能够达到多少人或经济产值。它的计算公式为

$$\mathrm{DA}_i = \sum_{j=1}^{n} p_j \delta_{ij} \tag{3.6.3}$$

式中,DA_i 为节点 i 的日常可达性;p_j 为节点 j 的人口规模;δ_{ij} 为系数,若节点 i 到 j 的时间少于 4h,则 $\delta_{ij}=1$,其他时候取 0,单位一般为万人或万元。

4. 场强模型

中心城市是一定区域城镇体系的核心,影响的周围区域称为腹地,影响力的大小称为"场强"。城市的综合规模 F 为评价城市地理场场强的综合变量,区域内任一点 k 都接受来自区域内各城市的辐射,场强计算公式为

$$F_{ik} = \frac{Z_i}{D_{ik}^a} \tag{3.6.4}$$

式中，F_{ik} 为城市 i 在节点 k 上的场强规模，单位为万人/min；Z_i 为城市 i 的综合规模，单位为万人；D_{ik}^a 为城市 i 到节点 k 的距离，单位为 min；a 为距离摩擦系数，一般取标准值 2.0。

综合规模值选用社会经济综合值或城区人口值，D 选择时间距离而非空间距离。以往中心城市腹地研究多数采用空间距离变量，忽视自然条件与交通条件，难以全面反映中心城市的腹地格局，特别是在当前区域高速交通大变革的背景下，以空间距离来计算腹地范围存在明显不足。

第 4 章 高速交通影响下区域可达性空间格局与演变

4.1 过江通道对乡镇可达性影响分析

过江通道建设促进了跨江区域之间物流和人流的高效交换,它给区域带来的影响程度及其空间差异是规划建设者所要关注的,可利用可达性分析工具客观地评价过江通道带来的空间效应强度及其影响范围。

本节采用成本加权栅格方法,以苏通大桥为例探讨过江通道对小尺度区域中的乡镇可达性与城镇体系的影响。乡镇作为区域枢纽节点,两端联系着中心城市和广大农村,对农村经济带动尤为关键,而交通可达性对于乡镇经济建设作用十分突出。2008 年 6 月,苏通大桥建成并通车运营,大大提高了其周边城镇的交通便捷性,对其进行研究具有现实意义。

4.1.1 研究区域与技术路线

1. 研究范围

研究区域为长江三角洲重要的组成部分,包括南通、苏州全市以及无锡、泰州的部分县市,共计 3 个地级市、13 个县级市、203 个乡镇。采用加权平均旅行时间、经济潜力可达性和场强模型等进行分析。

2. 研究指标选取

本节应用最短时间距离值和建成区人口规模计算出 203 个乡镇到 17 个中心城市(县级以上城市,包含上海市)的加权旅行时间与经济潜力可达性,反映过江通道带来的可达性变化对于城镇体系的作用。综合规模值选用 2006 年城镇建成区人口规模,选用时间为乡镇到中心城市最短时间以充分考虑交通网络对城市腹地扩张的作用。

由于地域内的任意一地区都接受来自域内各城市的辐射,其中必有一个城市的辐射强度最大,所以可分别求出来自各城市的辐射强度,并根据"取大"的原则来确定每一点所受的场强,以及该场强来自哪个城市,从而定出该点的归属。将各城市的吸引范围用不同的形式表示,即可直观地显示各城市的腹地。本节采用场强模型来划分不同城镇腹地范围。

加权旅行时间、经济潜力可达性和场强模型三个指标计算的关键参数为乡镇到中心城市的最短时间距离,该参数可通过计算得到。

3. 最短时间距离计算技术路线

采用成本加权栅格法计算最短时间距离,该方法已在城市绿地可达性、公共设施可达性及都市圈交通可达性等领域得到应用 (尹海伟等, 2008; 陆锋和陈洁, 2008; 祁毅和徐建刚, 2006)。本节采用该方法计算各乡镇到中心城市的最短时间距离。

1) 建立数据库

数据来源:专业地图公司提供的研究区 1:250000 万地形图与交通现状图,包括南通市、苏州市、上海市、无锡和泰州部分县市及 203 个城镇的空间数据,研究区内的道路、水域、建成区以及陆地数据。

应用 GIS 软件平台,通过对相关图形数据与社会经济等属性数据进行整理、录入、转换,以统一的空间参照系统 WGS1984 UTM Zone51N 存储于地理数据库中,其内容包括研究区的城镇、地形、水域、道路 (分等级) 等。

2) 构建成本栅格图

针对不同的空间对象,采用不同通勤方式会导致速度不同,因此对不同对象分别设定其时间成本值。选定出行 10km 所需要的平均时间 (以分钟计) 为设定时间成本的参考数值,具体计算公式为

$$\text{cost}(时间成本) = \frac{60 \times 10}{V} \tag{4.1.1}$$

式中,各种不同空间对象的成本值设置见表 4.1.1,使用栅格大小为 $50\text{m} \times 50\text{m}$;$V$ 为各类空间对象的设计速度,具体设定如下。

表 4.1.1 空间对象成本值设置

空间对象	高速公路	铁路	国道	省道	县乡道路	陆地	河流	水域	轮渡	建成区	跨江大桥
设计速度 /(km/h)	120	90	80	60	30	15	6	1	20	20	100
时间成本 /(s/m)	5	6.7	7.5	10	20	40	100	600	30	30	6

(1) 道路。可以分为多个级别,不同级别道路的设计时速都不同。根据《公路工程技术标准》(JTG B01—2003),本节采用的设计速度为:高速公路 (高速)120km/h,国家级道路 (国道)80km/h,省级道路 (省道)60km/h,县乡道路 30km/h,铁路 90km/h。

(2) 陆地与建成区。指高速、国道、省道、县乡道路之外连续的陆地与建成区部分。假设陆地是均质的,即在其上可以向任意方向出行,虽然出行方式受到限

第 4 章 高速交通影响下区域可达性空间格局与演变

制,但仍以车行为主。建成区由于受人口密度与市内交通影响,平均速度较对外交通道路慢。

(3) 水域。为了计算方便和符合实际,考虑水域依然有一定的通行能力,主要是指轮渡等交通方式,有轮渡取其平均速度为 20km/h,无轮渡则设为 1km/h。

根据计算得出的时间成本,从基础数据库中提取上述空间对象,分别建立矢量要素层,包括道路、陆地和水域等图层;在各个矢量图层属性表中增加成本属性,矢量数据转换为栅格数据,栅格数据取成本值;最后对道路、河流、陆地的时间成本栅格数据进行叠加,得到空间地物的时间成本栅格图。

3) 计算乡镇到中心城市的最短时间距离

给定目标点,根据时间成本栅格图和目标点的空间位置进行计算,利用 GIS 软件得出各目标点的时间成本图层。用此方法计算得到研究区内 4 个地级市城区(苏州、无锡、南通与上海)与 13 个县级市城区 (海安、如皋、如东、通州、启东、海门、靖江、江阴、张家港、常熟、太仓、吴江、昆山) 的时间成本栅格图。

具体计算方法参见吴扬等 (2008) 的研究,依此计算出各目标点对应的时间成本,在每个时间成本栅格图中提取 203 个乡镇到不同城市的最短时间距离,将最短时间参数应用到式 (3.6.1)、式 (3.6.2)、式 (3.6.4),得到 203 个乡镇的加权平均旅行时间、经济潜力可达性与 16 个城市的场强值。

4.1.2 可达性空间格局及其变化

1. 可达性空间格局

结合最短时间距离参数,通过式 (3.6.1) 和式 (3.6.2) 计算出通车前后两期 203 个乡镇的加权平均旅行时间和经济潜力可达性,并通过 203 个乡镇可达性数据插值生成可达性图。

(1) 通车前。可达性以苏州为核心,形成不规则圈层结构,先向西边的无锡地区逐渐增高,到江阴大桥,再从江阴大桥向东边的南通地区逐渐增高,呈 "弯曲的半同心圆状",江阴大桥为 "转折点"。苏州、无锡地区乡镇可达性值低,南通地区特别是南通东部乡镇可达性值高。从可达性值等值线变化密度来看,在长江南部等值线较为稀疏,在长江北部较为密集,反映了南部地区间可达性相差较小,北部地区间相差较大,其中南通东部的地区等值线梯度更高。根据可达性值,研究区内乡镇可达性空间格局可分为三个层次:好的乡镇,有苏州市、昆山市、太仓市、吴江区、常熟市、无锡市、张家港市、江阴市、靖江市境内的乡镇;一般的乡镇,有南通市区、通州区、海门市境内的乡镇;较差的乡镇有海安市、如皋市、启东市、如东县境内的乡镇。

(2) 通车后。可达性仍以苏州为核心,向西逐渐降低。长江以北,从苏通大桥与江阴大桥向东逐渐降低。加权可达性高值区域被进一步压缩到东部边缘地区。

在大桥作用下,90~120min 可达性区域扩大。南通东部地区等值线变得较为稀疏,可达程度提高,该地区乡镇可达性差距缩小。

加权可达性格局除受区位因素、交通基础设施状况的影响外,还受到城市本身规模和乡镇到区域中心城市时间距离的影响。一方面与苏南和上海中心城市权重值高有关,另一方面与苏南发达的综合道路网络相关。通过 GIS 软件测算,长江以北区域高速公路为 234.15km,国道为 122.27 km,省道为 727.74 km;长江以南区域高速公路为 559.38 km,国道为 581.08 km,省道为 657.8 km,苏南高等级公路里程较江北长,这是长江以南可达性差距小的重要原因。长江制约了南通东部可达性,部分地区仍使用轮渡过江,尽管苏州与南通东部地区空间距离较近,但可达性差距大,上述两方面因素导致可达性的变化基本随着到上海的时间距离而变化。通车后南通整体可达性明显改善,大桥两岸与南通东部地区改善较为显著。

(3) 通车前后变化情况。南通东部区位经济潜力变化显著。通车前,潜力高值区以无锡市区与苏州市区为核心呈圈层分布,昆山与太仓形成单独的高值区。江北仅有江阴大桥与南通市区附近经济潜力可达性较好,其他地区一般;如东和启东经济潜力可达性较差。通车后,经济潜力变化较大的区域在大桥附近,潜力值为 16~25 的区域扩大,启东与如东区位优势潜力得到提升。从表 4.1.2 数据来看,通车后,城镇平均潜力值增大,标准方差减小,表明大桥通车提升了该地区乡镇区位优势潜力。

表 4.1.2　苏通大桥通车前后乡镇可达性变化统计分析表

可达性类型	状况	均值	标准方差	最大值	最小值
加权平均旅行时间/min	通车前	102.9	37.04	183.9(白甸镇)	32.8(花桥镇)
	通车后	96.9	32.8	183.9(白甸镇)	32.8(花桥镇)
区位优势潜力	通车前	27.54	11.56	66.4(花桥镇)	12.11(白甸镇)
	通车后	28.26	11.09	66.4(花桥镇)	12.11(白甸镇)

2. 可达性空间动态变化

通车后,203 个乡镇的加权平均旅行时间均值从 102.9min 降至 96.9min,减少最多的乡镇为新开镇,减少了 42min,该镇位于大桥北岸。统计学中常用样本的标准方差来衡量对象分布的均衡程度,标准方差降低,表明区内乡镇可达性趋向于均衡状况。

可达性值从大桥北岸向东变化突出,变化幅度为 15~50min 不等,其中大桥北岸达到 45~50min;向东北变化较为明显,变化幅度为 10~15min;大桥正北与吴江变化一般,变化幅度为 4~10min;西北与西部变化很小。从大桥北岸向东变化率较高为 12%~39%,大桥东北部与吴江地区为 3.6%~12.5%,其他地区在 3.6%以下。综上所述,南通东部地区可达性变化显著,促进了可达性分布的均衡性,大桥带来的可达性影响范围更多限于大桥北岸与南通东部的县市。

3. 可达性格局对城镇空间体系的影响

采用式 (3.6.4),得到通车前后县级以上城市的场强分级图与腹地划分图,据此来分析过江通道建成后乡镇接受的场强变化与中心城市腹地改变。

场强大小可反映乡镇接受中心城市辐射的强弱,腹地划分则说明各中心城市的引力范围,本节强调乡镇的归属。通车前,区内整体场强分布呈现西南向东北方向逐渐递减的特征。高值区场强一般在 240 以上,该区乡镇获得场强较高,主要分布在苏州与无锡,且连接成片;南通中心城市周边场强较高,呈"孤岛"状。高场强区沿着高等级道路呈"指状"与"轴线"状拓展。低场强区分布于南通东部,场强低于 30,该区乡镇获得场强较低。长江成为苏南城市场强向江北辐射的天然屏障。在地级城市腹地格局中,无锡腹地范围最大,其次是南通与苏州 (扣除境内湖泊与河流面积)。无锡腹地通过江阴大桥向靖江与南通境内扩展。对于县级城市腹地,南通境内县城腹地范围较大。无锡、苏州的县级城市腹地面积较小,越是靠近市区的县城,它的腹地范围越小,县级城市腹地都嵌入在市级腹地范围内。由于长江阻隔,苏州的影响难以渗透到南通。尽管从腹地面积上来看,苏州与南通相差不大,但苏州腹地内的场强远高于南通。地级城市腹地与县级城市之间空间上存在包含、半包含与并存关系,体现不同城市的空间等级关系。通车后,场强分布总体格局变化较小,变化主要出现在大桥北岸,该区乡镇受苏州的辐射强度提高,场强增加。地级城市腹地格局变化也出现在大桥北岸,数据反映苏州腹地面积明显增加,无锡与南通腹地减少,北岸周边乡镇成为苏州的腹地,县级城市主要变化在如皋 (表 4.1.3)。

表 4.1.3 苏通大桥通车前后地区中心城市腹地面积变化 (单位:km²)

市 (县、区)	无桥时	有桥时	市 (县、区)	无桥时	有桥时
常熟	153	152	如皋	382	494
海安	649	617	太仓	331	327
海门	150	149	通州	263	267
江阴	93	94	吴江	32	32
靖江	85	84	张家港	161	162
昆山	39	40	南通城区	6114	6021
启东	959	952	无锡城区	6555	6498
如东	1056	1048	苏州城区	4571	4720

4.1.3 本节小结

苏通大桥通车后南通东部和大桥北岸乡镇的可达性与区位优势潜力显著提高,研究区内城镇的整体可达性与区位优势潜力小幅提高。可达性空间格局变化较小,可达性值仍呈现长江以南由东向西递增,长江以北由西南向东北方向递增的特征,大桥对区内乡镇可达性影响范围多限于南通东部县市。城镇空间体系变化较小,腹地与场强变化多出现在大桥两岸,区域整体场强分布呈西南向东北方向逐渐递减的趋势。

过江通道的建成改善了启东、如东与海门等市县的区位条件,进一步优化了该地区乡镇的整体可达性,增强该地区位优势,加强南通与苏州、上海的经济联系,更好地接受发达地区产业、知识的溢出效应,加快苏南地区产业向南通东部地区转移,促进区域均衡发展,加快区域经济一体化进程。过江通道提高了地区的通达性,缩短了人流与物流的时间,从而产生时空收缩效应,时空收缩将引起区域生产要素的集中与转移,大桥沿线将成为地区重要经济走廊。过江通道缩短了南通与苏州、无锡之间的时间距离,将为南通东部乡镇地区产业发展带来更多的机遇。随着苏南城市经济辐射增强,邻近大桥的乡镇将获得更多机会,它们会因此快速生长,改变其在整个区域城镇体系中的地位。随着区位条件明显改善,科学地配置优势区位资源是减少空间盲目无序开发的重要保证。

然而,过江通道的影响范围与程度总归是有限的。目前,过江通道并不能动摇该地区整体可达性空间格局。未来南通市乡镇可达性与区位优势的进一步提高离不开区内综合交通网络建设与中心城市发展,综合交通网络完善能扩大过江通道的作用。但是从客货运输供给角度看,更多的过江通道能够缓解过江通道供不应求的局面,分流不同区域运输流量,保证高速公路的正常运营。

4.2 京沪高铁对区域中心城市陆路可达性影响分析

交通技术决定空间相互作用的强度与广度,是改变经济活动的重要因素之一,充分把握交通要素对经济活动的影响,对于理解与认识经济现象的空间布局规律意义重大 (李小建等, 1999)。高铁作为世界交通技术革新的产物,已成为世界各国铁路的普遍发展趋势,相对其他交通手段,高铁的优势在于运输时间、输送能力与服务质量。可达性决定了一个区域相对于另一个区域的区位优势,从理论上说,它与机动性、经济发展、社会福利和环境影响密不可分,原料与市场区可达性水平高的地区比外围地区更具有活力与竞争性 (Gutiérrez et al., 2010)。可达性方法在国内外铁路交通网络研究中得到广泛应用,Gutiérrez (2001) 采用加权平均指数、经济潜力指数与日常可达性分析马德里—巴塞罗那—法国的高铁给欧洲可达性带来的影响。在国内,张楠楠和徐逸伦 (2005) 认为高铁可以促进沿线城市产业结构调整,吸引新行业和旅游者进入沿线城市,全国性高铁网络的形成有助于国土均衡发展。胡天军和申金升 (1999) 指出京沪高铁有助于促进沿线第三产业的发展、增加就业机会,并有利于形成沿线旅游经济走廊,以及我国东部极具实

第 4 章 高速交通影响下区域可达性空间格局与演变

力的经济发展增长轴。罗鹏飞等 (2004) 以沪宁沿线为例，探讨了高铁影响下沿线地区可达性的变化。金凤君和王姣娥 (2004) 分析了我国铁路交通网络的发展及可达性空间格局的演化，评价了铁路提速引起的我国客运网络系统演进及不同城市在网络优化中的获益。魏立华和丛艳国 (2004) 分析了城际快速列车对大都市区可达性空间格局的影响机制。综上所述，限于研究方法，我国从可达性角度对高铁的区域影响效果研究相对较少。

为了客观地预测京沪高铁对区域中心城市陆路交通的影响力，本节通过可达性分析方法，采用加权平均旅行时间、经济潜力可达性、中心城市腹地范围等指标，考虑两种情景，即 2006 年有无新线，利用矢量与栅格集成可达性分析法计算陆路交通可达性值并使其可视化，探究京沪高铁对区域中心城市可达性的影响。

4.2.1 研究方法与指标选取

1. 研究方法

本节研究方法为矢量-栅格集成可达性分析法，具体详见 3.3 节。

借鉴潘竟虎等 (2008a) 对中心城市规模的定量确定方法，选取 5 方面共 16 项指标来测度城市综合规模，得到场强模型所需的城市综合规模参数，选取指标涉及社会、经济、科技、生态环境等方面。应用主成分分析方法把以上多个指标线性组合，使原始变量减少为有代表意义的少数几个新的变量。

2. 研究指标选取

1) 加权平均旅行时间

运用式 (3.6.1) 算出研究区域到指定 8 个中心城市 (青岛、合肥、石家庄、南京、上海、北京、天津、济南) 的加权旅行时间。假设高铁通车前后数据都取 2006 年八市建成区的人口规模与地区生产总值。

2) 经济潜力可达性

运用式 (3.6.2) 测算出区位优势潜力值。潜力模型反映各城市在空间上所受的中心城市空间"合力"。其分值与经济中心的规模成正比，与评价节点到经济中心的距离、时间或费用成反比。经济潜力可达性侧重于节点城市与经济中心城市的相互作用。

3) 中心城市腹地范围

腹地也称影响范围或势力圈，是指中心地 (包括城市、港口、城市公共设施等) 影响力的空间范围。运用式 (3.6.4) 所示的场强模型来测算中心城市的用地范围，其中，综合规模选用通过主成分分析得到的综合指标，距离采用两地间最短时间距离。

4.2.2 方法实现与结果分析

1. 研究区域与数据来源

京沪高铁位于我国的华北和华东地区,两端连接环渤海和长江三角洲两大经济区域,全线纵贯北京、天津、上海三大直辖市和河北、山东、安徽、江苏四省。所经区域面积占我国面积的6.5%,2006年人口占全国的28.07%,城区人口100万以上的地级市有38个,生产总值占全国的37.5%,境内有61个地级市、345个县和县级市,是我国经济发展最活跃和最具潜力的地区,也是我国客货运输最繁忙、增长潜力巨大的交通走廊。

社会经济数据来自《2007年中国城市统计年鉴》和2007年七省市统计年鉴。空间数据包括河流水系、铁路、高速公路、国道、省道与一般公路数据,分别来自交通部2005年《中国1∶400万公路交通版地图》和《中国1∶400万基本要素版地图》,提取七省市地图要素并矢量化。

2. 城市可达性定量分析

1) 数据准备

测度最短时间距离,首先把空间距离转化为时间距离,需要设定不同类型道路的行车速度。将地表类型分为陆地、道路和水域,分别设定时间成本。为了尽可能提高计算精度,选定栅格大小为0.5km×0.5km,设定时间成本数值的参考为平均出行10km所需要的分钟数,采用式(4.1.1)计算。根据《公路工程技术标准》(JTG B01—2003)规定的道路设计速度,结合区域实际情况,确定各级道路的行车速度(表4.2.1)。没有等级公路通过的区域,系统给出了20km/h的默认速度。网络数据集中高铁速度设置为300km/h。

表 4.2.1 不同交通方式与用地类型的相对时间成本值设置

空间对象	高速公路	国道	省道	河流	铁路	湖泊	陆地
速度/(km/h)	120	80	60	—	90	—	20
时间成本/min	5	7.5	1	300	6.7	600	30

2) 生成可达性时间分类图与变化率分析图

采用成本加权栅格法得到未通高铁时8个城市的可达性图;根据矢量-栅格集成可达性分析法,按照关键方法,得到通高铁时的可达性图;提取图中数据,得到表4.2.2。选取高铁沿线8个主要城市为研究对象,即北京、天津、上海、济南、南京、合肥、石家庄与青岛,以8个城市为源点,计算其到研究区的可达性与可达范围时间分类。其中,研究时合肥、石家庄与青岛未开通高铁。

第 4 章 高速交通影响下区域可达性空间格局与演变

表 4.2.2 中心城市可达面积与变化率分析

时间段/h	天津 有高铁/km²	天津 无高铁/km²	天津 变化率/%	济南 有高铁/km²	济南 无高铁/km²	济南 变化率/%	南京 有高铁/km²	南京 无高铁/km²	南京 变化率/%
0~1	13111	6844	91.57	2856	16942	493.27	15877	8654	83.47
1~2	64315	30850	108.48	5427	81847	1408.08	69321	29677	133.59
2~3	101857	49266	106.75	35387	137966	289.88	104183	57658	80.69
3~4	131565	61418	114.21	64384	148068	129.98	119989	78596	52.67
4~5	132457	69108	91.67	87692	116235	32.55	99306	65799	50.92
5~6	87288	60155	45.10	80727	69896	−13.42	78152	38530	102.83
6	85615	338512	−74.71	339672	45248	−86.68	130923	337234	−61.18

时间段/h	上海 有高铁/km²	上海 无高铁/km²	上海 变化率/%	北京 有高铁/km²	北京 无高铁/km²	北京 变化率/%	青岛 有高铁/km²	青岛 无高铁/km²	青岛 变化率/%
0~1	11645	6254	86.19	11367	13350	17.44	3310.5436	3310.5436	0
1~2	28077	11140	152.04	36978	52970	43.25	14459.4593	14459.4593	0
2~3	65315	18225	258.38	55677	96291	72.95	27489.4179	27489.4179	0
3~4	98759	23648	317.62	60514	118581	95.95	30499.5853	30499.8550	0
4~5	112177	35719	214.05	51007	121051	137.32	45205.7342	47173.9600	4.17
5~6	103585	51706	100.34	41086	97892	138.26	58756.8006	76386.8161	23.08
6	196589	469459	−58.12	359523	116071	−67.72	436428.8720	416829.7222	−4.7

时间段/h	合肥 有高铁/km²	合肥 无高铁/km²	合肥 变化率/%	石家庄 有高铁/km²	石家庄 无高铁/km²	石家庄 变化率/%
0~1	8167	8167	0	7350	7350	0
1~2	34423	34755	0.96	24879	24879	0
2~3	52613	68765	30.70	43220	44751	3.54
3~4	59657	93147	56.14	49569	70002	41.22
4~5	56933	100996	77.39	47709	89175	86.92
5~6	50675	95403	88.26	63363	118052	86.31
6	353671	214908	−39.24	380064	261941	−31.08

3) 等时圈特征分析

等时圈反映中心城市与邻近区域空间联系的紧密程度，3h 圈可看作一日交流圈。集成法能较好地模拟高铁与其他交通方式结合后的可达性空间格局。未通高铁时，等时圈连续且紧凑，基本呈同心圆状，6h 以上的可达范围很大。通车后，开通高铁的 5 个城市等时圈具有跳跃性与不连续性，呈条带状且稀疏，等时圈沿高铁向外推移，通高铁城市的可达性会高于周边地区。从前 5 个城市可达时间变化率来看，各区出行时间节省差异明显，城市可达变化率为 0%~70%，高铁站点沿线变化率最高，成为通车后时间收敛的最大受益者，变化率在 60% 以上；变化率最小区域分布于指定可达城市周边，变化率在 10% 以内，其次是研究范围边缘地区，距离高铁较远，变化率较低。变化率总体呈现距离指定城市越远、距离高铁沿线站点越近的地区高，反之则低。未开通高铁的 3 个城市，合肥与石家庄变化率为 0%～60%，等时圈具有跳跃性与不连续性，呈条带状；青岛为 0%～30%，等时圈变化较小，时间变化率最大的为京津地区仅达到 25% 以上。在 3 个城市中离站点越近的城市时间变化越大，在单个城市中距离指定可达城市越远的地区时间变化率越大，高铁沿线城市更大。比较而言，通高铁的城市时间节省更多，在未通高铁的城市中，距离高铁站点近的城市节省时间多。

表 4.2.2 显示了主要城市可达面积的变化：3h 可达空间范围扩大意味着城市间可达人口增加，企业与市民可获得更多经济活动机会。新线建成后，通高铁的 5 个城市 3h 内平均变化率最高为济南，达到 730.41%，平均变化率最小为北京，达到 44.55%；6h 以上的可达面积大大减小，最高为济南，变化率达到 86.68%，变化率最小的上海达到 58.12%。数据表明高铁对 5 个城市可达性提高十分明显，时空收敛效果突出。在未通高铁的 3 个城市中，合肥与石家庄在 4～6h 可达面积变化最大，达到 70%～90%。青岛在 5～6h 的可达面积变化最大，仅为 23.08%。可见高铁通车后，可达性优化空间分配不均，各区时间获益分配不均衡。

4) 日常可达城市分析

提取 8 个中心城市到达 60 个地级城市的时间，得到表 4.2.3。

表 4.2.3　高铁通车前后 3h 可达城市数与时间变化分析

城市	1h		2h		3h		到 60 个地级市总时间		
	无高铁	有高铁	无高铁	有高铁	无高铁	有高铁	无高铁/h	有高铁/h	变化率/%
天津	2	6	6	12	9	23	449.40	220.76	51
济南	3	8	10	17	17	33	308.08	174.90	43
南京	5	9	11	19	20	33	335.67	184.36	45
上海	2	6	6	13	8	24	460.51	232.77	49
北京	2	4	6	10	8	18	490.96	243.53	50
青岛	1	1	2	2	6	6	395.60	361.75	8.5
石家庄	1	1	5	5	7	9	453.89	305.82	33
合肥	3	3	9	10	15	22	345.18	239.59	31

1h 内，高铁开通前，连接地级城市最多的是南京，达到 5 个，其次是济南、合肥，均为 3 个；通车后，南京达到 9 个，济南为 8 个，上海、天津均为 6 个，北京为 4 个，未通车的三个城市不变。2h 内，高铁未通车前，连接城市最多的是南京，达到 11 个，其次是济南，为 10 个；通车后，南京达到 19 个，济南为 17 个，上海为 13 个，天津为 12 个，北京为 10 个，合肥为 10 个，其他城市不变。3h 内，高铁未通车时，南京为 20 个，济南为 17 个，合肥为 15 个，上海、北京均为 8 个；通车后，南京、济南均为 33 个，北京为 18 个，石家庄为 9 个，合肥为 22 个。由此可见，通高铁的城市 3h 内可达市数量变化明显，而未通高铁的城市变化相对较小。

从前 5 个城市到达研究区内其他 60 个地级城市总时间来看，变化率为 43.2%

第 4 章　高速交通影响下区域可达性空间格局与演变

~50.9%，这 5 个城市到研究区其他地级以上城市 (本书含地级城市) 的总通勤时间减少，加快了该地区社会经济节奏。但后 3 个城市变化率为 0%~33%。其中，未通高铁的青岛变化率仅有 8.5%，3h 内可达城市数未变；高铁通车后，高铁沿线城市比未通高铁的城市在城市联系上具有明显的时间优势。

京沪高铁连接京津唐城市群与长江三角洲城市群，北京、天津是京津唐城市群的核心城市，上海是长江三角洲的中心城市，它们在固定时间到达周边主要城市的数量增加将提升城市之间的联系强度，不仅可以强化城市群内部间的联系，也可以加强城市群之间的交流。

5) 区域可达性分析

运用式 (3.6.1) 计算得到 8 个城市的可达性图。高铁通车前，整体可达性值偏高，大部分区域小于 660min，可达性最好的区域为京沪高速公路北部沿线。高铁通车后，可达性值大幅降低，大部分区域小于 450min，整体可达性得到优化。可达性较好区域为高铁沿线，沿线站点最好，随着远离高铁沿线，可达性逐渐降低，外围边缘可达性低。变化率最高的区域为高铁沿线站点，并随与高铁站点的距离变远逐渐降低，外围的山东半岛与苏北可达性变化率低，高铁沿线站点为可达性最好的区位。

依据式 (3.6.2) 得到经济潜力图。在高铁通车前，潜力值高值区较少，低值区较多，围绕京津与沪宁地区呈现出类似同心圆变化的潜力区。高铁通车后，高值区增多，潜力区呈现随与高铁站点距离变化的特征，高铁站点及其附近城市成为高值区，边缘区成为低值区。从变化率看，高铁滁州到济南段与沿线城市经济潜力值增长最突出，达到 120% 以上，变化率以该区为核心向外围逐渐降低，该区未来将成为重要的经济潜力区；北京以北、山东半岛与苏北和安徽南部变化率较低，边缘化程度加深。

高铁通车将缩短与节省城市之间的时间成本，人流、物流与信息流的交换更加便捷与迅速，提高生产与贸易的效率，促进城际间的经济联系与分工合作，引导生产要素和市场的重构，提升沿线城市竞争力与经济发展潜力，有助于城市群与京沪高铁沿线经济带的形成。

6) 可达性分布均衡性

采用变异系数验证高铁开通是否会增强或减少城市间可达性差距。提取研究区内 402 个县城和地级市城区的可达性值与经济潜力值，计算研究区和各省的经济潜力与可达性变异系数，分析不同地理尺度下可达性差异的均衡性。

表 4.2.4 中的可达性变异系数数据显示高铁通车后，研究区内的变异系数扩大；四个省内变异系数扩大，其中山东变化最大，达到 0.2，河北变化最小，为 0.07。可见研究区与四个省内的可达性差异都在扩大，表明高铁建成后该地区可达性的均衡性降低。

表 4.2.4 研究区内可达性与经济潜力变异系数

地区	可达性变异系数		经济潜力变异系数	
	通车前	通车后	通车前	通车后
研究区域	0.14	0.25	1.17	0.82
安徽	0.13	0.28	0.26	0.54
河北	0.13	0.20	0.32	0.45
江苏	0.07	0.19	0.42	0.53
山东	0.11	0.31	0.43	0.47

从研究区内经济潜力变异系数来看，经济潜力差异在缩小。从 4 个省内变异系数来看，经济潜力差异在扩大。上述数据说明，在不同空间尺度下，高铁对经济潜力的效果不一致，从省域看，高铁扩大了经济潜力差异，安徽变化最大，达到 0.28，山东最小，仅为 0.04；从研究区域看，高铁缩小了地域之间的经济潜力差异，变化达到 0.35。因此，研究区潜力差异的均衡性提高，而 4 个省的均衡性则下降了。

7) 站点服务范围划分

依据成本栅格法得到各站点服务范围，服务人口采用 2006 年 7 省市统计年鉴的数据，假设各县与地级市人口集中于县城与市区，将 406 个县与市的人口、生产总值与站点服务范围叠加，求得各地区服务总人口与生产总值。

表 4.2.5 显示，从服务人口看，最多的济南站达到 4518.86 万人，最少的常州站仅为 277.35 万人。从服务范围内地区生产总值来看，最高的也为济南，最少的为宿州。服务人口越过 3000 万的站点有 2 个，2000 万~3000 万的站点有 6 个，1000 万~3000 万的站点有 12 个，低于 1000 万的站点有 4 个。18 个站点服务人口规模与经济存在差异，主要原因是站点分布密度与附近城市等级规模，长江三角洲地区站点设置密集，京津地区则较为松散。服务范围经济发展水平与人口规模是影响站点设置的重要因素，经济发展水平高，人口多有助于站点提高经济效益，反之亦然。

表 4.2.5 高铁站点服务范围社会经济情况

站点	地区生产总值/万元	服务人口/万人	面积/km²
蚌埠	12690973	2088.23	31707.81
北京	108226744	3380.77	120421.30
沧州	17254316	998.70	21840.88
常州	13671700	277.35	3344.79
滁州	21815160	1991.38	52561.83
德州	44069777	2477.68	41972.04
济南	152748771	4518.86	81944.88
济宁	22927558	1916.69	26035.70
南京	56096226	2504.15	55778.75
上海	107330000	1414.22	6179.63

续表

站点	地区生产总值/万元	服务人口/万人	面积/km²
苏州	57387300	1086.99	15644.33
宿州	7542147	1069.62	14428.96
泰安	38433219	2019.91	32068.19
天津	73069236	1979.77	31841.86
无锡	71890875	2369.24	30510.76
徐州	26649849	2254.31	35595.74
枣庄	16569553	918.35	11347.40
镇江	13874375	327.54	3063.93

可根据服务范围与规模来调整高铁站点的规模等级。采用分层聚类法按照人口规模与地区生产总值对站点规模进行聚类分析,将其分成三等,北京、上海、济南为第一等,德州、南京、无锡、天津、泰安、苏州为第二等,其他站点为第三等,可根据分类等级来设计站点规模。

8) 城市影响腹地分析

首先,计算城市的综合指标值。对全国 283 个地级城市 2006 年 16 个指标进行主成分分析,提取 5 个城市的综合值,其中,北京为 166.6,上海为 152.06,天津为 56.86,南京为 47.99,济南为 31.6。其次,将这些值代入式 (3.6.4),借助之前计算出的 5 个城市可达性图层,通过栅格计算与最大值叠加,利用场强公式分别计算得到高铁通车前后的场强变化。最后,根据场强大小,划分 5 个城市的影响范围。

表 4.2.6 显示,北京与上海的影响范围扩大,南京、济南与天津的范围压缩且影响区不连续。可见,高铁延伸了特大城市辐射范围,扩张了它们的服务、产品与劳动力市场,中小城市也更易接受大都市的社会、经济与文化的辐射。

表 4.2.6 高铁通车前后五个城市腹地变化 (单位:km²)

城市	无高铁	有高铁
济南	85731.99	20867.85
南京	103630.3	19961.66
天津	7242.701	2499.052
上海	153850.1	227977.4
北京	264951.1	344100.2

4.2.3 本节小结

高铁通车后,等时圈沿高铁明显向外推移,距离指定城市越远、高铁站点越近的地区变化率越高。济南处于京沪高铁的中间位置,在时间收敛中获益最多。高铁极大地削弱了区域间的距离摩擦,缩短了通勤时间,实现时空收敛,将释放更多生产与消费能力,扩张沿线城市的产品、服务与劳动力市场;可加快产业由大都市区向中小城市及未开发地区扩散和再布局,有利于企业在更大范围内实现资源的优化配置，降低生产成本，推动经济集约化发展，各地通过分工协作，整合利用多地资源优势，加强城市专业职能分工 (张文忠, 2001)，实现更大范围内的区域合作，有效地整合城市间的各要素优势，提高工业化进程的效率；可带动周边区域经济的发展，进一步促进该地区全球性城市建设，应对未来日益激烈的全球化挑战和城市区域竞争，达到地区整体高效发展。

高铁可实现可达性整体大幅优化，但也形成了不均衡的收敛空间，可达性最好的区域为高铁沿线。高铁滁州到济南段经济潜力值增长迅猛，外围变化率较低。时间区位优势将对区域城市竞争力产生潜在影响，它的变化在一定程度上引导城市体系的重构；高铁扩大了沿线高等级中心城市腹地，增强它们的区域影响力。高铁网络作为区域发展的重要走廊，将沿线中小城市融入高铁交通经济带系统当中，形成不同等级和职能的经济区和都市系统，可促进高铁沿线城镇体系的变化，使区域经济由集聚走向分散成为可能。针对高铁建成后的区位条件改善，可达性好的城市可对产业进行前瞻性分析，抓住机遇设计产业与基础设施配套方案。

高铁扩大了区域可达性差异，未通高铁的城市可达性变化较小，不同地理尺度下它对经济潜力的均衡性影响不一致。高铁在给沿线城市带来更多发展机会的同时，也会加剧局部地区可达性差距，从高铁可达性中受益少的区域可能会陷入"边缘化"。边缘化地区可通过完善与优化该区域高速交通体系，加强其与高铁的交通衔接，来提高该地区的可达性。

高铁巩固了北京、上海、天津、济南、南京等城市的交通枢纽地位。其他城市高铁站点服务人口亦多在百万以上，它们成为局部地区的快速交通网络枢纽。高铁线路、站点枢纽城市、其他城市及次级交通网络之间将会构成轴-辐模式网络结构，这种结构能够将枢纽城市之间的网络影响扩散给多个城市，增强枢纽城市与其他城市之间的联系，当该地区需求不足以支撑点对点服务时，该模式可以使整个网络受益 (Levinson, 2012)。

4.3 高铁与出行成本影响下的全国陆路可达性分析

高铁不仅可提供大运量、高频率、快速、便捷、准时、舒适的服务，让沿线城市之间的人员往来更加高效，增强中远距离城市与国际的联系，而且它能耗低、环境污染小、占地少、受天气因素影响小，这些优点让其深受众多国家的青睐。近年来，高铁可达性及其空间效应研究备受国内外学者关注。在国外，学者不仅探讨高铁对英国 (Martínez and Givoni, 2012; Ureña et al., 2009)、西班牙 (Monzón et al., 2013; Ortega et al., 2012)、美国 (Levinson, 2012) 陆路交通可达性的影响，而且研究高铁可达性对城市房地产价格 (Andersson et al., 2010)、商务办公业区位 (Willigers and van Wee, 2011) 的影响。在国内，随着高铁突飞猛进的发展，相关研究也与日俱增，主要关注高铁对交通可达性、社会经济空间分布、城市与区域空间结构的影响。

目前研究表明，从通勤时间收益来看，高铁将大幅度削减城市之间的旅行时间，它的运营会产生效率与公平两方面影响。一方面，它给区域带来明显的"时空收敛"效应，创造出更多交通区位优势，大幅提高区域陆路交通网络整体通达效率，有利于企业在更大范围内实现资源的优化配置，增强中心城市对周边区域经济社会发展的辐射力，重构城市与区域空间结构。另一方面，它扩大了高铁沿线城市与外围地区之间的可达性差距，加剧了各地发展机会的不均衡。

从通勤经济成本来看，各种交通方式的出行成本与个体消费能力决定了乘客所选择的交通方式，交通工具与个体支付能力约束了乘客的机动能力与可达性水平，因此票价会影响旅客对于交通工具与出行方式的选择，一方面它能产生积极效果，如推动向环境友好型的交通出行方式转变；另一方面，它将带来负面效果，例如，从可达性角度看，高票价带来出行成本增加，导致可达性的均衡程度下降，削弱快速交通网络带来的可达性效果。相对于其他陆路交通方式，高铁票价高昂，经济距离并未像时间距离那样大幅下降，一般高于普通乘客的支付能力，因此高票价限制了高铁上座率与需求，制约高铁广泛使用，削弱高铁对区域可达性的影响程度，从而降低了高铁对区域社会经济的影响程度。

目前国内诸多高铁可达性研究均从时间可达性角度来探讨，忽略了高铁出行成本因素，这在某种程度上夸大了高铁带来的可达性影响。国外少数学者采用经济成本可达性分析工具评价交通价格政策的空间影响(Condeço-Melhorado et al., 2011)，国内则尚未发现。国内较多关注高铁对沿线城市或局部区域中心城市的可达性及其影响，较少探讨高铁对全部城市的可达性影响，也较少考虑高铁中转时间与城市内部拥挤时间等问题，研究数据的数量与质量有限。

针对此，本节从交通供给与需求两方面探析高铁网络规划与出行成本影响下的全国陆路可达性变化格局与特征。综合考虑可达时间、票价与工资水平等因素，通过 GIS 技术平台与海量数据构建可达性测算模型，测度地区间最短时间距离与最低出行成本可达性，探究高铁与出行成本影响下的区域陆路可达性空间分异特征，评价规划与运营高铁网络的可达性收益分布格局与变化。本节不仅探讨高铁影响下的陆路时间可达性空间格局及其变化，而且分析高铁与出行成本共同影响下不同收入群体的经济可达性空间格局及其变化。

4.3.1 研究方法与指标选取

1. 研究区与数据来源

1) 研究区域

根据《中国铁路中长期发展规划》，我国将建立"八纵八横"的高铁网，到

2025年实现铁路大网络覆盖，铁路网规模达到17.5万km，其中高铁为3.8万km。截至2020年底，我国高速铁路运营里程已经达到3.9万km。目前高铁网络已成为我国重要的客运大动脉，规划高铁网络几乎贯穿了我国除了藏中南地区之外的所有重要的城市化地区[①]。

2) 数据来源

为了提高测算精度，采用全国2010年道路交通网络（1:25万交通道路图）与2020年高铁规划网络[②]的空间数据库来测算2020年高铁影响下的全国陆路交通可达性格局，道路包括国道、省道、高速公路、普通铁路、高铁及部分地区县道，根据《公路工程技术标准》(JTG B01—2003)规定的道路设计速度，结合区域实际情况，确定各级道路行车时速。其中，高速公路设置为100km/h，国道为80km/h，省道为60km/h，部分地区县道路与其他道路为40km/h，轮渡为20km/h，铁路为90km/h。根据中长期铁路网规划（2008年调整），高铁速度分别设置为300km/h、250km/h、200km/h和160km/h，涉及384个高铁站点，研究区涉及全国1996个县与320个市辖区。人口数据来源于《2012年中国区域经济统计年鉴》，为了仅得到高铁对全国陆路可达性的影响，高铁通车前后的人口数据统一使用2011年数据（由于2012年中国区域统计年鉴中未公布2011年县域生产总值数据，所以县城生产总值数据选择2010年数据）。不考虑规划期内公路与普通铁路网络变化，应用陆路交通道路空间数据库构建网络数据集。

为了能合理地构建全国陆路可达性空间分析模型，研究做了必要的假设：

高速公路、普通铁路、高铁、动车与公路之间的换乘均通过县级以上城市来实现。

在最短时间计算过程中，考虑"换乘中转时间"，公路、普通铁路、动车与高铁之间换乘时间均设置为30min，考虑城市内部拥挤成本与自我潜力问题，但未考虑各站点停留时间；忽略各地区之间的旅行时间价值差异，即忽略各地平均工资水平的差距。

3) 研究思路

从交通供需两方面，即时间可达性与经济成本可达性，探究高铁与出行成本影响下的陆路可达性空间格局、变化及其特征。

在交通供给方面，通过时间距离参数与可达性指数来计算高铁通车前后全国

---

① 城市化地区：按照全国主体功能区规划，全国城市化地区包括环渤海地区（京津冀地区、辽中南地区、山东半岛地区）、长江三角洲地区、珠江三角洲地区、冀中南地区、太原城市圈、呼包鄂榆地区、哈长地区（哈大齐、长吉图）、东陇海地区、江淮地区、海峡西岸经济区、中原城市群地区、长江中游地区（武汉城市圈、长株潭城市群、鄱阳湖生态经济区）、北部湾地区、成渝地区（重庆经济区、成都经济区）、黔中地区、滇中地区、藏中南地区、关中—天水地区、兰州—西宁地区、宁夏沿黄地区、天山北坡地区共21个城市化地区。

② 2020年高铁规划网络按照我国中长期铁路网规划（2008年调整）、crh.gaotie.cn与www.360doc.com/content/11/0218/23/4665399_94209414.shtml数据整理得到。

陆路可达性空间格局及其变化，反映高铁对陆路可达性格局的影响。① 采用网络分析法计算 2316 个县级以上城市之间的最短时间距离，并获得时间成本矩阵(O-D 成本矩阵)，分别涉及超过 500 万对城市间的时间距离 (2316×2316 = 5363856 对) 计算；② 结合各市之间的最短时间距离与各县市社会经济参数，采用加权平均旅行时间等可达性指数测度各市时间可达性水平；③ 采用 2316 个县级以上城市可达性值，通过反距离权重法插值得到高铁通车前后全国陆路可达性空间格局与变化图。

在交通需求方面，综合考虑高铁供给与出行成本因素分析高铁影响下的可达性格局及其变化。① 根据 2011 年全国平均工资与假设高收入工资及各种交通工具的出行成本构建标准交通成本参数，以平均工资与高收入工资来反映旅行时间价值，利用旅客收入水平与交通工具成本来反映各种交通工具的需求；② 采用网络分析法计算并获得县级以上城市之间的最低经济成本距离，结合加权平均旅行时间指标得到 2316 个城市的经济成本可达性水平，通过插值法得到高铁通车前后全国陆路可达性空间格局与变化图；③ 对比供需情况下的全国陆路可达性空间格局差异。

2. 研究方法与评价指标

1) 时间距离测算指标

计算某城市建成区质心到其他城市建成区质心的最短时间距离。最短时间包括城际之间的最短时间与城市内部的最短时间，研究假设县域与市辖区人口集中于节点处。时间距离计算公式为

$$t_{ij} = t_i + \mathrm{tr}_{ij} + t_j \tag{4.3.1}$$

式中，t_{ij} 为城市 i 质心到城市 j 质心总的最短时间；t_i 为城市 i 内部时间；t_j 为城市 j 内部时间；tr_{ij} 为城市 i 到城市 j 的最短时间。

借用 Gutiérrez(2001) 的公式，得到各市内部拥挤时间，城市内部时间低于 10min 的均假设为 10min，以此解决潜力指数的"自身潜力"问题。拥挤时间与城市内人口数量相关，它的计算公式为

$$t_i = 15 \times \lg(\mathrm{pop} \times 10) \tag{4.3.2}$$

式中，pop 为各城市城区与县域人口，单位为百万人。

2) 经济成本距离测算指标——标准交通经济成本

旅行交通经济成本考虑旅行时间价值和交通运输费用，旅行时间价值通过收入水平反映出来。

标准交通经济成本[①](GTC)= 旅行时间成本 (0.35 元/min，3.3 元/min) + 公路运行成本 (高速公路收费 (0.1 元/km)+ 普通公路运行成本 (0.1 元/km)) + 普通铁路运行成本 (0.22 元/min) + 高铁运行成本 (动车 0.75 元/min，高铁 1.75 元/min)+ 轮渡运行成本 (1 元/km)

3) 可达性评价指标

(1) 加权平均旅行时间 (经济成本)。

通过式 (3.6.1) 来测度某个节点到各中心城市的时间 (经济成本)。

(2) 日常可达性。

日常可达性反映交通设施对城市短距离的作用，用于测度在一个限定时间内某地能够达到多少人或经济产值。本节通过式 (3.6.3) 来计算研究区内 2316 个城市 4h 内所到达人口规模的变化。

(3) 经济潜力可达性。

经济潜力可达性是指某地区克服时间成本阻力，可以到达的经济活动的数量。经济潜力可达性反映各地区受中心城市空间的"合力"，侧重于节点城市与经济中心城市的相互作用、节点城市接受经济辐射的能力，反映各地区经济潜力。经济潜力可达性与日常可达性均强调城市间短距离的关系。经济潜力可达性计算公式为

$$p_i = \frac{M_i}{t_{ii}^a} + \sum_{j=1}^{n} \frac{M_j}{t_{ij}^a} \qquad (4.3.3)$$

式中，p_i 为节点 i 的经济潜力可达性；t_{ii} 为节点 i 内部的时间、费用或距离等；t_{ij} 为通过某交通设施和网络从节点 i 到经济中心或活动目的地 j 所花费的时间、费用或途中距离等；a 为距离摩擦系数，一般取 1。

4.3.2 结果分析

1. 时间可达性空间格局变化分析

通过计算全国 2020 年高铁通车前后可达性格局，得到表 4.3.1。

1) 中心城市可达性分析

表 4.3.1 显示，320 个地级以上城市之间的平均旅行时间由 19.14h 下降到 10.96h，总旅行时间由 1959562.5h 下降到 1122703.37h，中心城市间的时间距离变化率达到 42.7%，这表明高铁网络开通将显著地削减地级以上中心城市之间的时间距离。同时，选择 21 个城市化地区的 36 个核心城市，表 4.3.1 显示 36 个城

---

① 普通游客旅行时间成本来自 2011 年全国平均工资水平 41799 元/年，得到的值为 0.35 元/min；高收入者旅行时间成本来自假设年收入 40 万元，得到的值为 3.3 元/min。公路出行成本来自五人座普通轿车燃油成本，手动挡轿车平均耗油量为 7L/100km，93 号汽油价格为 7.2 元/升，所以每人每千米公路成本 =7×7.2/(100×5) 元；五人座普通轿车全国高速公路收费平均为 0.5 元/km，那么每人高速公路收费为 0.1 元/km。普通铁路与高铁的出行成本为车票价格，200km 以下为动车，以上为高铁，二等座。

市之间的平均旅行时间由 19.65h 下降到 10.70h，变化率达到 45.6%，它反映高铁运营将明显缩短城市化地区核心城市之间的时间距离，有力地促进城市化地区之间社会经济交流。

表 4.3.1 2020 年高铁通车前后中心城市之间的旅行时间变化分析

	旅行时间类型	有高铁/h	无高铁/h	变化值/h	变化率/%
地级以上城市	总旅行时间 $\sum_{i=1}^{320} t_{ij}$	1122703.37	1959562.5	836859.13	42.7
	平均城市总旅行时间 $\sum_{i=1}^{320} t_{ij}/320$	3508.44	6123.63	2615.19	42.7
	城市间平均旅行时间 $\sum_{i=1}^{320} t_{ij}/(320\times 320)$	10.96	19.14	8.17	42.7
核心城市	总旅行时间 $\sum_{i=1}^{36} t_{ij}$	13862.43	25465.03	11602.59	45.6
	平均城市总旅行时间 $\sum_{i=1}^{36} t_{ij}/36$	385.06	707.36	322.29	45.6
	城市间平均旅行时间 $\sum_{i=1}^{36} t_{ij}/(36\times 36)$	10.70	19.65	8.95	45.6

2) 加权平均旅行时间分析

高铁通车前形成的是以河南省为核心的低值区，加权平均旅行时间在 800min 以内，河南许昌市最低 (692min)，由核心向外围地区不断提高，陆路可达性分布呈现南北延伸的椭圆形的"核心-外围"结构，高值区为边缘城市，尤其是西部边缘地区在 2800min 以上，新疆于田县最高 (3585min)，最高县是最低县的 5.18 倍。高铁通车前可达性空间格局主要受制于城市地理位置与人口密度因素，高可达性地区人口密度普遍较高。

高铁通车后可达性空间格局被高铁网络所扭曲，高铁塑造高可达性的"走廊"与高和低可达性的"岛"，带来了"隧道效应"，即空间格局的不连续性。基本形成由"京武、京沪、沪蓉、徐兰"高铁网络构成的"甘"字形地区为核心的低值区，加权平均旅行时间为 500min 以内，蚌埠市最低 (395min)，沿高铁网络向外围不断提高，距离高铁网络远的地区可达性差，部分地区成为低可达性的"岛"，西部边缘地区城市可达性最差，在 2200min 以上，革吉县最高 (2979min)，是最低市的约 7.5 倍，可达性空间格局更多依赖于高铁网络分布格局。表 4.3.2 显示高铁网络导致加权平均旅行时间平均值减少 39%(464.63min)，各地时间收益分配不均衡。从变化值看，我国西北、东北与西南等边远地区受益最明显，达到 700min 以上，变化值最高是乌鲁木齐 (962min)，东部和中部地区 (简称东中部) 多在 320min 以下，淅川县最低 (215min)。它显示全国高铁开通将显著提高外围边远地区的可达性,带来高铁交通网络末端效应,极大地缩短外围地区城市与内地中心城市和城市群之间的时间距离,明显地改善了边远地区城市的区位条件,增强我国外围边远地区城市与东中部地区中心城市之间的社会经济联系。

表 4.3.2 2020 年高铁通车前后 2316 个县级以上城市可达性值变化分析

指标	无高铁				有高铁				变化率/%	
	最小值	平均值	最大值	变异系数	最小值	平均值	最大值	变异系数	平均值	变异系数
加权平均旅行时间/min	692.86	1188.58	3585.5	0.44	395.97	723.95	2979.55	0.56	39	28
经济潜力可达性	67.19	300.42	536.66	0.37	76.9	442.9	745.1	0.35	47.4	−6.4
日常可达性/万人	1	4011.79	16262.13	0.93	1	5416.24	29040.95	1	35	7.3

从变化率看,高变化率地区除高铁沿线站点城市(为岛状或网络状)外,还包括哈长、天山北坡、兰州—西宁、关中—天水、成渝、滇中、黔中、海西、京津冀、北部湾、长江三角洲、珠江三角洲地区等城市化地区,变化率均在 40% 以上,并且范围广,获得较多的时间收益,其中丰都县最高 (56%)。西藏地区变化率最低,在 20% 以下,其中革吉县最低 (13%),这表明高铁沿线站点与大多数边疆地区城市可达性获益最多,主要城市化地区之间加权平均旅行时间大幅缩减,使得它们之间的联系更加紧密。

3) 日常可达性分析

通车前,1 亿人以上的高可达区域集中于东中部地区,约有 29km²。通车后,在 4h 内县级以上城市平均可达人口由 4011.79 万人上升至 5416.24 万人,平均值增加了 35%(表 4.3.2)。该区域沿着高铁网络向长江中游地区拓展,1 亿人以上的高可达地区范围扩大,达到 57 万 km²。

高变化值地区主要集中于华北的京沪、京武、徐郑、沪武高铁沿线地区,变化值超过 5000 万人,其他则呈"岛状"分散于少数高铁沿线城市。变化率高于 50% 的地区呈现出"岛状"与"网络状"分布格局,集中于高铁沿线,沪汉蓉高铁沿线变化率甚至达到 100% 以上,反映了高铁带来的"隧道效应"。高铁沿线中心城市可达人口迅猛增加,在县级市中,长丰县增加值最高 (1.7 亿人),威信县变化率最高 (582%);在地级城市中,宿州增加值最高 (1.56 亿人),陇南市变化率最高 (539%)。

日常可达性值高低与高铁网络分布格局和人口密度有关。在主要省会城市中 (表 4.3.3),合肥人口增长最多,达到约 1.38 亿人,随后分别为武汉、郑州、济南、石家庄、南京,增长均超过 8000 万人。变化率最高的城市为武汉 (228%),随后为合肥、南昌、福州与海口等,变化率均超过 100%。高铁网络将巩固武汉与郑州等城市在全国的交通枢纽地位。数据显示,高铁网络沿线城市可达性水平大幅提高,明显增强了高铁沿线中心城市服务业的市场潜力,大大增加了沿线地区之间商务往来的机会，推动区域间的社会经济联系。

表 4.3.3 有无高铁省会城市 4h 可达人口分析

城市	可达人口/万人			变化率/%	城市	可达人口/万人			变化率/%
	无高铁	有高铁	变化值			无高铁	有高铁	变化值	
拉萨	90.1	90.1	0	0	太原	4560.79	7345.22	2784.43	61.1
台北	260	260	0	0	天津	7401.7	12605.96	5204.26	70.3
乌鲁木齐	601.48	601.48	0	0	杭州	8524.21	14749.81	6225.6	73.0
银川	805.42	805.42	0	0	沈阳	3886.79	6783.38	2896.59	74.5
呼和浩特	1404.78	1504.98	100.2	7.1	长沙	6420.22	11366.09	4945.87	77.0
西宁	1210.57	1312.17	101.6	8.4	郑州	12308.11	22348.72	10040.61	81.6
昆明	2466.44	2883.64	417.2	16.9	济南	11367.45	20694.12	9326.67	82.0
重庆	6567.07	7957.37	1390.3	21.2	西安	3914.57	7184.1	3269.53	83.5
贵阳	2893.5	3717.79	824.29	28.5	南京	10065.76	18593.57	8527.81	84.7
兰州	2243.22	2925.61	682.39	30.4	长春	3368.6	6301.59	2932.99	87.1
南宁	2818.51	3800.51	982	34.8	石家庄	9343.28	18159.98	8816.7	94.4
成都	5521.04	7617.87	2096.83	38.0	海口	1146.33	2427.83	1281.5	111.8
北京	6903.7	10392.9	3489.24	50.5	福州	2892.3	6500.44	3608.14	124.7
哈尔滨	3192.2	4961.47	1769.27	55.4	南昌	5026.02	11976.13	6950.11	138.3
广州	5889.66	9276.85	3387.19	57.5	合肥	8885.66	22672.54	13786.88	155.2
上海	7078.98	11333	4254.03	60.1	武汉	5067.93	16595.1	11527.17	227.5

4) 经济潜力分析

高铁通车前，经济潜力可达性值大于 360 的高值核心区主要分布于东中部地区，并呈现出类似同心圆的变化趋势，向外围逐渐下降，西部地区整体水平低于 150。经济潜力指数值最高的城市为上海 (536)。高铁通车后，可达性整体水平提高，除东中部地区之外，大于 400 的高值区沿着高铁网络扩张。

高铁网络使得经济潜力可达性的平均值增长 47.4%，经济潜力整体水平提高。从变化值看，沿高铁网络的长江三角洲、环渤海、珠江三角洲、长江中上游、江淮、海西、东北、成渝及北部湾地区增长明显，均在 170 以上；西部地区则增长较少，多在 45 以下。从变化率看，在大于 55% 的高变化率地区中，西北、东北、西南及东南沿海地区通车前的潜力值较低，其他地区则沿高铁网络呈岛状或带状分布。可见，高铁能更好地增强中心城市的辐射能力，加强高铁沿线城市与城市群地区之间的社会经济联系，增强东中部地区接受中心城市与城市群辐射的能力，显著地增加该地区可达的经济活动规模。

5) 三大城市群的首位城市等时圈分析

选择三大城市群的首位城市上海、广州与北京，分别模拟出各自的等时圈图，比较它们 10h 内可达性面积、人口及地区生产总值的变化，采用表 4.3.4 来反映中心城市的等时圈及其变化。通车前，它们的等时圈呈同心圆状。通车后，等时圈沿着高铁网络呈"指状"与"岛状"延伸与扩散，2h 以上等时圈覆盖面积、人口及地区生产总值均显著高于通车前，例如，三大城市 4~6h 等时圈的覆盖面积、

表 4.3.4 三大城市群的首位城市等时间圈分析

城市		通车前各时间圈/h					通车后各时间圈/h				
		0~2	2~4	4~6	6~8	8~10	0~2	2~4	4~6	6~8	8~10
可达面积/km²	北京	17657	117318	219118	354666	518204	17749	181451	659819	973109	1181971
	上海	12285	76452	157182	183693	300616	12612	150326	530218	814470	1079559
	广州	24812	99406	135002	176595	275532	25099	145877	435428	908679	840771
可达人口/万人	北京	1818.4	5085.3	6843.07	10462.98	16354.44	1818.4	8574.54	28006.22	32524.16	24664.37
	上海	2313.78	4765.2	7617.96	9916.52	15622.16	2313.78	9019.23	28491.74	39974.54	27205.95
	广州	2131.37	3758.29	5646.86	6145.45	8143.13	2131.37	7145.48	16620.5	33503.23	40989.09
可达地区生产总值/亿元	北京	15418.64	23049.72	25642.50	33282.29	55128.90	15418.64	34907.14	96663.95	135882.80	79469.03
	上海	29063.45	35950.04	26760.66	20058.91	44554.45	29063.45	53401.03	85281.30	146229.29	71374.75
	广州	25270.65	16559.16	9636.42	16223.39	21677.72	25270.65	26202.59	45966.79	118405.57	125155.97

人口与地区生产总值多为原来的 3 倍以上 (表 4.3.4)。距离三大城市越远的高铁沿线城市，时间距离变化率越高，多处高铁沿线城市变化率超过 50%，三大城市通过高铁网络及其他的道路网络能快速连接到其他地区，缩短城市群之间的时间距离。数据显示，高铁对旅客中远程距离出行影响效果突出，并且明显扩大了高铁沿线特大城市的人口与经济活动覆盖范围，以及城市群的影响区域，包括商品与劳动力市场范围。

综合时间可达性分析可知：① 从整体来看，通车后各类指标平均值均比通车前大幅度提高，整体陆路交通网络可达效率显著提升。② 各地可达性收益分配差距较大，部分外围地区、高铁站点及其附近地区的可达性收益最高，随着远离高铁网络，可达性收益逐渐下降，外围地区可达性收益最低。高铁的开通削弱了交通可达性和城市地理区位的关系，降低了空间距离的摩擦，可达性高低越来越取决于与高速交通网络的连接或邻近。③ 高铁开通对城市中远程距离可达性影响效果明显，短距离影响集中于高铁沿线。

2. 经济成本可达性空间格局特征

1) 普通出行者的经济成本可达性空间格局

在平均工资水平下，有无高铁经济可达性的空间格局变化较小，平均值仅提高了 6.45%(表 4.3.5)。通车前后均形成了"核心-外围"的可达性空间格局。

表 4.3.5　高铁通车前后不同收入群体加权平均经济可达性变化

指标	无高铁				有高铁				变化率/%	
	最小值/元	平均值/元	最大值/元	变异系数	最小值/元	平均值/元	最大值/元	变异系数	平均值	变异系数
平均工资经济可达性	421.2	704.3	1986	0.423	401.32	657.50	1936.68	0.429	6.45	1.4
高收入经济可达性	2492.97	4261.6	12819.32	0.436	1669.61	2932.694	10886.96	0.511	31.1	17.1

2) 高收入者的经济成本可达性空间格局

对于高收入者，有无高铁的加权经济成本空间格局发生显著变化。通车前，呈现"核心-外围"的结构，许昌市最低，为 2493 元，于田县最高，达到 12819 元。通车后，形成以高铁网络为骨架的可达性空间格局，蚌埠市最低，为 1669.6 元，革吉县最高，为 10886 元。绝对变化值高的为西北、东北与西南地区，达到 2000 元以上，其中变化值最高的乌鲁木齐达到 2806 元。相对变化率高的地区分布于西北、西南、东北地区，以及珠江三角洲与长江三角洲及部分高铁沿线地区，变化率达到 30% 以上。

根据表 4.3.5 可知，在平均工资与高收入水平指标下，有无高铁时的加权平均经济可达性变化存在较大差异。在平均工资水平下，有无高铁时的各项指标变化不大；而在高收入水平指标下，平均值变化率达到 31.1%，变异系数提高 17.1%，接近加权平均旅行时间值的变化。

分析可知，经济可达性空间格局不仅取决于可达时间变化，还取决于出行者的旅行时间价值。由于收入水平差异决定旅行时间价值，不同的社会群体会选择不同的出行方式，特别是对快速交通方式的选择，导致其经济成本可达性空间格局存在差异。

3. 出行成本与时间可达性对比分析

对比出行成本可达性与时间可达性格局，在高收入水平下，经济成本可达性与时间可达性空间格局及其变化较为接近，说明在个人收入水平极高的情况下，单位时间成本高，在时间可达性和经济成本可达性中旅客的选择路径与可达性空间格局均趋于一致。而在平均工资水平下，综合考虑各种陆路交通方式的成本与旅行时间价值，在有无高铁的情况下经济可达性空间格局变化较小。

分析可知，高铁提高了高收入群体加权平均经济可达性空间格局，然而并未明显改变多数中低收入者陆路可达性空间格局，不同收入群体加权平均经济可达性差距扩大。从出行成本角度来看，高铁为区域大幅时空收敛、缩短城市时间距离提供了可能性，而真正实现全社会陆路可达性整体水平的大幅提高，离不开绝大多数旅客对这种交通出行方式的选择，而这需要突破出行成本门槛的约束。

4. 高铁的公平性影响分析

公平性问题被认为是交通基础设施的社会影响之一。目前，多数交通公平性研究仅考虑交通基础设施分布的公平性，较少关注不同收入群体享受交通服务的社会公平性。从交通设施分布公平性看 (表 4.3.2)，加权平均旅行时间、经济潜力可达性与日常可达性的变异系数变化率分别为 28%、−6.4% 与 7.3%，加权平均旅行时间与日常可达性的变异系数有所提高，经济潜力可达性的变异系数小幅下降。加权平均旅行时间与日常可达性显示可达性均衡程度降低，经济潜力可达性则显示均衡程度小幅提高，说明通车后城市区位优势与日常可达性水平差距扩大，而各地接受中心城市辐射的能力差距缩小。

从社会公平性看，通过经济可达性分析可知，高铁扩大了不同收入群体的时间可达性差距，高收入群体能获得高铁带来的便捷性服务，而中低收入群体的可达性空间格局改变较小。

5. 高铁站点服务人口与经济分析

采用网络分析法，利用可达时间统计 384 个站点 1~2h 内覆盖的人口规模与经济规模 (表 4.3.6)，1h 可达人口约占全国人口的 67%，2h 占到 88.9%。同时，1h 覆盖经济规模达到全国的 80%，而 2h 达到 92.5%。高铁网络基本覆盖了全国人口最多与经济发达的城市。

表 4.3.6　2h 内高铁站点可达范围覆盖的社会经济属性

高铁站点可达时间/h	可达人口		可达地区生产总值	
	规模/万人	占全国比重/%	规模/亿元	占全国比重/%
1	92034.37	67	370577.67	80
1.5	110991.81	81	407488.32	88.4
2	121891.18	88.9	426185.23	92.5

从 2h 内各站点服务人口与地区生产总值规模的空间格局看 (表 4.3.7)：① 服务人口超千万的站点既有省会级城市，也有普通地级城市。站点服务人口规模排名前 15 的城市中，既有重庆、北京、上海，又有漯河、内江、南充等；地区生产总值排名前 15 的城市则均为沿海发达地区城市。② 部分线路沿线站点服务人口普遍较高。京沪与京武段高铁沿线站点服务人口普遍在 500 万以上，其他线路只覆盖较少的人口规模。另外，站点服务人口规模与站点分布和人口密度有直接关系。同时，可提升少数城市成为局部地区的快速交通网络枢纽。

表 4.3.7　2h 内高铁站点可达范围覆盖的社会经济属性排名前 15 的城市

城市	排名	人口规模/万人	城市	排名	地区生产总值/亿元
重庆	1	1829.57	上海	1	17165.95
漯河	2	1561.62	北京	2	14484.4
上海	3	1488.2	广州	3	10625.33
商丘	4	1450.09	深圳	4	9581.51
北京	5	1430.5	天津	5	8951.051
内江	6	1302.7	无锡	6	7031.988
南充	7	1233.4	淄博	7	6592.348
新沂	8	1156.23	重庆	8	6416.983
邯郸	9	1116.95	苏州	9	6029.75
贵港	10	1023.3	佛山	10	5651.522
滕州	11	1004	杭州	11	5354.379
普宁	12	976.3	沈阳	12	5033.178
襄樊	13	967.5	南京	13	5012.637
淄博	14	934	成都	14	4981.917
成都	15	929.4	东莞	15	4928.049

4.3.3　本节小结

从时间变化看：① 高铁会削弱地区之间的时空摩擦阻力，加剧区域时空收缩而导致区域时空变得更为紧凑，提高陆路可达性整体水平与交通网络的客流运输效率，优化全国陆路交通网络使跨区域中心城市之间联系日趋紧密，有效地缩短我国重要城市化地区之间的时间距离，增强这些地区之间的社会经济联系，促进社会经济交流合作。然而，各地可达性收益空间并不均衡，高铁站点城市与部分边远地区成为收益最大地区，产生"高铁网络末端效应"。高铁不仅扩大了地区之间的交通公平性差距，而且拉开了不同收入群体的时间可达性差距。② 高铁对城市间中远距离关系影响突出，沿线主要城市人口覆盖范围扩大，提升了这些城市的吸引力。短距离影响主要局限于高铁沿线地区。③ 高铁的开通降低了可达性和城市地理区位关系，使各地可达性越来越依赖它们所连接的高铁交通网络。④ 高铁扩大了上海与北京等中心城市服务业的市场范围，刺激中远程旅游消费，也扩大了周边腹地对中心城市各类服务的需求，从而强化中心城市的集聚力与辐射力。

从经济成本分析看，高铁对不同收入群体的陆路可达性影响效果不同，在当前全国平均工资水平与高铁票价下，高铁对经济可达性影响有限。在收入水平很高的情况下，旅行时间价值高，经济可达性空间格局将接近时间可达性空间格局。从交通供给角度看，高铁只是为实现区域大幅时空收敛，增强区域社会经济联系与重构区域空间结构提供了可能，而要真正实现离不开乘客出行行为对它的响应。从需求角度看，在票价不变的前提下，随着收入水平不断提高，人们乘坐高铁的意愿将会逐渐增强。同样，票价调整亦能改变不同社会群体的陆路可达性空间格局。若调低，则会增强旅客乘坐意愿，从而使经济可达性格局及其变化不断接近时间可达性格局与变化，将缩短区域间的时间距离转化为社会经济活动的区位优势，最终会广泛而深入地影响区域社会经济联系与空间结构演变。

随着人们收入水平与消费能力的不断提高，高铁逐渐成为沿线区域旅客快速交通方式的首选，它的站点成为区域重要的快速交通枢纽，也提升了站点所在城市的区域枢纽地位。高铁带来的快捷效应在其他陆路网络上传递，而其站点是这种效应传递的节点。为了更好地延续高铁带来的快速通达效应，一方面，应完善高铁站点城市内部交通，包括地铁、快速公交系统 (BRT) 等，构建高铁与市内交通的无缝对接，压缩换乘与内部拥挤时间。另一方面，不在高铁网络节点上的城市可通过建立其他快速交通通道连接高铁站点，提高它们到最近高铁站点的交通网络效率，以此推动各地交通公平性，并高效地接收中心城市的扩散效应。实际上，交通公平性不仅需注意交通基础设施的区域公平，而且需要考虑不同收入群体的社会公平。高铁是大运量的交通工具，应面对大多数社会群体，然而，当前高铁的乘客主要是商务和公务及旅游出行旅客 (王缉宪, 2011)。

4.4　全国高铁可达性空间演变特征

高铁显著提高了乘客在城际之间出行的机动性，其特点是发车频率与可靠性高。高铁运营正面影响包括：① 节省大量乘客时间成本，诱发更多交通出行。② 缓解大城市之间的公路交通拥堵，减少公路通勤者时间。③ 为释放货运能力创造有利条件，提高铁路货运和公路货运的运输效率。④ 缓解传统铁路客货运输通道压力，实现客货分离。⑤ 降低公路交通安全事件所产生的成本。⑥ 降低飞机和汽车尾气带来的空气污染，减少碳排放，有助于环境保护。降低航空和汽车使用频次，从而减少对石油的依赖性。负面影响则是产生了对大量电能的依赖。

日本、法国、德国、西班牙、韩国等国的高铁发展经验显示高铁运营不仅会导致其他交通方式乘客转向高铁，而且会诱发更多新的客流。1975 年日本 Shinkansen 三洋线 55%的客流来自其他传统铁路，23%来自航空，16%来自公路交通，而且诱发 6%的新客流。法国高速列车 (train à grande vitesse, TGV) 的大多数转移客流来自航空。1994 年西班牙高铁 (Alta Velocidad Española, AVE) 在增加客流方面取得巨大成功，航空在 AVE 高铁运营 2 年以后，客流减少了 60%，国内航空市场份额由 25.1%下降到 2.8%，传统铁路市场份额由 14.2%下降到 2.8%，在 AVE 转移客流中，32%来自航空，25%来自汽车，并诱发了 26%的新客流。1996 年韩国高速列车开通后，远距离汽车客运减少 20%～30%，短距离交通增加 20%。

2008～2016 年我国高铁里程由 672km 增长到 22980km，占铁路运营里程比重由 0.8%上升到 18.5%，而高铁客运量在铁路客运量占比由 0.5%迅速升到 43.4%。2016 年高铁客运量达到 12.2 亿人次，我国进入高铁时代，高铁出行已然成为人们的重要出行方式。2016 年我国发布的《中长期铁路网规划 (2016—2030)》表明，未来高铁线路仍将加密，覆盖城市数量将大幅增加。

本节运用铁路时刻表与网络分析法集成的高铁可达性测算技术分析高铁可达性空间演变特征，可显著提高大区域陆路交通可达性测算精度。通过测算 2008～2017 年我国高铁可达性水平变化，研究高铁可达性空间演变特征，揭示高铁可达性空间演变规律与驱动因素。

4.4.1 数据来源与研究方法

1. 数据来源

选取全国 2226 个县级以上城市，交通出行包括公路、高铁与普通铁路出行，数据包括公路空间网络、铁路时刻表数据与社会经济数据。

公路网络数据来自 OpenStreetMap 网站的 2015 年 5 月地图，包括高速公路、一级道路、二级道路、三级道路及其他道路以及互通网络数据。铁路时刻表包括普通铁路、城际铁路、高铁与动车数据，并将时刻表数据空间化。其中，铁路班次数据来自 2017 年 7 月的高铁网：高铁班次数为 1930，动车班次数为 1753，城际班次数为 1188，传统列车班次数为 2522(快速铁路为 1541，普通快车为 448，直达特快为 533)，高铁 (动车) 列车班次数占铁路总班次数 (不包括城际) 的 59.4%；铁路站点 3334 个，其中，高铁、动车与城际列车的站点 773 个。此外，采集 2226 个县级以上城市 2015 年的人口与地区生产总值数据。

2. 研究方法与指标选择

1) 研究方法

利用 GIS 空间分析平台，建立铁路时刻表数据与公路网络数据集成的综合陆路交通可达性测算模型。采用铁路时刻表数据与网络分析法集成的可达性测算技术，显著提高高铁可达性的测算精度。

根据《公路工程技术标准》(JTG B01—2003) 规定的道路设计速度，结合区域实际情况，确定各类道路时速，铁路时速根据时刻表来确定，其中渡轮为 20km/h；高速公路为 100km/h，它的互通连接为 50km/h；一级道路为 80km/h，它的互通连接为 40km/h；二级道路为 60km/h，它的互通连接为 30km/h；三级道路为 40km/h，它的连接线为 20km/h；其他公路为 30km/h。

区域交通可达性指标包括等时圈可达性、加权平均旅行时间、日常可达性和经济潜力可达性等，这类可达性指标测算均依赖于城市间的最短时间距离。本节选择等时圈可达性与日常可达性指标。通过等时圈可达性来分析高铁网络对中心城市的时空收敛效应，运用日常可达性探析高铁可达性空间演变特征。

2) 评价指标

日常可达性可以通过式 (3.6.3) 测算得到。本节采用高铁通车前后 2226 个城市 4h 内所到达人口规模变化值来表示高铁日常可达性。高铁日常可达性的计算公式为

$$\begin{aligned} \mathrm{DA}_i &= \sum_{j=1}^{n} P_j \delta_{ij} \\ \mathrm{DA}_{\mathrm{Hsr}} &= \mathrm{DA}_y - \mathrm{DA}_w \end{aligned} \quad (4.4.1)$$

式中，DA_i 为节点 i 的日常可达性；P_j 为节点 j 的人口规模；δ_{ij} 为系数，如果节点 i 到 j 时间少于 4h，$\delta_{ij}=1$，其他时间则取 0；DA_y、DA_w 分别为有高铁和无高铁的日常可达性；$\mathrm{DA}_{\mathrm{Hsr}}$ 为高铁带来的日常可达性的变化值。

3) 关键技术

(1) 时刻表与网络分析集成法的关键环节是将全国铁路时刻表数据空间化，并且处理好铁路站点和空间化的铁路线路及公路网络之间的换乘衔接。

通过编程将文本格式的铁路时刻表数据空间化 (表 4.4.1)，转化成 GIS 格式的空间网络数据，使其能和公路网络、火车站及县级以上城市中心合并成 GIS 网络数据集 (图 4.4.1)。在该技术环节中的重点是，首先通过两列相同铁路时刻表格错位，将表 4.4.1 转化成表 4.4.2；然后根据每条铁路时刻表在每个火车站周边 100m 范围内随机生成另一个铁路线路接线点，利用铁路线路接线点和运行时间属性生成两个站点之间的直线；最后，在铁路站点和铁路线路接线点之间生成换乘线路。

(2) 在 GIS 软件环境下，利用网络分析模型将公路网络数据与铁路时刻表空间网络数据集成，生成陆路交通可达性测算模型，用来测算在有无高铁的情况下 2226×2226 个矩阵的时间距离。为了比较高铁对全国陆路综合交通可达性的影响

程度，生成两个陆路交通可达性模型，即有无高铁网络的全国陆路综合交通可达性测算模型。

表 4.4.1 单条高铁线路的铁路时刻表示例

车次	站次	途经站	到达时间	开车时间	停留时间	运行时间
G2941/G2944	1	昆明南	始发站	7:10	0min	0min
G2941/G2944	2	曲靖北	7:45	7:47	2min	35min
G2941/G2944	3	安顺西	8:52	8:54	2min	1h42min
G2941/G2944	4	贵阳北	9:24	9:33	9min	2h14min
G2941/G2944	5	龙里北	9:57	9:59	2min	2h47min
G2941/G2944	6	三江南	11:25	11:27	2min	4h15min
G2941/G2944	7	桂林北	12:05	终点站	0min	4h55min

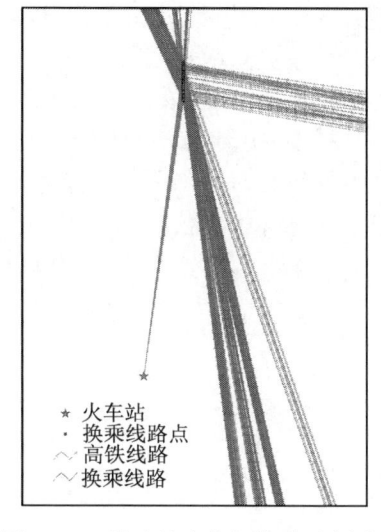

图 4.4.1 铁路站点内部换乘示意图

表 4.4.2 单条高铁线路的铁路时刻表转化示例

车次	到达站次	到达站	出发站次	出发站	运行时间
G2941/G2944	2	曲靖北	1	昆明南	35min
G2941/G2944	3	安顺西	2	曲靖北	67min
G2941/G2944	4	贵阳北	3	安顺西	32min
G2941/G2944	5	龙里北	4	贵阳北	33min
G2941/G2944	6	三江南	5	龙里北	88min
G2941/G2944	7	桂林北	6	三江南	40min

(3) 采用等时圈可达性来表达中心城市陆路综合交通可达性。以北京为例，测算北京到其他县级以下城市的最短时间距离，得到有无高铁的等时圈地图，利用

反距离插值法，基于 2226 个城市至北京的最短时间距离值插值生成全国中心城市等时圈图。

(4) 应用日常可达性来分析高铁可达性空间演变特征。利用 2226 个城市 4 年 (2008 年、2011 年、2014 年和 2017 年) 的日常可达性，根据式 (4.4.1) 得到四期高铁可达性空间格局图。

4.4.2 结果分析

1. 等时圈分析

无高铁时，北京等时圈呈现同心圆状向外扩张，12h 等时圈基本覆盖整个华北地区、华东和东北部分地区，相关数据如表 4.4.3～表 4.4.5 所示。有高铁时，北京等时圈沿着主要的高铁线路呈现出指状向外扩张，12h 等时圈覆盖中国东中部的绝大多数地区。对比变化发现：设置的时间在 2h 以上，北京可达性的县级以上城市数量增长显著，5～6h，城镇数量增长率最高。根据变化率，长江三角洲地区、珠江三角洲地区、西南地区以及少数西北地区变化率达到 45% 以上，南方大部分地区可达性变化率在 35% 以上，距离北京较近的地区变化率在 10% 以下，中短距离内高铁带来的可达性收益较为有限，因为涉及中转换乘时间。一般来看，距离北京越远的高铁沿线城市变化率相对较高。

表 4.4.3 有无高铁下北京不同时段可达性城市数量及其变化分析

时间/h	无高铁/个	有高铁/个	变化率/%
0～2	15	15	0
2～3	41	64	56
3～4	64	108	69
4～5	78	146	87
5～6	72	180	150
6～7	95	226	138
7～8	109	182	67
8～9	107	166	55
9～10	91	171	88
10～11	81	181	123
11～12	96	140	46
12～13	102	124	22

表 4.4.4 北京可达的经济规模

时间/h	无高铁/万元	有高铁/万元	变化率/%
0～2	264159013	264159013	0
2～3	268212117	334260473	24.63
3～4	124735906	268885947	115.56
4～5	147989342	554737628	274.85
5～6	304354449	692878861	127.66
6～7	259615914	1515242154	483.65
7～8	548994302	779094714	41.91

表 4.4.5　北京可达的户籍人口

时间/h	无高铁/万人	有高铁/万人	变化率/%
0～2	2083.26	2083.26	0
2～3	3278.64	4638.99	41.49
3～4	2943.41	5781.3	96.42
4～5	3361.34	11063.48	229.14
5～6	5291.61	14337.34	170.94
6～7	5947.29	19924.43	235.02
7～8	8405.64	11682.24	38.98

2. 高铁可达性空间演变分析

1) 我国高铁网络演化

我国高铁网络扩张整体经历了"核心-核心"到网络化的发展过程，总体上分为三种类型：高铁干线、高铁延伸线和城际高铁。我国高铁网络变化的三个阶段如下。

第一阶段，高铁干线拓展阶段。2008～2011年我国高铁运营里程为6601km，绝大部分为干线，除了京津线、胶济线、沪宁线等城际线路外，京沪线、武广线、宁武线、宜万线、沪杭线、郑西线、甬台温福厦线等均位于高铁干线，第一阶段高铁线路贯穿了我国人口最稠密、中心城市最密集、城市化水平最高的城市群地区，连接我国重要中心城市和城市群。

第二阶段，高铁干线拓展为主，延伸线为辅。2012～2014年新增高铁营业里程达到9855km，干线有哈大线、京武线、杭长线，延长线有向莆线、湘桂线、贵广线、兰新线等。干线向中西部地区扩张，延伸线连接少数区域中心城市。

第三阶段，以延伸线拓展为主。2015～2017年新增营业里程达到8544km，多数为延伸线和城际线。包括哈齐线、长珲线、南昆线、赣厦线、合福线等延伸线，以及长昆线、徐郑线等城际线。

2) 我国高铁可达性空间演变分析

(1) 高铁可达性空间演变分析。

2008～2011年，高水平可达性城市集中于京沪高铁、武广高铁和郑西高铁沿线，可达性水平在1000万人以上，总体可达性值为75.74亿人(表4.4.6)，沿线新增可达性水平高，高水平可达性区域范围广。

表 4.4.6　2008～2017年高铁可达性空间演变分析表

指标	2008年	2011年	2014年	2017年
变异系数	0.8787	0.9107	0.9242	0.9243
新增日常可达性总和/万人	—	757401	1054208	524075.5
新增里程/km	—	6601	9855	8544
可达性效率/(万人/km)	—	114.74	106.97	61.34

2012~2014 年，高铁可达性集中于杭长高铁、京武高铁、哈大高铁沿线区域，可达性水平在 1000 万人以上，总体可达性值约为 105.4 亿人，沿线新增可达性水平普遍较高，高水平可达性范围广。京武高铁开通使原先郑西线、汉宜线沿线可达性增加，体现了高铁网络的"叠加效应"。

2015~2017 年，高铁可达性主要分布于合福线、贵长线、成渝线，可达性水平在 700 万人以上，总体可达性值约为 52.4 亿人，沿线新增可达性整体水平有限，高水平可达性区域范围较小。

2008~2017 年的 10 年间，高可达性线路主要包括京沪线、京广线、郑西线、沪武线、杭长线等高铁干线，沿线可达性水平均在 1000 万人以上。

表 4.4.6 显示 4 个时期日常可达性效率分别约为 114.74 万人/km、106.97 万人/km 和 61.34 万人/km，说明 3 期日常可达性效率呈现递减态势，高铁干线带来的可达性收益高于延伸线和城际线路。

(2) 陆路可达性均衡性变化分析。

在高铁作用下，陆路可达性分异系数由 2008 年的 0.8787 增长到 2011 年的 0.9107，又由 2011 年 0.9107 上升到 2017 年的 0.9243。可达性分异系数逐年增长反映在全国尺度上，说明高铁加剧了全国县级以上城市陆路可达性水平的差距，全国交通均衡性水平下降。

4.4.3 本节小结

本节提出一种铁路时刻表和网络分析法集成的方法来测算全国高铁的可达性，考虑铁路站点之间的中转换乘时间成本，提高了铁路站点之间时间距离的测算精度。在大区域尺度，目前多数高铁研究并未考虑远距离高铁线路中转和换乘问题与非铁路沿线城市可达性测算，这明显会带来远距离可达性水平测算过高的问题，而通过采用"铁路时刻表 + 网络分析集成法"可以化解该问题。该方法的关键环节是将铁路时刻表数据空间化，并且处理好空间的铁路线路和公路网络数据之间的衔接。该方法的不足在于它需要做大量的数据采集、清洗及空间化工作，需要预处理海量的铁路时刻表数据和公路网络空间数据；它是面向"高铁 + 传统铁路 + 私家车"组合出行下的城市之间可达性测算方法，未考虑城市内部公共交通和长途公路客运交通。

等时圈分析显示，高铁提高了城市 2h 以上区域陆路综合交通可达性水平，北京等时圈沿着高铁网络向外围延伸，中远距离陆路可达性变化显著。高铁网络下中心城市到其他县级以上城市的等时圈，明显的变化出现在 2~4h，沿着高铁网络向外扩展。距离北京越远的高铁沿线城市时间距离变化率一般越高，多处高铁沿线城市变化率超过 50%。从可达性变化率来看，2h 内高铁给中心城市带来的时间收益有限，主要是因为城市内部拥挤时间和换乘时间导致它的时间收益下降，不及高速公路运输时间效率。由此可知，缩短城市内部拥挤成本与换乘时间是进一步提高区域交通可达性的关键环节，地铁站与城区之间的地铁和快速公交等城市内部交通建设均将发挥重要作用。

高铁日常可达性演变格局分析显示，在高铁网络影响下，全国交通均衡性水平下降，日常可达性效率逐年递减，高铁干线给区域带来的可达性增量较多，延伸线和城际线则较少。

第 5 章 高速交通基础设施可达性空间效应

5.1 可达性视角下高速公路投资空间溢出效应

5.1.1 引言

交通投资空间溢出效应指某地区交通基础设施投资建设能让其他周边地区获得的交通投资收益 (Pereira and Sagalés, 2003),该方向研究回答了在某地区直接交通投资中有多少投资收益转移到其他地区 (Gutiérrez et al., 2011),并且解释某地交通投资是否能使其他地区受益、受益程度的空间差异以及其影响因素。交通投资溢出效应是经济学的传统研究主题,经济学者一般采用古典经济增长模型 (Aschauer, 1989; Munnell, 1992)、基本生产模型 (Boarnet, 1998)、空间计量模型 (刘勇,2010; 魏下海,2010; 张志和周浩,2012) 等来评价交通投资的溢出效应。近年来,国外地理学者开始尝试应用可达性分析方法研究交通投资空间溢出效应,测度新建交通基础设施带来的空间溢出效应强度。在可达性研究中,空间溢出效应指某地区交通基础设施投资对其他地区交通可达性的影响,研究均采用可达性指数测度空间溢出效应。Gutiérrez 等 (2010) 基于经济潜力指数提出测度交通基础设施投资的空间溢出效应方法,解释未来西班牙各地新建高速公路带来的空间溢出效应及其分配问题。Condeço-Melhorado 等 (2011) 从可达性、溢出效应与公平性方面研究高速公路收费政策带来的地域空间效应,分析溢出效应对公平性的影响。López 等 (2008) 采用网络效率指数定量地评价 2005~2020 年西班牙交通战略规划中,铁路与公路扩展给周边国家带来的空间溢出效应。

采用可达性分析方法研究交通基础设施投资溢出效应的空间范围与强度,有助于分析某地交通投资给其他地区带来收益的空间分布特征,它弥补了经济学者对交通溢出效应研究方法的不足,克服以往研究忽视交通网络空间影响的问题 (Gutiérrez et al., 2010)。在方法上,基于可达性分析的交通投资溢出效应研究丰富了传统交通溢出效应研究方法,拓展了可达性研究视角与应用领域。在实践上,则可以有效地评价各地从国家或区域交通规划与投资建设中的收益情况,尤其是对于涉及跨行政区的交通投资项目,为各地区域交通规划布局与决策提供参考。

当前,国外区域可达性研究单元趋向于微观尺度,关注区域内部交通可达性变化细节 (Vickerman, 1995),甚至深入到交通小区或社区尺度,以此提高区域可达性计算的精度 (Holl, 2007),因而国外基于可达性分析的交通空间溢出效应研

究均选择微观单元 (Laird et al., 2005)。与国外相比，目前国内基于可达性分析的交通空间溢出效应研究尚少，并且多数区域可达性研究仍然采用较大空间单元尺度数据，一般为县级以上的空间单元 (Vandenbulcke et al., 2009)。本节以江苏为案例区，乡镇与市辖区为研究单元，基于可达性分析，通过江苏各市高速公路投资带来的可达性收益空间分布来评价空间溢出效应，揭示各市交通投资输入与输出的空间溢出效应特征。

5.1.2 研究区域与模型方法

1. 研究区域概况

江苏高速公路是我国华东地区重要的交通枢纽网络。2010 年，江苏高速公路通车总里程达到 4000km，居全国各省区之首，江苏首轮规划的"四纵四横四联"高速公路网络主骨架全面完成。到 2019 年江苏高速公路运营里程达 4865km，高速公路密度为 4.72km/100km^2，位列全国第五。各市建设高速公路无疑将会提高全省各市内外交流程度。

本节基于可达性分析探讨 2005~2009 年江苏各市高速公路短期建设给其他市带来的空间溢出效应。2005~2009 年江苏省除无锡与泰州，其他 11 个市高速公路均有投资建设 (表 5.1.1)。

表 5.1.1　2005~2009 年江苏各市新建高速公路项目里程与投资

地区	新建高速公路/km	投资概算总额/亿元	2009 年人口/人
常州市	104.322	67.35	5198428
扬州市	23.7	18	4707997
淮安市	226.745	100.02	7157121
连云港市	27.6	15	5003134
镇江市	48.112	53.18	2895742
南京市	99.009	69.61	6909308
南通市	121.22	112.5	8954974
宿迁市	54	18	6614101
苏州市	185.847	151.58	9132937
徐州市	51.08	26.21	9669672
盐城市	291.4	153.2	8765600

资料来源：江苏交通年鉴 (2005~2009 年)。

2. 研究模型与方法

本节采用最短路径算法、经济潜力模型、区域平均溢出效应模型与溢出效应货币化模型。首先，采用最短路径算法得到经济潜力模型所需要的各地间最短时间距离参数。其次，通过各地高速公路通车前后的经济潜力模型对比得到区域平均溢出效应模型所需的经济潜力收益值参数。再次，根据区域平均溢出效应模型得到各地平均溢出效应矩阵，即交通可达性溢出效应。最后，根据各地平均溢出效应矩阵与溢出效应货币化模型得到各地交通投资的空间溢出效应。

1) 最短路径算法

运用式 (4.3.1) 来计算某个城市质心到其他城市质心的最短时间距离。最短时间包括城际之间的最短时间与建成区内部的最短时间。最短时间距离测算采用成本栅格加权法，测算栅格成本既考虑了城际之间的公路、高速道路成本，又考虑了建成区主要道路成本与行驶成本。

借用 Gutiérrez (2001) 的公式，得到各建成区拥挤时间。拥挤时间与城市内人口数量相关，t 为建成区拥挤时间，计算公式为

$$t = 3 \times \lg(\text{pop} \times 10) \tag{5.1.1}$$

2) 经济潜力模型

潜力模型反映各城市在空间上所受中心城市的"合力"。采用式 (4.3.3) 来测算经济潜力值。经济潜力收益值计算公式为

$$S_{kij} = \text{HP}_{kij} - \text{NHP}_{kij} \tag{5.1.2}$$

式中，S_{kij} 为 i 地区的交通投资给 j 地区的 k 乡镇或市辖区带来的经济潜力收益值，即溢出效应；HP_{kij} 为 i 地区开通新建高速公路后 j 地区的 k 乡镇或市辖区的经济潜力值；NHP_{kij} 为 i 地区未开通新建高速公路时 j 地区的 k 乡镇或市辖区的经济潜力值。

3) 区域平均溢出效应模型

区域平均溢出效应模型反映某个地区的交通投资给其他地区带来的可达性收益：

$$S_{ij} = \frac{\sum\limits_{k} s_{kij} p_{kj}}{\sum\limits_{k} p_{kj}} \tag{5.1.3}$$

式中，S_{ij} 为 i 地区的交通投资给 j 地区带来的平均溢出效应；s_{kij} 为 i 地区的交通投资带给 j 地区的 k 乡镇或市辖区的溢出效应（即经济潜力收益值）；p_{kj} 为 j 地区的 k 乡镇或市辖区的人口规模。

对于 i 地区，保留下来的可达性收益不被看作溢出效应，仅作为内部可达性收益，而其他地区可达性收益作为纯溢出效应输出给除 i 地区以外的地区，通过该模型得到各市可达性溢出效应矩阵。

4) 溢出效应货币化模型

溢出效应货币化模型反映某地区从其他地区的直接交通投资中得到的实际经济投资收益：

$$M_{ij} = \frac{I_i S_{ij} P_j}{\sum\limits_{j=1}^{n} S_{ij} P_j} \tag{5.1.4}$$

式中，M_{ij} 是 j 地区从 i 地区的直接投资中获得的投资，直接投资指某地区实际的交通投资；I_i 是在 i 地区的直接投资；S_{ij} 是 i 地区的交通投资给 j 地区带来的平均溢出效应；P_j 是 j 地区的总人口，从 i 地区的直接投资中获益。

该模型可以根据区域平均溢出效应矩阵，重新分配各地直接交通投资，得到各地的真实投资。该模型根据经济潜力可达性收益来测度高速公路投资的空间溢出效应，并通过假设重新分配的各市高速公路投资成本来将空间溢出效应货币化。

3. 研究单元尺度

按照乡镇与市辖区将案例区分成 1026 个交通区 (13 个地级市、上海市辖区)，同时选择它们的人口重心区，即乡镇行政中心或市辖区的建成区质心。该空间单位划分既提高了可达性指数精度，又大大缓解"自身潜力"带来的精度问题。考虑上海市辖区对江苏省经济的影响力，将上海市辖区纳入计算范围。

4. 研究方法与技术路线

1) 最短旅行时间与可达性计算

(1) 数据准备。把空间距离转化为时间距离，设定不同类型道路与地物的通行时速。将地表类型分为陆地、道路和水域，分别设定时间成本值 (表 5.1.2)。选定栅格大小为 0.2km×0.2km，每个栅格包含不同的交通方式，对每个栅格设定其时间成本值，为此选定出行 10km 所需要的平均时间 (以分钟计) 为栅格设定时间成本的参考值，采用式 (4.1.1) 来计算时间成本值。根据《公路工程技术标准》(JTG B01—2003) 规定的道路设计速度，结合区域实际情况，确定各级道路行车时速。张莉等 (2006) 将无道路通行区域设置 20km/h 的默认速度，以此反映县乡道路时速。

表 5.1.2　空间对象的速度和时间成本值设定

空间对象	陆地	水域	高速公路	国道	省道	城市主干道	建成区
速度/(km/h)	20	1	100	80	60	40	30
时间成本/min	30	600	5	7.5	10	15	20

(2) 计算最短时间成本。采用成本栅格加权法，建立空间分析模型平台，以 1026 个交通区人口重心为源点与目标点，计算人口重心之间的最短时间路径，并获得时间成本矩阵，该矩阵包括 100 多万个城市对 (1026×1026 = 1052676)。

(3) 经济潜力可达性测算。根据经济潜力模型与最短时间成本测算各种情景下的经济潜力可达性。

2) 区际可达性溢出效应矩阵运算

首先，得到以下两种情景下的公路网络经济潜力可达性值。为了仅得到新建高速公路的经济潜力可达性影响，高速公路通车前后的社会经济数据统一使用 2009 年数据，人口值均为 2009 年数据。

方法1：2009年江苏省高速公路网格局下的经济潜力值。

方法2：分析i市高速公路投资的空间溢出效应，则除i市为2004年高速公路网，其他市均为2009年江苏省高速公路网，测度该公路网格局下的经济潜力值，该方法称为区域提取法 (Condeço-Melhorado et al., 2011)。需要强调的是，情景分析不是对比江苏省2004年与2009年公路路网下的可达性变化，而是针对单个市在两个时期的高速公路变化，其他市仍为2009年公路网络，通过该数据探讨各市高速公路投资建设对周边其他各市的溢出效应。

其次，针对某个市得到两种情景下的经济潜力差异值，该值为经济潜力收益值，用来表征各市新建高速公路溢出效应的空间分布与强度。重复上述程序计算研究区内11个市的经济潜力差异值，计算过程包括12种情景 (11个市)，其中11种情景采用了方法2的步骤，1种情景采用了方法1的步骤，每种情景涉及100多万个关系距离计算。

最后，应用区域平均溢出效应模型与各乡镇或市辖区经济潜力收益值，计算各市平均溢出效应，从而得到跨地区溢出效应矩阵 (表5.1.3)，评价各市保留、溢出与输入的经济潜力收益值。

3) 区际投资溢出矩阵运算

根据各市溢出效应矩阵与高速公路直接投资，应用溢出效应货币化模型，得到区际投资溢出矩阵，它刻画了各市保留、输入与输出 (溢出) 的高速公路投资，根据经济潜力可达性收益来测度高速公路投资的空间溢出效应，并通过假设重新分配的各市高速公路投资，将空间溢出效应货币化，从而反映各市交通投资成本输入与输出。各地真正投资等于直接投资 (实际投资) 减去输出到其他各地的投资再加上其他各地输入的投资，并且对比各地直接投资与真实投资总额。

5.1.3 结果分析

1. 各市可达性溢出效应特征分析

1) 交通可达性溢出效应的空间特征

本节讨论江苏各市高速公路投资建设给其他地区带来的溢出效应空间差异。首先，从整体上看，可达性溢出效应传递基本上随着到新建高速公路距离的增加而衰减。各市可达性收益随着到新建公路距离的增加而逐渐减小，显示出重力模型可测度经济潜力可达性收益的特征。其次，各市新建高速公路在邻近地区产生非均衡性的溢出效应。① 新建高速公路方向扭曲了空间距离的影响。若新建项目影响为南北走向，那么其南北向地区溢出效应强度要优于东西向地区。淮安东西向与盐城南北向新建高速公路对两边地区的溢出效应显著高于其他方向地区。② 新建高速公路区位会影响溢出效应分布强度，位于区域边缘的南京、徐州及苏州的溢出效应强度与范围明显不及处于中间地区的盐城、宿迁、淮安等地，中间地区是过境地区，各地更容易受其过境地区交通影响。③ 位于新建公路两端邻近市的溢出效应强度不对称，靠近研究区边缘一侧地区强度较高，如宿迁、镇江、常州，新建公路两端溢出效应强度差别显著，因为它提高了边缘地区的乡镇到其他乡镇或市区的便捷程度。最后，溢出效应空间分布强度和高速公路网络结构体系特征有关。若某市新建公路与其他市主要高速网络连接，则该市溢出效应能得到较好的扩展与延伸。从空间角度来看，高速公路网络要素完善不仅在新建交通要素上产生积极的网络效应，也会将其效应在其他连接的高速公路网络要素上传递。

2) 区际可达性空间溢出效应矩阵

各市交通投资带给本市的可达性收益不是溢出效应，而仅是内部可达性收益。交通基础设施投资地以外的各市可达性收益则是纯粹溢出效应。表 5.1.3 显示各市内部保留的可达性收益与输出、输入的溢出效应。每列提供各地区内部与输出溢出效应，每列提供各地区内部与输入溢出效应。通过对比情景分析区域的可达性收益，辨析哪些收益保留 (内部收益)、哪些被输出到其他地区 (空间溢出)。

表 5.1.3 区际可达性空间溢出效应矩阵

到达	出发										合计	输入
	常州	扬州	淮安	连云港	镇江	南京	南通	宿迁	苏州	徐州	盐城	
常州	1487.58	4.54	61.91	23.58	103.49	91.25	5.69	63.99	16.44	0.84	37.14	1896.45	408.87
淮安	19.14	0	1387.26	7.06	19.61	0.58	92.6	420.03	3.13	3.24	362.27	2314.93	927.67
连云港	11.49	0	41.1	1032.77	9.04	0.33	90.51	5.97	2.21	3.31	427.62	1624.36	591.59
南京	1390.32	4.11	71.88	0.64	34.96	309.11	2.81	71.91	4.19	0.92	11.28	1902.14	1593.03
南通	94.5	0.11	221.45	66.32	0.57	16.89	1134.43	65.32	8.01	1.62	295.65	1904.87	770.44
苏州	297.07	1.14	172.83	22.8	10.84	29.4	30.94	140.76	184.29	2.29	96.94	989.29	805
泰州	104.69	0.03	227.43	66.59	5.45	5.93	122.54	104.7	26.33	1.39	259.02	924.11	924.11
无锡	338.17	12.5	332.48	44.69	24.27	28.68	26.53	515.75	25.73	17.97	93.64	1460.4	1460.4
宿迁	16.79	0	579.99	28.39	15.52	0.51	100.02	334.55	2.98	3.93	207.76	1290.43	955.88
徐州	21.04	0.04	975.59	55.17	9.96	1.41	54.15	380.93	17.94	107.19	144.21	1767.64	1660.45
盐城	27.74	0.03	474.78	269.44	4.77	1.22	215.65	140.76	6.83	116.77	998.56	2256.5	1257.94
扬州	45.08	17.49	193.66	2.6	42.26	3.69	39.29	142.19	6.56	1.5	68.89	563.21	545.72
镇江	502.23	5.09	119.56	23.58	141.42	111.96	17.21	76.76	30.71	0.96	88.64	1118.2	976.78
合计	4355.94	45.08	4859.93	1643.64	422.16	600.96	1932.29	2463.62	335.34	261.93	3091.63	20012.53	—
输出	2868.36	27.59	3472.67	610.87	280.74	291.85	797.86	2129.07	151.05	154.74	2093.07	—	—
输出比例/%	65.85	61.20	71.46	37.17	66.50	48.56	41.29	86.42	45.04	59.08	67.70		

首先，中间地区城市溢出效应普遍高于边缘地区城市，即纯粹输出收益占总输出比例高 (表 5.1.3)。各地接受溢出效应规模相差较大，基本呈现距离衰减特征。表 5.1.3 显示，溢出效应高的市有淮安、宿迁与盐城。其中，淮安内部收益为 1387.26，输出收益为 3472.67，占 71%。相邻地区的溢出效应也非常明显，如徐州 (975.59)、宿迁 (579.99)、盐城 (474.78)，距离它较远地区的市则溢出效应较弱，

如南京 (71.88)、苏州 (172.83)。宿迁内部收益仅为 334.55，输出收益为 2129，占 86%；溢出效应比例低的市有连云港、南通等，其中连云港、南通的输出收益仅占 37%、41%。其次，各市新建公路里程差异导致溢出效应分布明显不对称，例如，从盐城到扬州的溢出效应值达到 68.89，而从扬州到盐城的溢出效应仅为 0.03。最后，各市输入与输出收益不对称。各市在空间溢出的同时，也在输入其他各市的溢出效应。其中，常州、淮安、盐城的输出收益远高于输入收益，南通与连云港则基本平衡，南京、徐州的输入收益远大于输出收益。多数中间地区是溢出效应显著地区，而区域边缘城市普遍为收益输入地区，这说明中间地区交通投资建设更有助于提高边缘地区可达性水平。

2. 交通基础设施投资空间溢出效应分析

根据可达性分析与溢出效应货币化模型，假设重新分配各市高速公路投资，某地区"真正"交通投资等于其实际投资加上输入的投资再减去输出投资，从而得到各市交通投资的货币化矩阵 (表 5.1.4)，包括各市保留、输入与输出的交通投资。根据区域可达性收益获得区际投资矩阵来分配交通基础设施投资成本。每个纵列提供各地区内部与输出投资，每行提供各地区内部与输入投资。在此根据可达性收益得到区域内部投资矩阵，分别对 2005~2009 年各市交通投资进行重新分配，得到各市获得的真正投资额。

表 5.1.4　高速公路投资空间溢出效应的货币化矩阵　　　　(单位：亿元)

到达	出发											真正投资	输入
	常州	扬州	淮安	连云港	镇江	南京	南通	宿迁	苏州	徐州	盐城		
常州	18.41	1.37	0.91	0.18	11.35	8.37	0.20	0.35	3.76	0.05	1.20	46.15	27.74
淮安	0.33	0.00	27.99	0.07	2.96	0.07	4.55	3.14	0.99	0.29	16.18	56.57	28.58
连云港	0.14	0.00	0.58	7.50	0.95	0.03	3.11	0.03	0.49	0.21	13.35	26.38	18.88
南京	22.87	1.65	1.40	0.01	5.09	37.70	0.13	0.52	1.27	0.08	0.49	71.21	33.51
南通	2.01	0.06	5.59	0.86	0.11	2.67	69.67	0.61	3.15	0.18	16.52	101.44	31.77
苏州	9.42	0.88	6.49	0.44	3.04	6.91	2.83	1.96	107.85	0.38	8.06	148.26	40.41
泰州	2.28	0.02	5.86	0.88	1.05	0.96	7.68	1.00	10.57	0.16	14.76	45.20	45.2
无锡	4.13	3.72	4.81	0.33	2.63	2.60	0.93	2.76	5.80	1.16	3.00	31.86	31.86
宿迁	0.22	0.00	8.90	0.22	1.78	0.05	3.73	1.90	0.71	0.27	7.06	24.85	22.95
徐州	0.33	0.02	18.19	0.53	1.39	0.17	2.46	2.63	5.21	8.94	5.95	45.82	36.88
盐城	0.64	0.01	12.94	3.78	0.97	0.21	14.30	1.42	2.90	14.25	60.26	111.68	51.42
扬州	0.94	8.89	4.79	0.03	7.81	0.57	2.36	1.30	2.53	0.17	3.77	33.16	24.27
镇江	5.63	1.39	1.59	0.16	14.04	9.31	0.56	0.38	6.35	0.06	2.60	42.06	28.02
直接投资	67.35	18.00	100.02	15.00	53.18	69.61	112.50	18.00	151.58	26.21	153.20	784.65	—
输出	48.94	9.11	72.03	7.5	39.14	31.91	42.83	16.1	43.73	17.27	92.94	—	—
输出比例/%	72.67	50.61	72.02	50.00	73.60	45.84	38.07	89.44	28.85	65.89	60.67	—	—

第 5 章　高速交通基础设施可达性空间效应

1) 各地输入与输出投资不对称

南京从常州高速公路投资中输入 22.87 亿元，而常州仅从南京投资中输入 8.37 亿元。纵列投资总和等于各市直接投资，各行投资总和为各市真正投资，真正投资根据溢出效应得到。

2) 各市溢出与输入投资差异较大，中间地区城市输出投资占实际投资比例普遍高

表 5.1.5 显示各市新建高速公路输出投资额及其占实际交通投资比例。结果表明，各市高速公路输出投资规模差别显著，它们占各市实际交通投资比为 28.8%~89.4%；江苏省各市高速公路投资额的 53.7% 被输出到其他地区。从各市输出投资额占实际投资额比例看，一般中间地区城市输出投资占实际投资额比例高，包括宿迁、淮安、常州、镇江；边缘城市输出投资比例低，包括苏州、南通。表 5.1.5 还显示各市高速公路输入的投资额及其占真正交通投资比例，未投资高速公路建设的泰州与无锡获得全部投资。各市输入投资占真正交通投资比例为 27.3%~100%，可见输入投资占直接投资比例差距较大。

表 5.1.5　高速公路投资输入与输出情况分析

地区	输入投资/亿元	真正投资/亿元	输入投资占真正投资比例	真正投资与直接投资之差/亿元	输出投资/亿元	直接投资/亿元	输出投资占直接投资比例
常州	27.74	46.15	0.60	−21.20	48.94	67.35	0.73
扬州	24.27	33.16	0.73	15.16	9.11	18	0.51
淮安	28.58	56.57	0.51	−43.45	72.03	100.02	0.72
连云港	18.88	26.38	0.72	11.38	7.50	15	0.50
镇江	28.02	42.06	0.67	−11.12	39.14	53.18	0.74
南京	33.51	71.21	0.47	1.60	31.91	69.61	0.46
南通	31.77	101.44	0.31	−11.06	42.83	112.5	0.38
宿迁	22.95	24.85	0.92	6.85	16.10	18	0.89
苏州	40.41	148.26	0.27	−3.32	43.73	151.58	0.29
徐州	36.88	45.82	0.81	19.61	17.27	26.21	0.66
盐城	51.42	111.68	0.46	−41.52	92.94	153.2	0.61
泰州	45.20	45.20	1.00	45.20	0	0	0.00
无锡	31.86	31.86	1.00	31.86	0	0	0.00
合计	421.49	784.65	0.54	—	421.49	—	0.54
苏北	—	265.3	—	—	312.43	—	—
苏中	—	221.86	—	—	183.68	—	—
苏南	—	297.48	—	—	288.54	—	—

3) 各地实际投资与真正投资均不相同

比较真正投资与实际投资发现，常州、淮安、盐城、镇江与南通等地，真正投资均低于实际投资，本地区交通投资多数转移给其他地区。对比苏中、苏南与苏北地区两类投资得知，苏北投资产生上游影响，实际投资 312.43 亿元，真正投资为 265.3 亿元；而苏中与苏南真正投资均超过实际投资。它说明苏北中间地区

高速公路投资带来的可达性收益将惠及苏中与苏南地区。

4) 各市新建高速公路里程数影响本地溢出交通投资额

对比各市投资公路里程与输出投资额可知，一般新建高速公路里程越长，输出投资额越高。

3. 空间溢出效应与交通公平性的关系

交通基础设施被普遍认为是实现区域公平的关键因素之一 (Holl, 2004)，区域均衡发展是制定交通政策的重要目标，减少各地发展机会的差距，提高外围地区到中心城市可达性是很多国家交通总体规划的目标。区域可达性的均衡度指标经常用来说明交通公平性水平，而本节采用上游与下游影响说明空间溢出效应与公平性的相互关系。

在某个地区交通投资不仅影响投资地的可达性，也影响周边地区。对于低可达性地区交通投资，不能仅考虑投资到该地区的经济成本，也应分析有多少收益转化到其他地区。积极的交通总体规划的公平性影响会因为空间溢出效应而变得模糊。当可达性空间溢出效应被低可达性地区所获取时，规划将有助于推动公平性；反之，当它被高可达性地区所获取时，交通公平性则会受到削弱 (Condeço et al., 2011)。在本节中，下游影响指在高可达性地区投资产生的空间溢出被低可达性地区获取，上游影响是指在低可达性地区投资产生的空间溢出被高可达性地区获取。

为了分析空间溢出效应对公平性的影响，表 5.1.6 中内部保留值归零，下游

表 5.1.6 区域交通可达性空间溢出效应产生的上游与下游影响

到达	出发											平均潜力值
	常州	扬州	淮安	连云港	镇江	南京	南通	宿迁	苏州	徐州	盐城	
徐州	21.04	0.04	975.59	55.17	9.96	1.41	54.15	380.93	17.94	0	144.21	44.72
连云港	11.49	0	41.1	0	9.04	0.33	90.51	5.97	2.21	−3.31	427.62	47.83
宿迁	16.79	0	579.99	−28.39	15.52	0.51	100.02	0	2.98	−3.93	207.76	51.85
南京	1390.32	4.11	71.88	−0.64	34.96	0	2.81	−71.91	4.19	−0.92	11.28	55.05
盐城	27.74	0.03	474.78	−269.44	4.77	−1.22	215.59	−140.76	6.83	−116.77	0	55.80
南通	94.5	0.11	221.45	−66.32	0.57	−16.89	0	−65.32	8.01	−1.62	−295.65	56.53
淮安	19.14	0	0	−7.06	19.61	−0.58	−92.6	−420.03	3.13	−3.24	−362.27	56.68
扬州	45.08	0	−193.66	−2.6	42.26	−3.69	−39.29	−142.19	6.56	−1.5	−68.89	62.64
泰州	104.69	−0.03	−227.43	−66.59	5.45	−5.93	−122.54	−104.7	26.33	−1.39	−259.02	65.66
镇江	502.32	−5.09	−119.56	−23.58	0	−111.96	−17.21	−76.76	30.71	−0.96	−88.64	66.73
无锡	338.17	−12.5	−332.48	−44.69	−24.27	−28.68	−26.53	−515.75	25.73	−17.97	−93.64	72.53
常州	0	−4.54	−61.91	−23.58	−103.49	−91.25	−5.69	−63.99	16.44	−0.84	−37.14	73.64
苏州	−297.07	−1.14	−172.83	−22.8	−10.84	−29.4	−30.94	−140.76	0	−2.29	−96.94	73.79
下游影响比例/%	89.64	15.55	68.10	9.03	50.63	0.77	58.04	18.17	100	0	37.79	—

影响设置为正值，上游影响设置为负值，根据各地平均潜力值来获得各地可达性收益方向，从而得到表 5.1.6。

表 5.1.6 显示下游影响 (53.8%) 大于上游影响 (46.2%)，这表明空间溢出效应整体仍朝着有利于缩小区域可达性差距的方向发展。然而，各地下游影响比例差距大，从 0% 到 89.6%。苏州、常州、淮安、南通等下游影响相对较高，而徐州、南京、连云港、扬州、宿迁下游影响相对较低。下游影响与各地区域平均潜力水平、区位分布关系密切。位于边缘地区的城市下游影响一般较低，而处于中间地区的城市下游影响较高。

5.1.4 本节小结

本节以江苏高速公路为例，借鉴国外交通可达性空间溢出效应模型，采用经济潜力指数、成本栅格技术与微观单元尺度数据，构筑基于可达性分析的交通投资空间溢出效应评价方法，针对各市可达性，对比两种情景，刻画了各市溢出效应空间特征，并建立各市溢出效应货币化矩阵，评价交通可达性溢出效应，分析溢出效应与公平性之间的关系，研究了交通网络的影响，分析潜在受益者。通过分析发现如下特点。

(1) 可达性溢出效应基本上随着到新建高速公路距离的增加而衰减，新建高速公路方向与区位影响了溢出效应的分布强度，产生非均衡性的溢出效应格局。其中，多数中间地区是溢出效应显著地区，边缘区域一般为溢出效应的输入地区，中间地区交通建设有助于提高边缘地区可达性水平。

(2) 在交通投资溢出效应分析中，全省 54% 的实际投资输出给其他各市，而且各市溢出与输入投资规模差别大，各地输入与输出投资不对称，中间地区交通投资溢出规模普遍比边缘地区高，各地实际投资与真正投资差距显著，苏北中间地区交通投资收益将惠及苏中与苏南地区。

(3) 在溢出效应与交通公平性关系分析中，江苏下游影响大于上游影响，这表明空间溢出效应整体仍朝着有利于缩小区域可达性差距的方向发展，而位于边缘地区的城市下游影响一般较低，而处于中间地区的城市下游影响较高。

需要指出的是可达性研究结果受研究范围的影响，本节仅以省域各城市及上海市为目的地，各地在省内的区位对可达性结果产生了较大影响，若研究空间范围变化，结果会有所不同。

5.2 高铁可达性与区域经济相关性

5.2.1 引言

2008～2019 年我国高铁经历了快速建设发展阶段，高铁营运里程由 672km 猛增到 3.5 万 km，高铁客运量从 734 万人次增长到 23.58 亿人次，高铁客流量占全国铁路客运量的 64.4%。《中长期铁路网规划 (2016—2030 年)》表明，未来高铁网络覆盖城市数量仍将大幅增加。众所周知，高铁可达性带来的时空收敛效应为城市间开展高频率、大容量、快速便捷和中远程交流提供了重要条件。

国外研究与经验表明，高铁开通后将诱增 30% 以上的客流量，站点城市的人口、零售业、工业、建筑业增长远快于其他地区 (杨波, 2012)，高铁受益多的城市将是以商业、文化、金融以及其他高端服务业为经济主体的城市 (王缉宪, 2011)。高铁推动产业结构调整 (张书明等, 2012; Vickerman, 1997)，既有城市等级结构转变 (Ureña et al., 2009)，又有高铁沿线城市商务服务业与知识经济发展 (Chen and Hall, 2011)，可增强商务办公区位吸引力 (Willigers and van Wee, 2011)，驱动人口向大都市区集聚，就业向外扩散 (Kim, 2000)，新的发展机会存在于邻近高铁网络的城市，并随这些城市广泛地扩散，具有增加经济活动向主要大都市区集聚的影响力，但它的空间重构效应需要进一步研究 (Vickerman, 1997)，对个别地区城市房价影响有限 (Andersson et al., 2010)。在我国高铁网络快速成长阶段，高铁对城市经济社会作用程度如何？它的时空效应是否能够演变成预期的空间经济格局 (Chen, 2012)，它对哪类城市空间效应更为显著？作为经济发展的必要条件而非充分条件的高铁 (陈建军和郑广建, 2014)，其可达性带来的产品、服务和劳动力市场潜力优势能否较快地转化成经济社会发展动力？目前定量地评价高铁对区域经济社会带来的影响将有助于更好地理解短期高铁对区域经济社会的实际作用机制，指导未来城市功能规划布局，探究高铁对我国经济社会的空间效应具有很强的现实意义。针对于此，近年来我国高铁可达性对地区经济社会的影响成为众多学者关注的热点问题 (Zheng and Kahn, 2013)。这些研究指出，高铁给区域带来了可达性收益的空间差异，将改善高铁城市区位条件，为城市群空间重构提供了条件，促进城市生产要素的集聚和扩散；显著扩大中心城市的劳动力、产品和服务市场，在将我国城市融合成一个开放的城市系统方面发挥着重要作用 (Zheng and Kahn, 2013)；带来市场结构效应、劳动力池效应和创新溢出效应，提高沿线城市经济效率 (陈建军和郑广建, 2014)。高铁沿线城市成为经济集聚的目的地，经济集聚水平显著提升且内部差异逐渐减少，形成生产性服务业集聚 (覃成林和杨晴晴, 2016)。然而，部分研究认为，在短期内高铁并没有起到引领地区经济增长的作用 (王垚和年猛, 2014)。

近期国内相关研究多从市域层面或特定地区探讨高铁可达性对经济社会的影响。鲜有以县级以上城市为基本单元并采用多个空间尺度与等级城市探讨全国高铁可达性对经济发展的影响程度研究，而采用高分辨率数据能更深入细致地分析高铁与经济变化的空间关联。鉴于此，本节基于县级以上高铁可达性与经济社会数据，通过从多个空间尺度探究高铁可达性对经济社会指标的影响。本节高铁可达性是指高铁带来的陆路时间可达性收益。

5.2.2 数据来源与研究方法

1. 数据来源

本节选择全国 2318 个县级以上城市，交通包括公路、高铁与普通铁路出行，数据包括公路空间网络、铁路时刻表数据与社会经济数据。

(1) 公路网络数据来自 OpenStreetMap 网站 2015 年 5 月 17 日地图数据，包括高速公路、一级道路、二级道路、三级道路及其他道路以及互通网络数据。

(2) 铁路时刻表包括普通铁路、城际铁路、高铁与动车数据，并将时刻表数据空间化。其中，铁路数据来自 2015 年 12 月的春运网：高铁班次数为 1400，动车班次数为 1277，城际班次数为 745，快速铁路班次数为 1373，普通快车班次数为 672，空调直达特快班次数为 387；铁路站点 3061 个，高铁动车与城际站点 704 个，通过编程将这些时刻表数据空间化。

(3) 提取 2318 个县级以上城市 2014 年与 2008 年的社会经济数据。

2. 研究方法与指标选择

采用铁路时刻表数据与网络分析法集成的可达性测算技术，提高高铁可达性的测算精度，进而提高经济指标与高铁可达性耦合模型的拟合水平。

根据《公路工程技术标准》(JTG B01—2003) 规定的道路设计速度，结合区域实际情况，确定各类道路时速，铁路时速根据时刻表来确定，其中渡轮为 20km/h，高速公路为 100 km/h，它的互通连接为 50 km/h。一级道路为 80km/h，一级道路互通连接为 40km/h，二级道路为 60km/h，它的互通连接为 30km/h，三级道路为 40km/h，它的连接线为 20km/h，其他公路为 30km/h。

1) 技术路线

采用 ArcGIS 软件网络分析中的 O-D 矩阵测算 2318 个城市之间的时间距离。为了能更好地测算城市间最短时间，可达性空间测算模型设计考虑如下要点。

(1) 高速公路需要从互通口连接其他类型道路，其他各类公路之间可互通互连。

(2) 铁路出行与公路出行通过火车站连接。

(3) 县域与市辖区人口集中于城市建成区的质心。

(4) 铁路与公路出行换乘时间为 30min。不同铁路线路之间通过站点内部换乘，时间为 30min。通过换乘线赋值来统一换乘时间。

(5) 考虑城市内部时间拥挤。

(6) 为了仅获得高铁影响，其他公路与铁路线路统一为 2015 年数据。

2) 高铁可达性指标与分析模型

(1) 高铁可达性指标。

① 日常可达性：反映某地日常覆盖的潜在商品和服务市场、商务接触机会数量和旅游市场规模；加权平均旅行时间：说明城市相对区位条件，反映交通设施带来的长距离影响；经济潜力可达性：通过特定的时间距离与成本，某区域可以到达的经济活动总量，或者是接收经济辐射的能力，反映交通设施带来的短时间距离的影响。

② 采用有无高铁可达性的变化值作为高铁可达性评价指标：分别用 ΔD_i、ΔA_i、ΔP_i 来表示这些指标，利用高铁可达性指标与经济变化指标进行皮尔逊相关分析以探究两者是否存在关联。

③ 有无高铁交通可达性评价指标：无高铁可达性值分别为 D_i_wgt、A_i_wgt、P_i_wgt，有高铁可达性值分别为 D_i_ygt、A_i_ygt、P_i_ygt。社会经济数据选择 GDP、Invest、Employ。采用皮尔逊相关分析法探讨交通可达性与经济发展水平的关联性。

(2) 增长回归模型。

借鉴文献 (刘海隆等, 2008) 中的增长回归模型，得到以下内容。

经济社会发展与高铁可达性的增长回归方程：

$$\Delta y_i = \alpha_1 + \beta_1 y_i + \gamma_1 \Delta A_i + \varepsilon \tag{5.2.1}$$

$$\Delta y_i = \alpha_1 + \beta_1 y_i + \gamma_2 \Delta P_i + \varepsilon \tag{5.2.2}$$

$$\Delta y_i = \alpha_1 + \beta_1 y_i + \gamma_3 \Delta D_i + \varepsilon \tag{5.2.3}$$

经济发展指标选取地区生产总值 (GDP)、第二产业增加值 (GDP_2)、第三产业增加值 (GDP_3)、固定资产投资总额 (Invest)、城市就业人数 (Employ) 等指标。为了比较高铁可达性对不同等级与不同地区的经济作用程度，选择 3 个可达性指标和 5 个经济发展指标做增长回归模型，具体包括如下内容。

Δy_i 包括：ΔGDP_i 指城市 i 2008 年到 2014 年地区生产总值的变化量。$\Delta GDP2_i$ 指城市 i 第二产业增加值的变化量；$\Delta GDP3_i$ 指城市 i 第三产业增加值的变化量；$\Delta Employ_i$ 指城市 i 就业人数的变化值；$\Delta Invest_i$ 指城市 i 固定资产投资的变化值。

y_i 包括：GDP_i_08、$GDP2_i\_08$、$GDP3_i\_08$、$Employ_i\_08$ 与 $Invest_i\_08$ 分别指 2008 年城市 i 的地区生产总值、第二产业增加值、第三产业增加值、城市就业人数与固定资产投资总额。

ΔA_i、ΔP_i、ΔD_i 分别指高铁开通带来的城市 i 加权平均旅行时间变化值、经济潜力可达性变化值及人口可达性变化值。这里的东部地区指东部 10 省市；中部地区指中部 6 省市，西部 12 省市；东北地区指东北 3 省；长江三角洲地区指《长江三角洲地区区域规划》中的 26 个城市。

(3) Cobb-Douglas 生产函数。

借鉴文献 (刘海隆等, 2008)，Cobb-Douglas 生产函数表达为

$$y_{it} = \exp(\beta_0 + \beta_1 \text{Acc}_{it}) k_{it}^{\beta_2} \tag{5.2.4}$$

对式 (5.2.4) 两边取自然对数，原方程变形为

$$\ln y_{it} = \beta_0 + \beta_1 \text{Acc}_{ijt} + \beta_2 \ln k_{it} + \varepsilon \tag{5.2.5}$$

式中，ε 为随机变量；交通可达性指标 Acc_{it} 选择 P_i，即经济潜力可达性指标，分别选择有无高铁可达性的交通可达性 P_{i_ygt} 值。设 Y_{it} 为县 (市) i 在第 t 年的地区生产总值，L_{it} 为县 (市) i 在第 t 年的劳动力投入，K_{it} 为县 (市) i 在第 t 年的固定资产投资，则 $y_{it} = Y_{it}/L_{it}$，$k_{it} = K_{it}/L_{it}$。这里选择 2008 年和 2014 年就业人数、固定资产投资总额，地区生产总值分别选择 2008 年和 2014 年数据。

5.2.3 方法实现与结果分析

1. 高铁可达性空间格局分析

1) 加权平均旅行时间分析

高变化值地区分布于东北、西北、珠江三角洲地区和海南省，变化值在 300min 以上。高变化率地区包括东北地区、京津地区、长江三角洲、珠江三角洲、长株潭等地区，变化率在 25% 以上。从整体上看，全国外围地区与高铁网络干线和末端城市一般能获得较高收益，兰新、京哈、京沪与京广高铁两端城市均有较高的可达性收益。

2) 经济潜力可达性分析

高变化值地区集中于主要的高铁线路地区。高变化值地区主要包括京广高铁、京沪高铁、京哈高铁、郑西高铁和沪昆高铁长沙—杭州段地区，变化值超过 90，这些高铁网络干线地区形成高增长走廊。变化率在 25% 以上区域集中于东北、京津、珠江三角洲地区，20% 以上区域则分布于西北、东北、东南与几条重要的高铁网络末端高铁走廊。

3) 日常可达性分析

高变化值地区包括京沪高铁、高广高铁、郑西高铁和沪昆高铁长沙—杭州段沿线地区，变化值在 1500 万人以上，并且随着到这 4 条线路距离的增加，变化值降低，反映出高铁的"隧道效应"。高变化率集中于东部主要高铁线路地区，呈岛状分布，哈大、京沪和京广高铁沿线城市都是主要受益者。北京、大连、南昌、

齐齐哈尔、廊坊、渭南、徐州、滁州、武汉、长沙、怀化、柳州、桂林、梧州、韶关、金华、张掖、哈密等城市，变化率高于 50%。

综合来看，全国外围地区(东北地区和西北地区)、高铁网络干线和末端城市为高铁可达性获益最多的地区。这种收益来自全国高铁主干网络初步形成，带来全国尺度上的"网络末端效应"、"隧道效应"和"网络叠加放大效应"。一方面，向全国外围地区延伸带来高铁网络的"末端效应"与"隧道效应"。另一方面，高铁网络枢纽城市又叠加放大了多条高铁线路带来的效应，新高铁线路与旧高铁线路连接，势必进一步扩大旧高铁沿线城市的可达性。

2. 高铁可达性对经济发展的多尺度影响分析

1) 分城市等级和分地区经济发展与高铁可达性的相关分析

(1) 不同等级城市的经济社会发展与高铁可达性存在显著的低相关性，县级城市相关性相对较好。

全国 2280 个县级以上城市的相关分析表明，可达性指数与经济社会发展指标总体呈现显著的低相关性。其中，ΔD_i 和 ΔP_i 与经济社会指标的相关系数多为 0.1~0.3，在 0.01 水平下显著相关；ΔP_i 与经济指标的相关系数整体高于 ΔD_i，与 ΔInvest 和 ΔGDP2 的相关系数较高，而与 ΔEmploy 的相关系数最低；经济社会指标与 ΔA_i 不相关 (表 5.2.1)。本节表中，N 为城市数。

表 5.2.1 不同等级城市经济社会发展指标与高铁可达性指标的相关性分析

指标	城市等级								
	县级以上城市			县级城市			地级以上城市		
	ΔD_i	ΔA_i	ΔP_i	ΔD_i	ΔA_i	ΔP_i	ΔD_i	ΔA_i	ΔP_i
ΔGDP	0.172***	−0.028	0.205***	0.282***	0.063***	0.309***	0.157***	−0.066	0.273***
ΔGDP2	0.194***	−0.018	0.222***	0.268***	0.08***	0.283***	0.162***	−0.063	0.265***
ΔGDP3	0.146***	−0.03	0.178***	0.262***	0.064***	0.281***	0.146**	−0.067	0.263***
ΔEmploy	0.105***	−0.002	0.136***	0.125***	0.025	0.173***	0.078	−0.004	0.135**
ΔInvest	0.235***	0.022	0.23***	0.243***	0.086***	0.261***	0.24***	0.037	0.256***
N	2280			1980			300		

***、**、* 分别表示 1%、5%、10%的置信水平上显著。

1980 个县级城市相关分析反映经济社会发展与高铁可达性相关性为显著的低相关，ΔD_i、ΔP_i 与经济社会指标的相关系数多为 0.2~0.3，比县级以上城市相关系数整体略高，而 ΔA_i 的相关系数低于 0.1；通过显著性检验，ΔP_i 与 ΔGDP 相关性最高达到 0.31，与 ΔGDP、ΔGDP2、ΔInvest、ΔGDP3 的相关系数较高，与 ΔEmploy 的相关系数最低。300 个地级以上城市，ΔP_i 与经济指标的相关系数为 0.2~0.3，呈显著的低相关性，ΔD_i 的相关系数多在 0.2 以下，ΔP_i 的相关系数高于 0.25，ΔA_i 则多为不相关。

分析表明，不同等级城市经济社会指标与 ΔD_i、ΔP_i 均存在显著的低相关性，县级城市相关性相对较好，其次为地级以上城市，最后是县级以上城市；经济社会指标与 ΔP_i 相关性较好，其次是 ΔD_i，ΔA_i 则多为不相关或相关性很弱，这说明高铁带来的经济潜力可达性和日常可达性的提高与经济增长有一定程度的联；三类城市 ΔInvest 的相关系数接近，为 0.2~0.3，显示各类城市高铁可达性与固定资产投资关联程度相对较为一致。

(2) 中部地区相关性较好，西部地区差。

表 5.2.2 显示东部城市 ΔP_i 相关系数多数高于 0.15，ΔD_i 相关系数则普遍低于 0.1，与 ΔEmploy 的相关系数最高，达到 0.21；中部城市 ΔD_i、ΔP_i 相关系数普遍高于 0.3，尤其是 ΔInvest 与 ΔD_i 的相关系数达到 0.365，ΔEmploy 相关系数最低，整体相关系数高于东部；西部城市 ΔP_i 相关系数多数低于 0.1，ΔD_i 相关系数多为 0.1~0.2。显然，中部地区城市相关系数高于东部和西部，显示中部城市经济社会发展变化对高铁可达性最敏感，ΔA_i 在三地区相关性不显著。

(3) 高铁可达性高的局部地区，经济增长与高铁可达性关系也较密切。

东北地区 ΔD_i、ΔP_i 的相关系数普遍较高，ΔGDP、ΔGDP2、ΔGDP3、ΔInvest 与 ΔD_i 的相关系数均高于 0.35，它们与 ΔP_i 的相关系数均高于 0.3，接近中度相关性，ΔEmploy 的相关系数均高于 0.2，与 ΔA_i 不相关。相比东、中、西部地区，东北地区经济社会发展与高铁可达性关系更为密切。长江三角洲城市地区 ΔA_i、ΔP_i 的相关系数普遍较高，除 ΔInvest 外，ΔA_i 与其他经济社会指标的相关系数均低于 -0.2，ΔP_i 与所有指标的相关系数均超过 0.2，ΔD_i 与其他指标均不相关。

2) 分等级和分地区城市经济社会发展与高铁可达性的回归分析

根据式 (5.2.1)~式 (5.2.3)，在 SPSS 软件中通过逐步回归分析，剔除不显著的指标与模型，得到表 5.2.3~表 5.2.5。模型结果显示如下。

(1) 高铁可达性对不同等级城市经济社会均有积极作用，但影响程度不同。

三类城市模型的 ΔD_i 与 ΔP_i 系数均为正值，ΔA_i 系数为负值，调整后 R^2 值显示除了表 5.2.3 的模型 5 和表 5.2.4 的模型 4 拟合一般，其他模型拟合良好，能够反映高铁可达性对区域城市经济发展的正面积极作用程度。

高铁可达性对不同等级城市经济发展作用程度不同。对比表 5.2.3 与表 5.2.4 中县级以上城市、县级城市与地级城市的可达性变量系数，同类型模型显示县级以上城市可达性变量系数高于县级城市。ΔGDP 的 ΔD_i 系数分别为 87.9 和 34.6，ΔGDP2 的 ΔD_i 系数分别为 75.6 和 28.4，ΔGDP3 的 ΔD_i 系数分别为 39.7 和 16，ΔInvest 的 ΔD_i 系数分别为 180.8 和 55.8。县级以上城市 ΔD_i 系数是县级城市的 2.5~3.3 倍。县级以上城市、县级城市与地级城市的 ΔInvest 的 ΔD_i 系数分别为

表 5.2.2 不同地区城市经济社会发展与高铁可达性的相关性分析

指标	东部地区			中部地区			西部地区			东北地区			长江三角洲地区		
	ΔD_i	ΔA_i	ΔP_i	ΔD_i	ΔA_i	ΔP_i	ΔD_i	ΔA_i	ΔP_i	ΔD_i	ΔA_i	ΔP_i	ΔD_i	ΔA_i	ΔP_i
ΔGDP	0.088**	−0.092**	0.173***	0.307***	−0.057	0.26***	0.145***	0.011	0.097***	0.363***	0.098	0.342***	0.116	−0.216**	0.264***
ΔGDP2	0.08*	−0.087*	0.163***	0.338***	−0.056	0.292***	0.159***	0.029	0.108***	0.346***	0.099	0.324***	0.169*	−0.202	0.292***
ΔGDP3	0.087**	−0.09*	0.172***	0.261***	−0.065	0.213***	0.127***	0.004	0.078**	0.36***	0.089	0.335***	0.084	−0.214	0.239***
ΔEmploy	0.095***	−0.111**	0.208***	0.068	−0.081	0.124***	0.107***	0.03	0.027	0.242***	0.087	0.217***	0.054	−0.234***	0.22***
ΔInvest	0.106**	−0.01	0.109***	0.365***	−0.053	0.309***	0.178***	0.02	0.141***	0.386***	0.092	0.351***	0.233***	−0.123	0.283***
N	568			577			953			182			136		

***、**、* 分别表示 1%、5%、10% 的置信水平上显著。

表 5.2.3 全国县级以上城市高铁可达性与经济发展的回归分析模型

	模型 1	模型 2	模型 3	模型 4	模型 5
Constant	255196.384***	218467.745***	113961.19***	603367.675***	−51508.1***
t	4.699	7.232	4.229	12.422	−5.001
	GDP_08	GDP2_08	GDP3_08	Invest_08	Employ_08
	1.008***	0.729***	1.23***	1.118***	0.562***
t	116.327	70.486	157.213	59.638	30.31
ΔD_i	87.963***	75.688***	39.763**	180.801***	ΔA_i −92.781**
t	2.67	4.13	2.426	6.113	−2.202
Ad-R^2	0.86	0.697	0.917	0.631	0.287
N			2280		

***、**、* 分别表示 1%、5%、10% 的置信水平上显著；Constant 表示常数项。

表 5.2.4 县级城市与地级城市高铁可达性与经济发展的回归分析模型

	县级城市								地级城市	
	模型 1		模型 2		模型 3		模型 4		模型 1	
Constant	201168.313***	Constant	159508.981***	Constant	41956.313***	Constant	413468.214***	Constant	1607813.533***
t	11.372	t	13.419	t	6.45	t	13.33	t	4.673
GDP_08	0.894***	GDP2_08	0.709***	GDP3_08	1.214***	Invest_08	1.534***	Invest_08	1.018***
t	64.819	t	45.921	t	81.436	t	26.123	t	20.798
ΔD_i	34.588***	ΔD_i	28.363***	ΔD_i	16.018***	ΔD_i	55.844***	ΔD_i	327.687***
t	3.154	t	3.696	t	3.953	t	2.991	t	2.325
Ad-R^2	0.705	Ad-R^2	0.55	Ad-R^2	0.786	Ad-R^2	0.3	Ad-R^2	0.614
N					1980			N	300

***、**、* 分别表示 1%、5%、10% 的置信水平上显著；Constant 表示常数项。

180.8、55.8 和 327.7。显然，城市等级越高，利用高铁可达性获得的经济社会收益越高。

(2) 高铁可达性对投资影响程度相对较高，对第二产业的作用强于第三产业。

对于县级以上城市、县级城市经济指标的 ΔD_i 系数：Invest>GDP_2>GDP_3，表明高铁可达性对固定资产投资的作用强度高于其他经济指标，而 GDP_2>GDP_3 不仅印证了高铁对制造业发展会起到积极促进作用，也说明高铁对第二产业的带动作用强于第三产业。

(3) 不同地区城市从高铁可达性中得到的经济收益存在梯度，局部地区获益突出。

对我国东部、中部、西部、东北和长江三角洲地区城市的经济发展水平与高铁可达性进行回归分析，由于东部城市只有城市就业模型通过显著性检验，中部地区就业模型不显著，所以三地区只能做两两对比（表 5.2.5）。比较发现，东部地区就业模型的 ΔP_i 系数是 1031.494，为正值；而西部地区模型 ΔP_i 的系数是 -1438.209，为负值。这表明高铁可达性有利于东部多数城市增加就业机会，而导致西部多数城市就业人员减少，显示高铁加剧了区域经济发展中的"虹吸效应"，导致西部地区就业人口向西部的少数中心城市或东中部地区城市转移。西部地区与中部地区 Invest 模型中的 ΔP_i 系数值分别为 6009.028 和 9589.014，说明高铁可达性对中部投资的带动力度高于西部。

表 5.2.5 不同地区经济发展与高铁可达性的回归分析

东部地区		西部地区				中部地区	
模型 1		模型 1		模型 2		模型 1	
Constant	-104828.396^{***}	Constant	-27023.182^{**}	Constant	111225.257	Constant	-145538.588
t	-4.32	t	-2.16	t	1.55	t	-0.683
Employ_08	0.499^{***}	Employ_08	1.405^{***}	Invest_08	1.916^{***}	Invest_08	1.705^{***}
t	21.78	t	24.37	t	72.5	t	33.143
ΔP_i	1031.494^{***}	ΔP_i	-1438.209^{***}	ΔP_i	6009.028^{***}	ΔP_i	9589.014^{***}
t	3.77	t	-4.91	t	3.62	t	3.628
Ad-R^2	0.478	Ad-R^2	0.384	Ad-R^2	0.85	Ad-R^2	0.69
N	568	N	953	N	953	N	577
长江三角洲地区				东北地区			
模型 1		模型 2		模型 1			
Constant	702369.655^{**}	Constant	1214324.48^{***}	Constant	196258.01		
t	2.52	t	2.64	t	1.33		
GDP2_08	0.452^{***}	Invest_08	0.667^{***}	Invest_08	1.119^{***}		
t	13.69	t	9.97	t	24.17		
ΔD_i	223.602^{**}	ΔD_i	444.407^{**}	ΔD_i	473.011^{**}		
t	2.08	t	2.5	t	2.42		
Ad-R^2	0.59	Ad-R^2	0.45	Ad-R^2	0.798		
N	136	N	139	N	182		

***、**、* 分别表示 1%、5%、10%的置信水平上显著；Constant 表示常数项。

高铁对经济发达地区的城市群影响更为显著，长江三角洲地区的 GDP2 和 Invest 的 ΔD_i 系数分别为 223.602 和 444.407（表 5.2.5），高于县级以上城市与地级市的 75 和 327，说明该地区从高铁获得收益远高于全国平均水平。东北地区高铁可达性对其经济发展的贡献水平也高于全国平均水平，同时获得较多高铁可达性，这对该地区带动作用也很显著，表 5.2.5 中 Invest 的 ΔD_i 系数为 473.011，高于全国和长江三角洲地区的 223.602 和 444.407，显示高铁可达性对该地区投资拉动效应高于其他地区。

3. 交通可达性对区域经济发展的影响分析

1) 区域交通可达性与经济发展水平的相关分析

（1）不同等级城市的经济发展水平与交通可达性存在显著的中低相关性，县级城市相关性较好，地级城市相关性弱。

表 5.2.6 显示县级以上城市相关性绝对值保持在 0.1~0.3，存在显著的低相关性。县级城市相关性绝对值保持在 0.3~0.6，存在显著的中低相关性，P_i 与 Employ 的相关系数在 0.5 以上；地级城市相关性弱，在 0.2 以下，或不相关。对于经济社会发展指标，就业相关性较好，GDP 较差。在可达性指标中，P_i 与经济社会发展指标相关性较好，A_i 相关性较差，此外，有高铁时县级以上城市、地级以上城市的大多数相关系数较无高铁时有所提高；县级城市相关系数有所下降。

表 5.2.6 不同等级城市经济社会发展指标与交通可达性指标的相关性分析

指标	GDP_08	Invest_08	Employ_08	指标	GDP_14	Invest_14	Employ_14
D_i_wgt	0.109***	0.115***	0.273***	D_i_ygt	0.133***	0.163***	0.214***
A_i_wgt	−0.089***	−0.089***	−0.237***	A_i_ygt	−0.100***	−0.117***	−0.169***
P_i_wgt	0.139***	0.144***	0.311***	P_i_ygt	0.160***	0.190***	0.244***
等级 (N)				县级以上城市 (2280)			
D_i_wgt	0.357***	0.423***	0.508***	D_i_ygt	0.368***	0.328***	0.468***
A_i_wgt	−0.265***	−0.324***	−0.424***	A_i_ygt	−0.287***	−0.297***	−0.385***
P_i_wgt	0.410***	0.475***	0.543***	P_i_ygt	0.415***	0.385***	0.505***
等级 (N)				县级城市 (1980)			
D_i_wgt	0.104*	0.091	00.075	D_i_ygt	0.147**	0.168***	0.106*
A_i_wgt	−0.1	−0.057	−0.085	A_i_ygt	−0.095*	−0.046	−0.058
P_i_wgt	0.145**	0.126**	0.133***	P_i_ygt	0.191***	0.187***	0.151***
等级 (N)				地级城市 (300)			

＊＊＊、＊＊、＊ 分别表示 1%、5%、10%的置信水平上显著。

（2）不同地区城市经济发展水平与交通可达性存在显著的中低相关性，东北城市相关性相对较好。

东北地区城市经济发展水平与交通可达性相关性整体较高，相关系数绝对值多在 0.2~0.4（表 5.2.7），其次分别为中部地区、西部地区和东部地区。在 3 个可达性指标中，P_i 相关系数总体较好。在 3 个经济社会发展指标中，就业的相关性整体较高，西部地区达到 0.4 以上。在东部与长江三角洲地区，P_i 相关系数相对较高，而 D_i、A_i 多不相关。有高铁时的东部、东北和长江三角洲地区相关系数均比无高铁时均提高，中部和西部地区的 GDP 与投资相关性总体提高，而就业的相关性有所下降。

表 5.2.7 不同地区城市经济社会发展指标与交通可达性指标的相关性分析

指标	GDP_08	Invest_08	Employ_08	指标	GDP_14	Invest_14	Employ_14
D_i_wgt	0.002	0.034	0.043	D_i_ygt	0.033	0.062	0.077*
A_i_wgt	−0.012	−0.056	−0.06	A_i_ygt	−0.075*	−0.086**	−0.113***
P_i_wgt	0.163***	0.203***	0.191***	P_i_ygt	0.193***	0.211***	0.232***
地区 (N)				东部地区 (568)			
D_i_wgt	0.144***	0.152***	0.310***	D_i_ygt	0.187***	0.212***	0.213***
A_i_wgt	−0.188***	−0.194***	−0.364***	A_i_ygt	−0.228***	−0.258***	−0.269***
P_i_wgt	0.239***	0.255***	0.369***	P_i_ygt	0.264***	0.305***	0.280***
地区 (N)				中部地区 (577)			
D_i_wgt	0.204***	0.178***	0.473***	D_i_ygt	0.199***	0.219***	0.269***
A_i_wgt	−0.119***	−0.115***	−0.299***	A_i_ygt	−0.121***	−0.135***	−0.144***
P_i_wgt	0.200***	0.188***	0.408***	P_i_ygt	0.181***	0.199***	0.205***
地区 (N)				西部地区 (953)			
D_i_wgt	0.205***	0.192***	0.301***	D_i_ygt	0.262***	0.267***	0.351***
A_i_wgt	−0.191***	−0.197***	−0.289***	A_i_ygt	−0.230***	−0.230***	−0.320***
P_i_wgt	0.278***	0.273***	0.372***	P_i_ygt	0.306***	0.306***	0.394***
地区 (N)				东北地区 (182)			
D_i_wgt	0.039	0.087	0.013	D_i_ygt	0.09	0.198**	0.039
A_i_wgt	0.077	0.025	0.134	A_i_ygt	−0.097	−0.188**	−0.041
P_i_wgt	0.285***	0.319***	0.233***	P_i_ygt	0.345***	0.396***	0.310***
地区 (N)				长江三角洲地区 (136)			

***、**、* 分别表示 1%、5%、10% 的置信水平上显著。

分析显示，不同等级、不同地区城市的交通可达性与经济发展水平存在一定程度的关联，与 P_i 和 D_i 正相关，与 A_i 负相关。无高铁时县级城市、西部和东北地区城市的经济发展与交通可达性的相关性较好，反映这些区域经济发展与交通可达性关系比较紧密。P_i 相关系数在可达性指标中总体较好，就业指标相关系数在经济指标中较好。此外，叠加了高铁效应的交通可达性与经济发展相关性总体上有所提高，东北地区和长江三角洲地区相关性较高，中西部地区就业相关系数有所下降。

2) Cobb-Douglas 生产函数分析

利用 Cobb-Douglas 生产函数把交通可达性 (P_i)、固定资产投资 (Invest)、从业人员 (Employ) 与国民经济增长 (GDP) 联系起来。根据式 (5.2.2) 分别对 2008 年与 2014 年 2280 个县 (市) 的数据进行处理分析，并且分区域模拟，通过逐步回归分析，剔除不显著的指标与模型，得到表 5.2.8。模型结果显示:

表 5.2.8　不同地区交通可达性、就业与投资对 GDP 的影响模拟结果

年份	2008 年	2014 年	年份	2008 年	2014 年
地区	全国		地区	东部地区	
P_i	-2.23×10^{-4}***	2.08×10^{-4}**	P_i	-5.74×10^{-4}***	—
$\ln k$	0.703***	0.613***	$\ln k$	0.645***	—
Ad-R^2	0.664	0.501	Ad-R^2	0.622	
N	2280		N	568	
地区	中部地区		地区	西部地区	
P_i	-6.06×10^{-4}**	1.27×10^{-3}***	P_i	-1.46×10^{-3}***	
$\ln k$	0.73***	0.728***	$\ln k$	0.706***	
Ad-R^2	0.71	0.69	Ad-R^2	0.697	
N	577		N	953	
地区	东北地区		地区	长江三角洲地区	
P_i	-0.0011**	0.00122**	P_i	—	0.003***
$\ln k$	0.576***	0.245***	$\ln k$	—	0.51***
Ad-R^2	0.563	0.139	Ad-R^2		0.513
N	182		N	136	

***、**、* 分别表示 1%、5%、10%的置信水平上显著。

两个时期的交通可达性与投资对 GDP 的影响不同，$\beta_1 < 0$ 表示可达性削弱经济的发展，$\beta_1 > 0$ 表示可达性促进经济增长，$\beta_2 > 0$ 表示人均投资对经济增长为正面作用。2008 年全国、东部、中部、西部和东北地区的 $\beta_1 < 0$，说明交通可达性对全国与局部地区的整体经济增长发挥负面作用，显示交通可达性削弱了全国大多数城市的经济增长。根据赫希曼 (A. O. Hirshman) 的极化-涓滴效应学说与 P_i 含义，2008 年交通可达性使得少数发达地区城市释放的极化效应大于它的涓滴效应；而 2014 年全国、中部地区、东北地区和长江三角洲地区的 $\beta_2 > 0$，反映叠加了 2014 年高铁效应的交通可达性对全国、中部地区与长江三角洲地区整体经济增长起到了积极推动作用，并且长江三角洲地区系数最高，显示高铁可达性促进了全国大多数城市的经济增长，表明交通可达性使得全国少数经济发达的中心城市的释放涓滴效应大于它的极化效应，推动区域经济均衡发展。

对比 2008 年各地区 β_1 系数，东部地区 > 中部地区 > 东北地区 > 西部地区，显示交通可达性对不同地区的城市增长作用存在差异，西部地区少数中心城市极化效应更为突出，东部较弱。对 2014 年全国、中部地区、东北地区和长江三角洲地区模型进行显著性检验，得到三个局部地区的可达性系数均为正值，显著高于全国水平，在 2014 年各地区 β_1 系数中，长江三角洲地区 > 中部地区 > 东北地区，表明在交通可达性作用下，经济发展水平越高的地区，中心城市的涓滴效应越高。

5.2.4　本节小结

本节采用网络分析法与铁路时刻表数据集成方法测算全国 2318 个县级以上城市的高铁可达性。根据 2008 年和 2014 年我国区域经济社会发展数据，利用

统计分析法与 Cobb-Douglas 生产函数，定量地探讨在我国高铁快速发展阶段，多个区域尺度与多个等级城市的高铁可达性对经济发展的影响程度。研究结果表明：

(1) 全国外围地区、高铁网络干线和末端区域为高铁可达性获益最多的地区，这种收益来自高铁主干网络初步形成，带来全国尺度上的"网络末端效应"、"隧道效应"和"网络叠加放大效应"。

(2) 不同等级城市、不同地区城市与高铁可达性的相关程度存在一定的差异，县级城市、中部地区与东北地区城市的经济社会发展水平与高铁可达性的相关系数相对较高，表明该类城市对高铁可达性更为敏感。

(3) 在不同空间尺度下高铁可达性对经济增长的推动作用存在区域差异，经济发达地区与高铁可达性增长显著地区一般较高。从短期来看，高铁可达性直接导致高铁沿线城市市场规模扩大，接受其他城市经济辐射的能力增强，从而促进各类城市经济发展，对固定资产投资作用程度相对较高，对第二产业影响程度强于第三产业；而不同类型城市获益相差较大，城市等级越高、经济越发达地区利用高铁可达性获得的经济收益一般越高。同时，高铁可达性加剧西部地区多数城市就业人口减少趋势，显现它强化了区域城市劳动力要素的"虹吸效应"，加剧多数城市人力资源外流。

(4) Cobb-Douglas 生产函数分析反映叠加了高铁效应的交通可达性对全国整体经济增长起到了正面的推动作用，使得少数中心城市释放的涓滴效应大于它的极化效应。

5.3 高铁影响下旅游空间相互作用

5.3.1 引言

2009 年 12 月 1 日，国务院印发《国务院关于加快发展旅游业的意见》(国发〔2009〕41 号)，提出把旅游业培育成为国民经济战略性支柱产业和人民群众更加满意的现代服务业，由此可见，国家把旅游业的发展放在一个前所未有的高度。

交通作为连接旅游客源地和目的地的桥梁，对旅游业的影响至关重要。从世界旅游强国的发展来看，良好的交通设施对旅游强国战略的实现起到极大的推动作用。近些年来，高铁由于具有运量大、频率高、速度快、便捷、准时、舒适等特点，促进了区域旅游业的巨大发展。尤其对短期旅游而言，不仅减少交通时间成本，而且可以减少在目的地的食宿成本，极大地减少两地之间的感知距离。旅游交通成本包括时间成本和费用成本，交通设施革新将大幅减少客源地与目的地的时间成本，是旅游者利益最大化的重要影响因素。从出游能力看，不仅需要动机，还需要自由支配的收入和闲暇时间。根据旅游最大效益原则，在假日制度的闲暇时间约束下，旅游者在目的地逗留时间的长短决定了他们所能获得旅游效用的大小 (Wang et al., 2012)。旅游目的地与客源地之间的时间距离决定游客的感知距离，而感知距离又决定景区的吸引力，也是影响旅游客流时空分布特征的重要因素 (Prideaux, 2000)。由此可见，交通技术迅猛发展将有力地增强旅游效用与景区吸引力。

国外学者较早开展高铁对旅游业影响的研究，认为高铁转变了旅游者行为模式与旅游产品需求结构 (Massonh and Petiot, 2009)，增强了旅游地吸引力 (殷平, 2012)。近年来，伴随我国高铁网络快速建设，国内学者纷纷探讨高铁对旅游活动的影响 (汪德根, 2013; 魏小安和金准, 2012; 梁雪松, 2010)。目前有关研究定性评价多，定量分析研究少，而从全国尺度探讨高铁对旅游空间影响的研究更少。鉴于此，本节主要基于 GIS 空间分析的方法，从全国尺度，定量地探讨未来规划运营高铁网络对旅游景区时间可达性的影响，以期为我国景点空间布局优化提供决策参考。

5.3.2 研究方法与指标选取

1. 研究区域与数据来源

1) 研究区域

截至 2019 年底，我国高铁运营里程达到 35388km，高铁网络将成为我国重要的客运大动脉，高铁客运量达到 23.58 亿人次。

旅游景点信息来自国家旅游局网站公布的数据，截至 2013 年底，共有 1222 个 AAAA 级及以上 (简称 4A 级以上) 景点。其中，AAAAA 级 (5A 级) 景点 170 个，4A 级景点 1052 个；东部沿海与东北 13 个省有 499 个，中部 6 个省有 358 个，西部 12 个省有 365 个。4A 级以上旅游景点主要集中于东中部省份，河南、安徽、北京、山东、广东的 4A 级景区数量位居前五。

2) 数据来源

采用全国 2010 年道路交通网络 (1∶25 万交通道路图) 与 2020 年高铁规划网络的空间数据库数据来测度 2020 年高铁影响下的全国旅游可达性，道路和城市数据与 4.3.1 节中相关数据一致，旅游资源包括 4A 级以上旅游景区 1222 个，本节中的景点指 4A 级以上景点。社会经济数据来源于《2012 年中国区域经济统计年鉴》，为了仅得到高铁对全国陆路可达性的影响，高铁通车前后的人口数据统一使用 2011 年数据。不考虑规划期内公路与普通铁路网络变化，应用陆路交通道路空间数据库构建网络数据集。

为了能合理地构建全国陆路可达性空间分析模型，需要做必要假设，假设内容见 4.3.1 节。

3) 研究思路

从时间可达性角度，分析高铁与出行成本影响下的陆路可达性空间格局、变化及其特征。通过时间距离参数与可达性指数分析高铁通车前后全国旅游可达性空间格局及其变化，反映高铁对旅游景点可达性格局与旅游城市的影响。

(1) 采用网络分析法计算 2316 个县级以上城市与 1222 个 4A 级以上旅游景点间的最短时间距离，并获得时间成本矩阵 (O-D 成本矩阵)，分别涉及超过 200 万对城市间的时间距离 ($2316 \times 1222 = 2830152$) 计算。

(2) 结合各市之间的最短时间距离与各县市人口规模参数，采用日常可达性测度各市的时间可达性水平。

(3) 采用 2316 个城市与 1222 个景点可达性值，通过反距离加权插值法得到高铁通车前后全国旅游可达性空间格局与变化。

(4) 评价高铁影响下 320 个地级以上城市的旅游吸引力及其变化。

2. 研究方法与评价指标

1) 最短时间距离测算

计算某城市建成区质心到景点的最短时间距离。最短时间包括城际之间的最短时间与城市内部最短时间，假设县域与市辖区人口集中于节点处。计算公式为

$$t_{ij} = t_i + \mathrm{tr}_{ij} \tag{5.3.1}$$

式中，t_{ij} 为城市 i 质心到景点 j 之间总的最短时间；t_i 为城市 i 内部时间，$i = 1, 2, \cdots, 2316$；tr_{ij} 为城市 i 到景点 j 之间的最短时间，$j = 1, 2, \cdots, 1222$。

根据式 (4.3.2) 计算得到各市内部拥挤时间，低于 10min 的城市均假设内部拥挤时间为 10min，以此解决潜力指数的"自身潜力"问题。

2) 日常可达性

日常可达性与潜力指数反映交通设施对城市短距离的作用。该指标测度在一个限定时间内某地能够达到多少人或经济产值，一方面统计全国 2316 个城市 4h 与 6h 内所到达景点数量的变化，分别反映城市在"一日旅游圈"与"周末旅游圈"内可达景点的数量；另一方面统计 4h 与 6h 内景点覆盖的人口规模，以此反映景点的市场规模。

3) 场强模型

将中心城市影响力的大小称为场强，城市旅游吸引力 F 作为评价城市旅游场强的综合变量，则区域内任一点 k 都接受来自区域内各城市的辐射，场强计算公式为

$$F_{ik} = \frac{Z_i}{D_{ik}^a}, \quad F_i = \sum_{k=1}^{n} F_{ik} \tag{5.3.2}$$

式中，F_{ik} 为城市 i 在 k 点上的场强，F_i 为城市 i 总的吸引力，$i=1,2,\cdots,320$，$k=1,2,\cdots,2316$；Z_i 为城市 i 的旅游竞争力水平，选择接待 2011 年 320 个城市入境游客人数、国际旅游外汇收入、国内游客人数、星级饭店数量、4A 级以上景点数量作为评价指标，将这些值标准化后按等权重求和；D_{ik}^a 为城市 i 到 k 点的距离，a 为距离摩擦系数，一般取值为 2，本节 D 选择最短时间距离。由于得到的 F_i 值过低，将该值乘以 100000。

4) 旅游空间相互作用模型

采用类似于物理学万有引力定律的公式测算 320 个地级以上城市相互间旅游经济联系度。旅游空间相互作用计算公式为

$$R_{ij} = \frac{\sqrt{P_i V_i \times P_j V_j}}{D_{ij}^2} \tag{5.3.3}$$

式中，R_{ij} 为两地旅游经济联系度；P_i、P_j 分别为 2011 年城市 i、j 的国内旅游总人次；V_i、V_j 分别为 2011 年城市 i、j 的国内旅游总收入；D_{ij} 为两城市最短交通距离。

5.3.3 结果分析

1. 可达性空间格局变化分析

表 5.3.1 显示 320 个地级以上城市到 1222 个景点的最短旅游时间变化，总时间减少了 41.9%。城市与景点之间的平均时间也由 18.2h 减少到 10.58h。研究结果充分表明，从整体上看，高铁网络建成后，主要客源地与目的地之间的时间距离大幅减少，这将明显增强旅游地吸引力。

表 5.3.1 2020 年高铁通车前后地级以上城市与景点之间的旅行时间变化分析

旅行时间类型	有高铁/h	无高铁/h	变化值/h	变化率/%
总旅行时间 $\sum_{j=1}^{1222} t_{ij}$	4135898.1	7121734.16	2985836.06	41.9
平均景点总旅行时间 $\sum_{j=1}^{1222} t_{ij}/1222$	3384.53	5827.93	2443.4	41.9
城市与景点间平均旅行时间 $\sum_{j=1}^{1222} t_{ij}/(1222\times 320)$	10.58	18.2	7.64	41.9

1) 客源地旅游可达性分析

为了进一步研究客源地旅游可达性，选择"一日旅游圈"与"周末旅游圈"进行分析，发现 320 个地级以上城市在"一日旅游圈"与"周末旅游圈"到达景点数

量的整体平均水平有大幅度提高,"一日旅游圈"平均值提高43.6%,"周末旅游圈"平均值提高112%(表5.3.2)。研究结果充分表明,高铁的开通会对短期旅游活动产生深远影响,游客可选择景点增多,加剧了同类型景点之间的竞争。计算结果还表明,不同城市间景点可达的数量差距也会不断扩大。

表 5.3.2 高铁通车前后 2316 个城市旅游可达性

指标	无高铁				有高铁				变化率/%	
	最小值/个	平均值/个	最大值/个	变异系数	最小值/个	平均值/个	最大值/个	变异系数	平均值	变异系数
一日旅游圈	0	37	143	0.89	0	54	260	0.96	43.6	3.7
周末旅游圈	0	89	269	0.79	0	189	662	0.87	112	10.12

(1) 城市"一日旅游圈"可达性分析。

高铁开通前,京津冀、长江三角洲及中原地区城市的景点可达性水平最高,4h内可达景点在80个以上,德清县最高(143个)。高铁开通后,东中部地区高铁网络沿线城市的景点可达性水平高,可达景点在100个以上,最高的城市分布于京津冀、长江三角洲、中原地区的高铁沿线,可达景点在140个以上,铜陵市最高(260个)。高铁沿线城市可达景点变化值也普遍较高,均在16个以上。其中,石家庄—郑州、济南—南京—合肥的高铁沿线城市变化值最高,达到80个以上;东中部高铁沿线城市变化值达到40个以上,这些地区也是高铁网络的主要受益者。变化率最高的区域亦分布于高铁沿线,主要包括辽中南地区、长江中游、东陇海、成渝、滇中、黔中、桂北、海西等地区,而西藏与新疆等西部地区城市的景点可达性及其变化小。

(2) 城市"周末旅游圈"可达性分析。

高铁开通前,景点可达性高的城市分布于东中部地区,6h可达景点在190个以上;特别是长江三角洲、中原及鲁北地区,均在200个以上;肥东县最高,达到了269个。高铁开通后,沿北京—上海、北京—武汉、济南—石家庄、上海—武汉、徐州—西安的"日"字形高铁沿线城市的景点可达性最高,在400个以上。这些高铁沿线城市的景点可达性的变化值也是最高的,均在250个以上;其中,孝感市最高,达到了662个。另外,高变化值的城市分布于华东地区的高铁沿线;高变化率的城市分布于东中部地区的高铁沿线;变化率最高的地区则分布于辽中南、西北、长江中游、黔东、湘南、桂北、海西等地,且变化率在250%以上。研究还发现新疆与西藏的景点可达性及其变化较小。

(3) 中心城市的等时圈分析。

以武汉等中心城市为例(表5.3.3),分析此类城市等时圈景点可达性的数量及其变化。所选城市均有高铁站点,分布于我国不同地区。这些城市高铁通车后2h

以上等时圈内景点数量变化明显，在 2~6h 圈，哈尔滨变化最小，武汉、北京、广州变化最大，武汉 2~4h 圈与 4~6h 圈可达景点数量均提高 4 倍以上。在 6~8h 圈，哈尔滨、广州、上海、重庆等城市变化最大，可达景点数量提高 5 倍以上。显然，城市地理位置与景点分布会影响不同时间圈内可达景点的数量；同时高铁开通将扩大中心城市游客一日游与周末游景点的选择数量。因此，这些景点之间的市场竞争力将增强。武汉 2h 以上等时圈空间格局沿高铁均有大幅增加，城市旅客出游半径伴随高铁网络的开通不断大幅扩张。

表 5.3.3　高铁通车前后中心城市不同等时圈内可达景点数量　　(单位：个)

城市	通车前各时间圈/h					通车后各时间圈/h				
	0~2	2~4	4~6	6~8	8~10	0~2	2~4	4~6	6~8	8~10
北京	73	26	45	88	87	73	57	219	293	259
武汉	22	32	102	168	186	22	145	450	328	112
上海	37	50	87	69	104	37	96	251	353	228
广州	38	17	28	57	51	38	45	117	311	355
重庆	27	24	54	34	72	28	45	144	372	375
哈尔滨	7	14	14	13	18	7	20	44	125	222

2) 旅游目的地可达性分析

计算结果表明，景点在"一日旅游圈"与"周末旅游圈"的可覆盖人口规模整体水平有大幅度提高，"一日旅游圈"平均值提高了 54.2%，"周末旅游圈"平均值提高了 125.6%。然而，根据变异系数，景点间的市场规模差距扩大，表明靠近高铁沿线的景点市场规模有增大的趋势，而离高铁相对远的城市或地区，其旅游市场规模扩大受到制约 (表 5.3.4)。

表 5.3.4　高铁通车前后 1222 个 4A 级以上景点可达性分析

指标	无高铁				有高铁				变化率/%	
	最小值/万人	平均值/万人	最大值/万人	变异系数	最小值/万人	平均值/万人	最大值/万人	变异系数	平均值	变异系数
一日旅游圈	0	5270	16826.26	0.71	0	8124.97	34868.76	0.79	54.2	11.3
周末旅游圈	4.1	12509.62	35200.84	0.65	4.1	28218.14	73905.18	0.67	125.6	3.1

(1) 旅游景点"一日旅游圈"可达性分析。

高铁通车前，覆盖人口规模达到 1 亿的景点集中在山东、河南与江苏等地区；通车后，这一区域向北与向南扩展，东中部高铁沿线景点市场规模均有不同程度的提高。其中，高铁沿线变化值达到 7000 万的地区分布于京武与京沪高铁沿线的景点区域。变化率最高的区域则集中于川北、桂北、辽南、鄂西等地区，达到 150% 以上。

(2) 旅游景点"周末旅游圈"可达性分析。

高铁通车前,景点可覆盖人口规模达到 2 亿的区域集中在河北、山东、江苏与河南部分区域;通车后,由京沪、北京—长沙与沪—武高铁形成的三角区域最高,达到 4.5 亿。变化值达到 2 亿的地区分布于京武、京沪、徐西、沪蓉高铁沿线的景点区域,变化值最高区域位于上海—合肥与郑州—长沙的高铁沿线。变化率最高的地区则集中于关中、辽南、海西、海南以及武汉—重庆、长沙—武汉、重庆—长沙的高铁沿线景点区域。

(3) 景点等时圈分析。

计算结果表明,高铁沿线城市的景点 2h 以上市场变化幅度大,如故宫、中山陵;邻近高铁站点的景点 4h 以上市场变化显著,如黄山、亚龙湾;远离高铁的景点 6h 以上市场变化明显,如武陵源。中西部地区景点市场规模变化不大 (表 5.3.5)。

表 5.3.5　高铁通车前后景点不同等时圈内可达人口规模　　(单位:万人)

城市	通车前各时间圈/h					通车后各时间圈/h				
	0~2	2~4	4~6	6~8	8~10	0~2	2~4	4~6	6~8	8~10
黄山	177.8	2507.82	9946.39	16325.84	13973.87	177.8	2549.42	16571.76	38449.15	34601.14
武陵源	168.4	1527.6	4979.84	8539.23	13622.35	168.4	1527.6	4979.84	19988.96	56382.36
故宫	3285.22	4894.48	7557.74	11637.07	15422.52	3285.22	11548.08	32851.73	29479.2	25130.35
中山陵	2523.73	10958.13	12752.93	17265.14	12505.34	2523.73	20813.09	41808.8	31628.26	21245.1
亚龙湾	286.1	615.43	73.6	1443.6	106.26	286.1	771.53	2049.17	8451.37	14346.12

黄山与武陵源等时圈由同心圆向指状格局转变,黄山 4h 以上等时圈沿高铁网络扩张,而武陵源在 6h 以上等时圈才有变化。邻近高铁站点景点在"一日旅游圈"变化较大,其他景点则对长时间距离旅游影响显著,高铁网络的邻近程度会影响景点的市场规模。

在"一日旅游圈"与"周末旅游圈"内,沿线城市利用高铁网络可共享众多景区,高铁沿线地区通常既是景点密集区,也是人口密集区,高铁将缩短沿线区域景点的时间距离,加快这些景区的空间整合,促进沿线这些旅游城市之间的合作,发挥区域旅游资源的集聚效应,增强区域旅游的吸引力与辐射力,将成为我国重要的旅游经济带。

2. 中心城市旅游影响力分析

高铁通车前后,旅游影响力强的城市均分布于长江三角洲地区、珠江三角洲地区、山东省、中原地区以及省会城市。同时,旅游影响值增加最多的区域分布于长江三角洲地区、珠江三角洲地区、山东半岛以及高铁沿线省会与重要旅游城市,表明高铁网络强化了以往的旅游空间格局。北京、上海、广州等中心城市既是重要旅游客源地也是旅游目的地,高铁运输使旅游活动更加便捷,同时密集的景点和丰富的旅游资源，也增强了这些地区的旅游吸引力，巩固了其在全国的旅游集散中心地位。

3. 城市旅游空间相互作用强度分析

高铁通车前，旅游经济联系度大于 10 的网络密度较高地区集中于京沪之间，北京、天津、青岛、上海、南京、苏州、杭州、郑州、武汉等城市是重要的辐射中心；通车后，经济联系强度大于 10 的网络密度较高地区范围扩大，京沪间的东中部区域网络密度进一步增强，其中超过 20 的区域主要集中于东中部区域。数据显示，高铁网络增强了东中部地区城市的旅游经济联系度。

5.3.4 本节小结

本节在 GIS 技术与大量空间数据支撑下，基于最短路径算法与网络分析技术，构建可达性空间分析模型，测度 2020 年规划高铁通车前后的旅游可达性空间格局与变化，分析旅游目的地与客源地的市场空间格局变化特征，定量分析全国尺度下高铁建设对旅游客源地与目的地可达性的影响。

研究表明，高铁给短期旅游活动带来显著的"网络效应"，在"一日旅游圈"与"周末旅游圈"内，各地游客尤其是高铁沿线城市游客可选择的重要景区数量大幅度增加；同时，会加剧同类型景点的竞争，对旅游流的流向与流量产生重要影响。旅游景点数量多的高铁沿线城市，旅游吸引力也强，它会加剧旅游企业、旅游基础设施、旅游经济活动向这些城市集聚，未来将在部分高铁沿线塑造旅游经济带。

旅游目的地与客源地之间的时间距离直接关系到旅游的交通成本、住宿成本、餐饮与时间成本，旅游时空压缩可降低这些成本。同时，旅游景区的市场规模扩大将有利于提升这些地区的旅游资源开发价值，推动旅游产业发展壮大。

一般来说，城市居民旅游和休闲出游目的地地域范围随着距离的增加而衰减，而高铁网络降低了旅游目的地的距离衰减效应。目的地与客源地之间的时间距离缩短增强了旅游空间相互作用。

研究表明，高铁运营带来的时空压缩效应，即高铁的开通会缩短旅游客源地与目的地之间的时间距离、加强两地之间的联系、扩大景点短期中远途旅游市场范围、大幅削减交通时间成本支出，将为双休日与小长假的短期中远途旅游活动提供可能性。根据最大效益原则，最小旅游时间比的降低将进一步激发人们的旅游动机，改变旅游者的决策行为。旅游者会选择高铁作为一日旅游的交通工具，替代一日不能往返而要住在目的地的旅游决策，导致过夜游客数量的流失，使旅游目的地功能性质发生改变。此外，高铁网络将重构全国旅游市场的空间结构，邻近高铁网络的景点由于具有突出的交通优势，其旅游市场将会不断扩大；而处于竞争劣势的旅游景点将失去更多的旅客资源。

高铁为旅游者跨区域出行提供了快捷交通方式,而这种快捷效应的延续离不开城市内部交通网络的优化,缩短中心城市到旅游景区的时间也会进一步增强景区的吸引力。面对日益激烈的旅游市场竞争,政府部门应加强景点自身建设与营销力度,根据当地旅游资源禀赋与特色,设计旅游产品,实现旅游产品的错位与差异化发展。同时,旅游公司应根据高铁网络特点,合理设计旅游线路。

5.4 基于交通可达性的全国城市经济区划分

5.4.1 引言

国外腹地理论研究始于20世纪30年代,20世纪中期以后,增长中心理论、核心-边缘理论、都市腹地理论、世界城市理论和信息腹地理论丰富了腹地理论(孔凡娥和周春山,2006;杨吾扬和梁进社,1985;陈田,1987)。我国腹地理论研究始于20世纪80年代,研究方法采用多指标综合分析法、断裂点法、图论的Rd链法、地区间"流"的经验分析法与数学模型方法(张莉,2001;顾朝林,1992),当前GIS技术突飞猛进,GIS技术增加了腹地划分手段,包括腹地划分软件(王德和郭洁,2003)、Voronoi图法(王新生等,2003;郭庆胜等,2003)、GIS栅格空间分析法(潘竟虎等,2008a)。GIS方法使腹地划分更为直观,可视化效果好,尤其是栅格空间分析法,已成为腹地划分的有力工具。然而,目前对于腹地划分的GIS空间分析手段,多数研究都是在假设研究区为均质的前提下进行的,小部分研究考虑到区域交通条件,但也仅停留在省域层面下划分城市腹地(朱杰等,2007;易芳馨和殷会良,2006)。

目前研究对于全国经济区划关注较多,学者依据不同的划分原则与方法对全国进行经济区划(张莉,2001)。根据不同规模的城市吸引力大小,将区域划分为不同等级的城市经济区。城市经济区,侧重于城乡之间、城市之间和市镇之间的经济协作及联系,是在考虑腹地规模与城市联系的基础上组织与划分出的区域(胡序威,1993),腹地的合理划分是经济区研究的基础。

本节选取2006年国内283个地级以上城市为研究对象,借助GIS平台,使用成本加权距离方法,考虑交通条件,尤其是高速交通网络,采用可达性因素对场强模型进行修正,开展城市腹地划分,将我国城市经济区划分为三级经济区。

5.4.2 腹地划分技术方法

1. 修正的场强模型

将城市的综合规模 K 作为评价城市场强的综合变量,则区域内任一点 k 都接受来自区域内各城市的辐射,采用式(3.6.4)来计算中心城市的场强,本节 D

选择最短时间距离而非空间距离，以弥补空间距离计算腹地存在的不足，将其模型的 D 值由空间距离改成最短时间距离。

2. 主成分分析法

场强模型所需的城市综合规模参数通过主成分分析法得到，选取的指标涉及社会、经济、科技、生态环境等方面。主因子的提取以计算得到的各因子特征值及累积贡献率为依据，特征值越大，贡献率越大，表明该因子在反映城市综合实力能力上越重要，只有特征值大于 1 的因子才能被选为主因子。应用主成分分析方法把多个指标线性组合，使原始变量减少为有代表意义的少数几个新的变量。

3. 模型实现的技术

社会经济数据来源于《2007 年中国城市统计年鉴》，水系数据和道路空间数据包括河流水系数据、铁路数据、高速公路数据、国道数据、省道及一般公路数据，分别来源于交通部 2005 年《中国 1∶400 万公路交通版地图》和《中国 1∶400 万基本要素版地图》的矢量化。以 GIS 软件平台为基础，对所收集的图形数据进行投影变换，以统一的空间参照系统 Albers 等积圆锥投影 (Krasovsky_1940_Albers)，对数据信息分层矢量化，存储于地理数据库，研究范围未考虑海南省、西藏自治区、港澳台地区以及舟山市。

4. 主成分分析法的实现

借鉴潘竟虎等 (2008a) 提出的城市规模评价指标体系与方法，选取 5 方面 16 项指标来测度城市综合规模，以期客观、全面、真实地反映城市综合规模的实际水平，得到中国地级以上各城市 2006 年的综合规模值。

5. 最短可达时间距离

最短可达时间距离计算采用成本加权距离方法。通过该方法计算出场强模型所需要的最短时间距离参数 D：在成本栅格图中，算出栅格图层中任意一个栅格点到目标点的最短时间。选定栅格大小为 1km×1km，设定时间成本数值的参考为平均出行 1km 大约所需要的分钟数，采用式 (4.1.1) 计算时间成本值。根据 2005 年中国不同等级的铁路里程和速度标准，以及中华人民共和国国内公路设计标准（《公路工程技术标准》(JTG B01—2003))，本节采用：① 铁路为 90km/h (据 2005 年铁路等级构成核算)，高速公路为 120km/h，国道为 80km/h，省道及一般公路为 60km/h；② 陆地为 5km/h；③ 水域，考虑水域依然有一定的通行能力，但有些地方要绕行一定距离才能到达对岸，需要付出比陆地更大成本，所以取其平均速度为 1km/h，其成本值见表 5.4.1。

将上述成本值赋给道路、陆地和水域等矢量图层，将其转换成栅格图层，叠加形成成本栅格图。利用成本栅格图与各城市点的空间数据，计算得到栅格图中每个栅格点到中心城市的最短时间距离图层。最终得到 283 张城市最短时间距离栅格图 (它们都反映了图中每个栅格到中心城市的时间距离),以及场强模型所需的最短时间距离参数。

表 5.4.1 主要的空间对象时间成本值设定

空间对象	陆地	水域	铁路	高速	国道	省道
速度/(km/h)	5	1	90	120	80	60
时间成本/min	12	60	0.67	0.5	0.75	1

6. 场强计算与腹地划分

将上述得到的城市综合规模参数与最短时间距离参数,按照场强模型在 GIS 软件中计算得到 283 个城市的场强值,再将 283 个城市场强值按最大值叠加,最大者也就是栅格归属中心城市,最终得到中国 2006 年地级以上城市场强图,考虑计算场强值整体偏小,将场强值整体扩大 1000 倍。

腹地划分则是按照空间叠加分析法,将 283 张城市场强值栅格图分别与地级以上场强图叠加计算,求出 283 个城市腹地范围与面积,再合并 283 个城市范围。

5.4.3 结果分析

1. 场强特征分析

中国地级以上各城市场强整体格局呈现东、中、西递减格局。东部沿海地区场强基本上都在 60 以上,重要城市沿主要高速公路、铁路向外延伸其场强;京津冀地区、长江三角洲地区与珠江三角洲地区场强普遍大于 100,高值区成片分布,几个特大城市场强值高,辐射远,面积广;福建、浙南地区场强相对较低。中部地区场强基本在 12 以上,高场强区由主要交通网络连接呈现串珠线状,四川与江西交界区域场强相对薄弱。西部地区场强很薄弱,高值区呈单中心分布,乌鲁木齐、兰州及周边形成中心-外围结构,其他地区场强较低,在 12 以下。

采用主成分分析法得到城市综合规模数值,将各城市规模数值在 GIS 软件中按照自然断裂法分级,其中排在前 10 位的分别为北京 (166.6)、上海 (152.07)、广州 (67.42)、天津 (58.86)、深圳 (53.13)、重庆 (52.74)、南京 (47.98)、杭州 (41.22)、武汉 (39.52)、成都 (37.11),排在后 10 位的为陇南 (0.52)、临沧 (0.72)、定西 (0.73)、固原 (1.06)、丽江 (1.114)、商洛 (1.119)、黑河 (1.13)、思茅 (1.27)、吴忠 (1.33)、巴中 (1.34)。

2. 腹地空间特征与空间关系

考虑到交通条件的中心城市腹地形态多样,腹地划分要体现交通条件与中心城市综合规模对于城市腹地扩张的双重效果。特大城市依赖发达的交通网络扩展其腹地，交通条件越好，对腹地的辐射能力越强。总体上看，东部城市腹地面积普遍小，中部城市腹地面积中等，西部城市腹地面积广阔。北京为第一，乌鲁木齐、成都、昆明、上海、重庆、广州、哈尔滨、西安、兰州分列 2~10 位。腹地面积并不与城市综合规模成正比。廊坊处于北京与天津两个大城市之间，它的腹地为 0，被两大城市袭夺。特大城市腹地边界线较为平缓，中等城市腹地边界线呈现出沿交通线路的"星形"。在全国的空间尺度下，地级城市腹地面积普遍较小，多嵌入于省级城市腹地内。

北京腹地覆盖北方大部分地区，面积最大，凭借发达的交通网络，影响到北方大部分地区，包括内蒙古自治区、河北省及新疆维吾尔自治区的部分地区。内蒙古自治区、河北省达到 80% 以上。上海腹地覆盖江苏省、浙江省、福建省、江西省、安徽省。广州腹地覆盖整个广东省、广西壮族自治区、江西省、福建省及湖南省的小部分地区。

将腹地面积按自然断裂法分成 5 类，从城市腹地面积的高低分布来看，腹地小的城市通常靠近经济实力强的特大城市。城市腹地面积差距悬殊（表 5.4.2），对一般城市而言，越靠近特大城市，腹地越小，远离特大城市的城市腹地面积逐渐增大。因而除了交通条件、综合规模引力之外，腹地面积大小还与城市间空间竞争相关。腹地内场强多少反映该区接受中心城市的辐射能力高低，尽管中西部中心城市腹地面积广泛，但腹地内场强普遍较低。

表 5.4.2 2006 年地级以上城市腹地面积 （单位：km²）

城市	面积	城市	面积	城市	面积	城市	面积	城市	面积	城市	面积
北京	3251909	南昌	35278	大连	15312	潍坊	6934	六盘水	4679	安阳	3554
乌鲁木齐	641199	太原	33116	吉林	14553	漳州	6891	通化	4555	郴州	3529
成都	462351	嘉峪关	32977	临沂	13454	百色	6396	伊春	4535	信阳	3520
昆明	334428	济南	27234	佳木斯	13032	长治	6343	白山	4398	宝鸡	3492
上海	313210	青岛	24842	石家庄	12946	泉州	6144	保山	4398	榆林	3442
重庆	309741	深圳	23496	怀化	12621	赣州	6090	广元	4251	大同	3436
广州	289970	呼伦贝尔	23344	汕头	12480	三明	6063	淮安	4103	威海	3365
哈尔滨	209808	合肥	23072	十堰	11623	烟台	6042	鄂尔多斯	4054	武威	3358
西安	192632	柳州	22657	淄博	11019	乌海	5940	张家界	4040	安庆	3338
兰州	182000	齐齐哈尔	22212	济宁	10862	天水	5787	贺州	4005	泰安	3266
武汉	138249	银川	21207	牡丹江	10793	白城	5572	唐山	3947	绵阳	3255
沈阳	110020	张掖	20933	洛阳	10698	通辽	5464	阜阳	3939	运城	3244
长沙	99588	徐州	19350	温州	10136	酒泉	5361	金昌	3927	晋城	3240
克拉玛依	98555	攀枝花	17913	厦门	9746	宁波	5341	周口	3920	临沧	3194
长春	85974	桂林	17423	鸡西	9253	商丘	5326	连云港	3900	玉林	3193
南宁	80353	包头	17135	天津	9084	龙岩	5297	曲靖	3846	鞍山	3119
贵阳	77710	宜昌	16438	河池	8691	永州	5282	菏泽	3781	梅州	3016
西宁	59775	杭州	16164	邯郸	8245	锦州	4903	七台河	3713	韶关	2987
郑州	52243	福州	16062	衡阳	7779	吉安	4840	蚌埠	3631	赤峰	2915
大庆	51744	襄樊	15898	呼和浩特	7757	枣庄	4825	荆州	3630	平顶山	2901
南京	37963	南阳	15586	常德	7120	邵阳	4763	九江	3599	丽江	2883

续表

城市	面积	城市	面积	城市	面积	城市	面积	城市	面积	城市	面积
淮南	2828	平凉	1961	葫芦岛	1377	抚州	735	眉山	374	铁岭	126
驻马店	2826	宿州	1935	萍乡	1336	阳泉	680	株洲	359	肇庆	124
鹤岗	2813	亳州	1931	滨州	1331	中山	677	遂宁	351	汕尾	105
丹东	2788	鹰潭	1926	衡水	1297	宣城	664	德阳	346	云浮	89
汉中	2748	阜新	1912	保定	1249	巴中	660	抚顺	342	湛江	81
黑河	2707	东营	1899	安顺	1248	湖州	644	孝感	327	资阳	74
巴彦淖尔	2698	德州	1894	常州	1214	来宾	619	双鸭山	326	鄂州	66
安康	2673	邢台	1874	朔州	1189	苏州	613	鹤壁	323	忻州	59
延安	2634	六安	1860	达州	1186	揭阳	612	雅安	305	黄冈	37
娄底	2529	盐城	1853	扬州	1175	淮北	594	吴忠	299	潮州	35
宜宾	2504	衢州	1834	新乡	1167	金华	587	庆阳	294	承德	18
南充	2492	昭通	1826	焦作	1162	益阳	583	渭南	287	廊坊	0
岳阳	2485	梧州	1813	聊城	1146	珠海	566	湘潭	274		
景德镇	2482	辽源	1780	临汾	1106	内江	554	铜川	266		
无锡	2377	三门峡	1773	开封	1058	防城港	518	马鞍山	263		
遵义	2367	固原	1772	许昌	1055	池州	517	嘉兴	255		
濮阳	2362	随州	1767	乌兰察布	997	镇江	511	咸宁	251		
石嘴山	2359	盘锦	1750	玉溪	989	惠州	503	江门	244		
漯河	2313	秦皇岛	1748	莱芜	942	乐山	502	泰州	241		
南平	2304	陇南	1688	阳江	936	辽阳	473	绍兴	240		
北海	2297	四平	1657	东莞	933	崇左	472	滁州	239		
芜湖	2235	中卫	1627	朝阳	866	巢湖	464	河源	209		
荆门	2184	蒲田	1571	黄山	850	黄石	463	商洛	190		
贵港	2181	宿迁	1534	本溪	820	白银	459	定西	166		
思茅	2138	泸州	1531	茂名	814	广安	452	清远	154		
松原	2123	上饶	1495	丽水	796	佛山	410	晋中	153		
新余	2087	宜春	1423	沧州	792	绥化	405	台州	131		
日照	2059	自贡	1412	张家口	769	铜陵	402	咸阳	129		
吕梁	2003	营口	1381	宁德	764	钦州	381	南通	129		

城市腹地间的空间相互作用关系可概括为并存、包含、半包含和竞争 4 种类型 (顾朝林, 1992)。实力相当且分布分散的城市间存在并存关系, 如成都、重庆、北京、上海、广州。广州与上海对江西、福建形成竞争关系, 北京对乌鲁木齐、陕西、山东、内蒙古等形成半包含关系。省会城市腹地经常包含其他城市, 如昆明对保山、临沧、思茅、曲靖、玉溪; 也存在省会城市腹地被包含的, 如南宁腹地被广州包含, 杭州腹地被上海包含。它们构成不同等级城市腹地之间的空间关系, 体现了不同城市腹地之间的等级层级关系。

3. 腹地与行政区叠加分析

对腹地与行政区面积进行叠置分析, 可知北京、重庆、上海、昆明、成都、广州在各自省的腹地占到该省行政区面积的 70% 以上。本省腹地介于 70% 与 40% 之间的有天津、沈阳、贵阳、西安、哈尔滨、长沙与长春, 介于 20% 与 40% 之间的有乌鲁木齐、银川、兰州、南昌、南宁、郑州与太原，小于 20％的有南京、杭州、合肥、福州、西宁、石家庄、济南、包头。呼和浩特的腹地面积仅占行政区面积的 0.7％，腹地面积少源于两方面，一是综合规模有限，属于"小马拉大车"；二是与竞争力强的城市为邻。尽管东部城市腹地面积少，但场强值高，地区接受主要城市辐射能力强。

按照中国省内腹地构成情况 (表 5.4.3)，可将省会城市分为七类，第一类为不仅在本省具有绝对优势，而且对周边省份有很强的影响力，其中，本省腹地占到 70％以上，外省腹地最高达 30％以上，对周边省份具有很强的影响力。这类城市腹地远大于行政区，如北京、上海、广州、重庆，为全国一级城市。第二类为本省腹地在 70％以上、外省腹地少的省会城市，如昆明、成都，属于省内绝对优势城市，腹地与行政区基本吻合。第三类为本省腹地介于 70％与 40％之间、外省腹地 10％以上的省会城市，如武汉、西安，属于省内有较大优势、省外有影响的城市。第

表 5.4.3 2006 年中国省内腹地构成情况

省（自治区、直辖市）	比例	省（自治区、直辖市）	比例
天津	天津：56％、北京：43％	湖南	长沙：42％、广州：20％、重庆：6％；怀化：6％、常德：3.3％
北京	北京：100％	四川	成都：76％、重庆：15％
宁夏	北京：21％、兰州：33％、银川：28％	重庆	重庆：100％
山东	北京：17％、济南：17％、青岛：16％、淄博：7.2％、临沂：7.9％、济宁：7％	贵州	重庆：47％、贵阳：42％
辽宁	北京：21％、大连：10％、沈阳：53％	福建	福州：13％、上海：44％、厦门：8％、广州：7.1％、三明：5％、泉州：5％
山西	北京：58％、太原：21％	广东	广州：74％、深圳：12％
河北	北京：82％、石家庄：6％	江西	广州：19％、南昌：21％、上海：34％、长沙：6.8％、武汉：3.8％
陕西	北京：27％、西安：57％	广西	广州：30％、南宁：34％、柳州：9.6％、桂林：6.5％
吉林	北京：22％、长春：44％、吉林：7.6％	浙江	杭州：16％、宁波：5％、上海：66％
甘肃	北京：37％、西安：12％、兰州：27％	安徽	合肥：16％、南京：17％、上海：39％
黑龙江	北京：35％、哈尔滨：43％	云南	昆明：82％
青海	北京：78％、西宁：8％	江苏	南京：14％、上海：58％、苏州：6％、无锡：3％
内蒙古	北京：88％、呼和浩特：0.7％、包头：1.5％	上海	上海：100％
新疆	北京：54％、乌鲁木齐：39％	湖北	武汉：52％、重庆：12％、宜昌：9％、襄樊：7.8％
河南	武汉：12％、郑州：30％、南阳：9.4％、洛阳：6.4％		

四类为本省腹地介于 70% 与 40% 之间、外省腹地较少的省会城市,有沈阳、哈尔滨、长春、长沙、贵阳,属于省内有较大优势的省会城市。第五类为本省腹地介于 20% 与 40% 之间的省会城市,有银川、太原、兰州、乌鲁木齐、福州、郑州,属于省内主导型城市。第六类为在外省腹地比例高于本省比例的省会城市,如兰州、南京,腹地与行政区错位。第七类为本省腹地占 20% 以下的省会城市,如济南、杭州、西宁、石家庄、内蒙古,腹地远小于行政区,属于省内有影响的城市。通过上述分类可知省会城市腹地之间的等级层次关系。地级城市与省会城市腹地空间关系表现为被包含、被半包含与被竞争关系,如乌鲁木齐半包含克拉玛依。

5.4.4 城市经济区划分

经济区划是依据一定的原则和标准对客观存在的经济区的主观认识与划分,以达到组织区际合理分工、加强区域经济联系、优化整体经济的目的。综合经济区划方法包括统计分类法、经济中心分析法、动力联系法与动力生产体系法。其中,经济中心分析法是先确定主要经济中心,再划出每个经济中心的吸引范围,最后按照经济中心之间的等级与层次关系将各城市吸引范围组合起来,就构成了经济区 (李小建等, 1999)。

本节研究区划采用经济中心分析方法,考虑中心城市引力、腹地空间关系与交通可达性,依托上述全国城市腹地分析结果,按腹地占行政区比例划分经济区。场强模型将中心城市的综合规模作为评价中心城市吸引力的重要参数,且考虑可达性因素,纳入道路时速参数。

1. 一级经济区划分

一级经济区划分标准 (表 5.4.4):省区界线、全国一级中心城市腹地占各省区面积百分比高低、省会城市的七种分类、腹地空间关系。从省内腹地构成来看,北京腹地触及整个北方地区;上海与武汉腹地覆盖江苏、浙江、福建、安徽、湖北、福建与河南,共同构成东中部区;南方其他地区则深受广州、成都与重庆影响。借用周一星和张莉 (2003) 的三大区划分命名,划分为北方区、东中区与南方区,但范围不同。按照整体场强值高低,将一级经济区划分为核心腹地、中间腹区、外围腹地。整

表 5.4.4 中国一级经济区划分情况

一级经济区	核心城市	核心腹地	中间腹地	外围腹地
北方区	北京	京津冀	东北三省、山西、山东、内蒙古、陕西	甘肃、宁夏、青海、新疆
东中区	上海、武汉	上海、苏中南、浙北、皖东、鄂东	苏北、皖西、浙南、鄂中、江西、福建、鄂西	
南方区	广州、成都、重庆、昆明	广东、重庆、四川东部	湖南、广西、贵州	云南西南、四川西部

体场强在 300 以上为核心腹地,介于 12~300 的为中间腹地,小于 12 的为外围腹地。地区场强值高低说明地区接受中心城市辐射的强弱。

2. 二、三级经济区划分

二级经济区划分标准:中心城市腹地空间关系、腹地邻近性与省会城市七种分类以及市级行政范围。三级经济区划分标准:腹地空间关系与邻近性,不考虑行政范围因素。

根据上述原则将我国划分为 3 个一级经济区、8 个二级经济区、32 个三级经济区 (表 5.4.5)。

表 5.4.5 基于腹地与可达性分析的 2006 年中国城市三级经济区划分

一级区	二级区	三级区	经济区内的其他城市	2006 年地区生产总值/万元	2006 年人口总数/万人
北方区	东北	沈阳	盘锦、辽阳市、铁岭、本溪、丹东、通辽、通化、白山、阜新、营口、大连	116908617	5329.94
		长春	四平、辽源、吉林、松源	36855197	2104.82
		大庆	齐齐哈尔、呼伦贝尔	24969922	1105.16
		哈尔滨	牡丹江、伊春、鹤岗、鸡西、七台河、双鸭山、绥化、黑河、佳木斯	22887202	2102.34
	华北	北京	承德、赤峰市、张家口、呼伦贝尔、朝阳、锦州、唐山、保定、沧州、大同、朔州、天津、秦皇岛	321367995	8757.29
		包头	乌兰察布、巴彦淖尔市、榆林、鄂尔多斯、呼和浩特	34347660	1200.62
		太原	忻州、晋中、吕梁、临汾、长治	34130809	2279.00
		济南	聊城、泰安、莱芜、临沂、淄博、济宁、枣庄、荷泽、滨州、东营、德州	128899995	5590.22
		石家庄	阳泉、邢台、邯郸	49614447	3056.72
		青岛	烟台、威海、潍坊、日照	92076074	2786.88
	西北	西安	咸阳、渭南、铜川、庆阳、平凉、天水、商洛、宝鸡、汉中、运城、三门峡、安康、固原、延安	49052413	4857.92
		兰州	白银、定西、西宁、武威、金昌、中卫、张掖、酒泉、嘉峪关	16078197	1251.17
		银川	吴忠、石嘴山、乌海	7370963	388.70
	新疆	乌鲁木齐	克拉玛依	11275581	234.16
东中区	华中	郑州	开封、许昌、平顶山、焦作、漯河、洛阳、周口、商丘、濮阳	100004983	7343.66
		武汉	驻马店、信阳、随州、孝感、黄冈、鄂州、黄石、咸宁、铜川、荆门、岳阳、九江、荆州、宜昌、襄樊、南阳	97725267	8466.37
	华东	上海	苏州、嘉兴、无锡、常州、南通、盐城	243359281	4706.70
		杭州	绍兴、湖州、金华、宁波、温州、台州、丽水、黄山、衢州、金华	145555563	4441.44
		南京	镇江、蚌埠、滁州、马鞍山、芜湖、铜陵、徐州、泰州、扬州	80691791	3333.64
		徐州	宿州、宿迁、淮北、连云港、淮安	36451700	3298.52
		合肥	六安、巢湖、安庆、阜阳、淮南	30821500	3566.69
		南昌	新余、宜春、吉安、抚州、鹰潭、景德镇、上饶	35881355	3124.88
		福州	宁德、莆田、南平、三明	33184922	1831.71
		厦门	漳州、龙岩、泉州	48184338	2438.59

续表

一级区	二级区	三级区	经济区内的其他城市	2006年地区生产总值/万元	2006年人口总数/万人
南方区	华南	广州	湛江、茂名、北海、玉林、梧州、贺州、云浮、桂林、柳州、桂林、永州、郴州、赣州、韶关、佛山、江门、东莞、阳江、肇庆、珠海、中山、海口、三亚	238137814	9260.11
		南宁	崇左、贵港、来宾、百色、河池、防城港、钦州	22496502	2597.13
		长沙	张家界、常德、益阳、湘潭、株洲、萍乡、娄底、邵阳、衡阳	66494422	5616.82
		深圳	河源、惠州、汕尾、揭阳、潮州、汕头、梅州	91637786	3039.68
	西南	重庆	昭通、宜宾、遵义、内江、自贡、泸州、广安、南充、巴中、达州	63290520	7597.33
		成都	乐山、雅安、资阳、眉山、遂宁、德阳、绵阳、广元、陇南	47732867	3206.62
		昆明	思茅、临沧、保山、丽江、攀枝花、曲靖、玉溪	28243899	2134.56
		贵阳	安顺、六盘水	9805455	915.93

注：表中数据未包含港澳台。

3. 与其他相似研究比较

本节借鉴潘竟虎等(2008a)的研究思路与相关模型，与其不同之处在于：① 在技术方法上，考虑交通条件差异，而非均质空间，采用交通可达性方法，因此场强与腹地划分呈现较复杂的形状。② 不仅计算区划面积，而且估算人口与经济规模。③ 在经济区划上东中区范围明显减少，南方区范围扩大。

5.4.5 本节小结

本节通过构建衡量城市综合规模的指标体系，运用主成分分析法计算2006年国内283个地级以上城市的综合规模值。在GIS软件支持下，建立空间数据库；使用成本加权栅格法与空间分析方法，借助场强模型，得到283个城市的场强；对城市腹地进行定量划分，比较城市腹地的范围及相互关系，并与省域行政范围进行叠置分析。

结果表明，场强整体格局呈现出东、中、西递减趋势，高场强区显示为：东部成片，中部成串，西部成点状，高场强区沿高速交通干道向外延伸。腹地空间关系呈现空间等级层次关系，腹地大小多与距离一级城市远近、城市自身规模与交通条件相关。腹地范围大小反映了城市区位、交通条件与城市综合规模实力，特别是东部地区城市，具有相对较高的腹地范围。根据腹地在市域行政范围内的面积比例，将城市分为7类，依据腹地分析结果将我国划分3个一级经济区、9个二级经济区、33个三级经济区。

我国陆面交通进入高速时代，高速公路、高铁、过江通道、跨海工程增强了城市对外的辐射能力，促进地区中心城市腹地此消彼长。这也是未来城市腹地研究所需要考虑的方面，从时间可达性方面划分腹地，结果更接近实际情况。

5.5 可达性视角下高铁网络空间效率和供需关系

5.5.1 引言

2019 年底我国高铁运营里程达到 35388km，高铁客流量达到 23.58 亿人次，占铁路客运量的 64.4%。随着我国高铁网络覆盖范围的不断扩大和日益成熟，高铁网络运输效率和供需关系问题逐渐受到公众和学者的关注，金凤君 (2012) 指出我国部分地区存在脱离发展阶段的高速交通网络盲目、无序和过度扩张的问题，这将引起交通供给与社会基本需求的失衡。交通运输效率与供需关系是交通工程学和经济学的传统研究主题。不同学科背景的学者对交通运输效率认识不同，经济学者关注消费者剩余或效用，而规划学者更多关注的是可达性 (Levinson, 2003)。地理学者尝试研究交通运输效率与供需关系，侧重于运输效率的空间地域性，并探析运输效率的格局、过程、机理及效应 (吴威等，2013)。刘斌全等 (2018) 采用松弛变量模型 (slacks-based model, SBM) 和 Malmquist 指数评价中国铁路运输效率及其变化，发现大规模高铁建设并未引起运输效率和生产率的较大变动。众所周知，可达性水平是刻画交通基础设施"时空收敛"效应的重要指标，在国内外高铁研究方面得以广泛运用，可达性在交通地理学研究中时常作为重要评价指标或参数以评价地铁线路投资效率 (Levinson et al., 2016)、区域综合运输成本 (吴威等，2009)、区域交通运输碳排放估算 (Määttä-Juntunen et al., 2011) 等。

目前，铁路运输效率和供需关系研究主要运用经济学模型，但在交通运输效率研究中，可达性分析法能直观地刻画交通网络效率和供需关系的空间特征，弥补经济学方法在交通运输效率和供需关系分析方面的不足；在实践上，能够有效地评价我国各地高铁线路的收益与空间效率，为各地高铁网络布局与决策提供参考。鉴于此，本节透过可达性视角探讨高铁网络空间效率和供需关系，揭示我国高铁网络空间效率和供需关系的空间特征及其影响因素，以期为我国高铁网络优化布局及高铁站区规划研究提供依据。

5.5.2 数据来源与研究方法

1. 数据来源

(1) 公路网络数据和 5.2 节的公路数据一致。收集 2226 个县级以上城市点位数据及其 2015 年户籍人口与 GDP 数据。

(2) 铁路时刻表包括普通铁路、城际铁路、高铁与动车数据，并将时刻表数据空间化。铁路班次数据来自 2017 年 7 月的高铁网，铁路班次数据和 4.4 节铁路数据相同，涉及 501 个城市。

2. 指标选择与研究方法

1) 指标选择

(1) 日常可达性。

日常可达性 (以下用 DA 表示) 测度在限定时间内某地能够到达的人口规模或经济产值,用来说明某地区市场潜力与业务联系规模。本节统计研究区内 2226 个城市 4h 内所到达人口规模及其变化,通过式 (3.6.2) 计算城市日常可达性值。

(2) 人口加权可达性。

DA 能够显示区域可达性空间格局及其变化,却难以分析区域整体可达性效应水平及其变化。而人口加权可达性 (以下用 PWA 表示) 可以比较出不同时期或不同区位的交通设施带来的整体潜在的可达性效用及其变化 (Levinson et al., 2016)。DA 等指标仅能说明高速交通设施的时间削减方面的空间影响,而忽视高速交通对不同规模城市的快速运输效应,即高速交通对大城市有大规模客流快速运输的效果。PWA 可弥补该不足,将时间削减能力和客运规模效应叠加。

高铁线路带来的 PWA 增量既能分析运营线路或者规划线路对整个区域带来的可达性影响,又能够比较不同时期新增线路带来的整个区域和城市可达性变化情况。区域总体 PWA 和城市 PWA 及其增量的计算公式为

$$\mathrm{PWA} = \sum_{i=1}^{n} \mathrm{DA}_i P_i, \quad \Delta \mathrm{PWA} = \mathrm{PWA}_{\mathrm{line}} - \mathrm{PWA}_{\mathrm{noline}} \quad (5.5.1)$$

$$\mathrm{PWA}_i = \mathrm{DA}_i P_i, \quad \Delta \mathrm{PWA}_i = \mathrm{PWA}_{i\mathrm{line}} - \mathrm{PWA}_{i\mathrm{noline}} \quad (5.5.2)$$

式中,DA_i 为城市 i 日常可达性;P_i 为城市 i 人口规模;PWA 为区域总体人口加权可达性,$\Delta \mathrm{PWA}$ 为某条线路带来的区域总人口加权可达性增量;$\mathrm{PWA}_{\mathrm{line}}$、$\mathrm{PWA}_{\mathrm{noline}}$ 分别指有无某条高铁线路下区域总人口加权可达性;PWA_i 为城市 i 人口加权可达性;$\Delta \mathrm{PWA}_i$ 为某条线路带来的城市 i 人口加权可达性增量;$\mathrm{PWA}_{i\mathrm{line}}$、$\mathrm{PWA}_{i\mathrm{noline}}$ 分别指有无某条高铁线路下城市 i 人口加权可达性。此外,$\Delta \mathrm{PWA}_i$ 是构成区域总体 $\Delta \mathrm{PWA}_i$ 的重要组成部分。

(3) 城市高铁客运量。

城市高铁客运量指高铁城市和其他所有高铁城市之间的高铁发出量和到达量客流的总量,本节采用城市出发和到达的班次数来反映高铁客运量:

$$P_i = \sum_{j=1}^{n} (P_{ji} + P_{ij}), \quad j = 1, 2, \cdots, n \quad (5.5.3)$$

式中,P_{ji}、P_{ij} 分别为城市 i 与城市 j 之间往返的高铁客运班次数;P_i 为 i 城市高铁客运量。

2) 技术方法

(1) 利用 GIS 空间分析平台，采用铁路时刻表与网络分析法集成的可达性测算技术，建立铁路时刻表数据与公路网络数据集成的综合交通可达性测算模型。确定各类道路时速 (同 4.4 节)。

(2) 通过铁路时刻表空间化的数据得到高铁线路客运班次数 (同 4.4 节)。

(3) 采用网络分析的 O-D 成本矩阵模块测算 2226 个城市之间的时间距离 (同 4.4 节)。

(4) 根据高铁线路建成时间先后顺序依次测算不同线路的 PWA 增量，为了仅获得高铁影响，公路线路和人口数据统一为 2015 年，普通铁路数据统一为 2017 年，高铁数据为 2017 年 8 月。

5.5.3 全国高铁网络空间效率分析

1. 高铁线路带来 PWA 增量空间特征

1) 高铁主干线带来 PWA 增量普遍突出

高铁主干线带来 PWA 增量较为突出，尤其是南北向的京沪高铁和京武高铁带来 PWA 增量及其变化率最高，分别达到 4×10^7 和 4.5% 左右。然而，主干线之间的 PWA 增量差异仍十分明显，京沪高铁 PWA 增量和变化率是排名第三的武广高铁的 3 倍左右。另外，武广高铁、郑西高铁、杭长高铁、合福—合蚌高铁和哈大高铁等线路带来 PWA 增量较高。在 PWA 增量排名前 10 位中，除了位于长江三角洲地区的宁杭—杭甬高铁为非干线高铁，其余均为高铁干线 (表 5.5.1、图 5.5.1(a) 和图 5.5.2)。

2) 全国高铁网络末端与支路线路 PWA 增量一般较低

PWA 增量排名后 10 位的高铁线路 PWA 在 2×10^5 以内，如湘桂高铁、胶济动车、广西沿海城际、兰新动车和西延动车等 (表 5.5.1 和图 5.5.1(b))，这些线路位于全国高铁网络末端或为支路线路。另外，从整体上看，东中部地区高铁网络 PWA 增量较高，西部网络末端线路则普遍较低 (图 5.5.2)。

表 5.5.1 主要高铁线路 PWA 增量与空间效率分析表

线路名称	PWA 增量/(人·人)	里程/km	投资概算/亿元	里程效率/(人·人/km)	投资效率/(人·人/元)	运营时间	设计时速/(km/h)	PWA 变化率/%	PWA 水平
秦沈城际	627507.9	404	130	1553.237	4826.984	2003-10	200	0.07	9.54×10^8
胶济动车	672662.3	362.5	95.8	1855.62	7021.527	2008-12	250	0.07	9.54×10^8
宁武动车	2370999	525	211.1	4516.189	11231.64	2009-04	250	0.25	9.57×10^8
甬台温福厦动车	1245883	853.79	474.3	1459.238	2626.783	2009-09	250	0.13	9.58×10^8
武广高铁	15020547	1069	1166	14051.03	12882.12	2009-12	350	1.57	9.73×10^8
沪杭高铁	196280.2	169	292.9	1161.421	670.1269	2010-01	350	0.02	9.73×10^8
郑西高铁	9360688	505	546.68	18536.02	17122.79	2010-02	350	0.96	9.83×10^8

续表

线路名称	PWA 增量 /(人·人)	里程 /km	投资概算 /亿元	里程效率 /(人·人/km)	投资效率 /(人·人/元)	运营时间	设计时速 /(km/h)	PWA 变化率/%	PWA 水平
宜万高铁	157628.4	377	225.7	418.1126	698.3981	2010-08	250	0.02	9.83×10^8
京沪高铁	43615329	1318	2209	33092.06	19744.38	2011-06	350	4.44	1.026×10^9
汉宜高铁	238745	292	237.6	817.6197	1004.819	2012-07	200	0.02	1.027×10^9
京武高铁	48742212	1224	1552.5	39822.07	31395.95	2012-12	350	4.75	1.075×10^9
哈大高铁	7092569	921	923	7700.943	7684.256	2012-12	350	0.66	1.082×10^9
宁杭—杭甬高铁	11338979	405.8	449.5	27942.29	25225.76	2013-07	350	1.05	1.094×10^9
向莆高铁	644413.5	632.359	518	1019.063	1244.041	2013-09	200	0.06	1.094×10^9
津秦高铁	2065543	287	338	7197.015	6111.075	2013-12	350	0.19	1.096×10^9
厦深高铁	2563619	514	417	4987.585	6147.767	2013-12	250	0.23	1.099×10^9
西宝高铁	248494.6	138.107	179.67	1799.291	1383.061	2013-12	350	0.02	1.099×10^9
湘桂高铁	632391	721	575	877.1027	1099.81	2013-12	200	0.06	1.1×10^9
广西沿海城际	123582.9	262	210	471.6903	588.4898	2013-12	250	0.01	1.1×10^9
太原—西安高铁	2031058	533	745.5	3810.615	533	2014-07	250	0.18	1.102×10^9
杭长高铁	14849920	927	1308.8	16019.33	11346.21	2014-12	350	1.35	1.117×10^9
南广高铁	985128.6	577.1	410	1707.033	2402.753	2014-12	250	0.09	1.118×10^9
贵广高铁	1244661	857	900	1452.346	1382.956	2014-12	250	0.11	1.119×10^9
兰新动车	101255.6	1776	1381	57.01327	73.32047	2014-12	200	0.01	1.119×10^9
合福—合蚌高铁	9039957	982	1212	9205.659	7458.71	2015-06	350	0.81	1.128×10^9
贵长高铁	4059958	706	971	5750.648	4181.213	2015-06	300	0.36	1.132×10^9
赣厦高铁	745309.2	443.832	293.741	1679.26	2537.301	2015-06	200	0.07	1.133×10^9
长珲城际	312283.8	467.16	502	646.5502	622.0792	2015-07	250	0.03	1.133×10^9
哈齐高铁	527894.7	279	312.4	1892.096	1689.804	2015-08	250	0.05	1.134×10^9
宁安高铁	718821.9	257	257.02	2796.973	2796.755	2015-12	250	0.06	1.135×10^9
大丹高铁	255165.9	516	541.36	494.5076	471.3424	2015-12	200	0.02	1.135×10^9
沈丹高铁	255165.9	516	541.36	494.5076	471.3424	2015-12	250	0.02	1.135×10^9
汉十动车	106157.4	511	—	207.7445	—	2015-12	200	0.01	1.135×10^9
金温高铁	639147.5	228	390.1	2803.278	1638.42	2015-12	200	0.06	1.136×10^9
宁启动车	2217830	284	127.06	7809.261	17454.98	2016-05	200	0.20	1.138×10^9
郑徐高铁	8124658	361.937	479.8	22447.71	16933.43	2016-09	350	0.71	1.146×10^9
青烟威荣高铁	196367	316	371.3	621.4146	528.8635	2016-11	250	0.02	1.146×10^9
南昆高铁	626710.2	710	899.2	882.6905	696.9642	2016-12	250	0.05	1.147×10^9
贵昆高铁	267302.7	463	637.9	577.3276	419.0354	2016-12	350	0.02	1.147×10^9
武九高铁	271788.6	198	194	1372.67	1400.972	2017-06	250	0.02	1.148×10^9
西延动车	71281.54	290.7	600	245.2065	118.8026	2017-06	250	0.01	1.148×10^9
宝兰高铁	176631.5	400.64	646.92	440.4776	273.0345	2017-07	250	0.02	1.148×10^9
乌鄂高铁	18541.9	371	330	49.97817	56.18758	2017-08	250	0.00	1.148×10^9

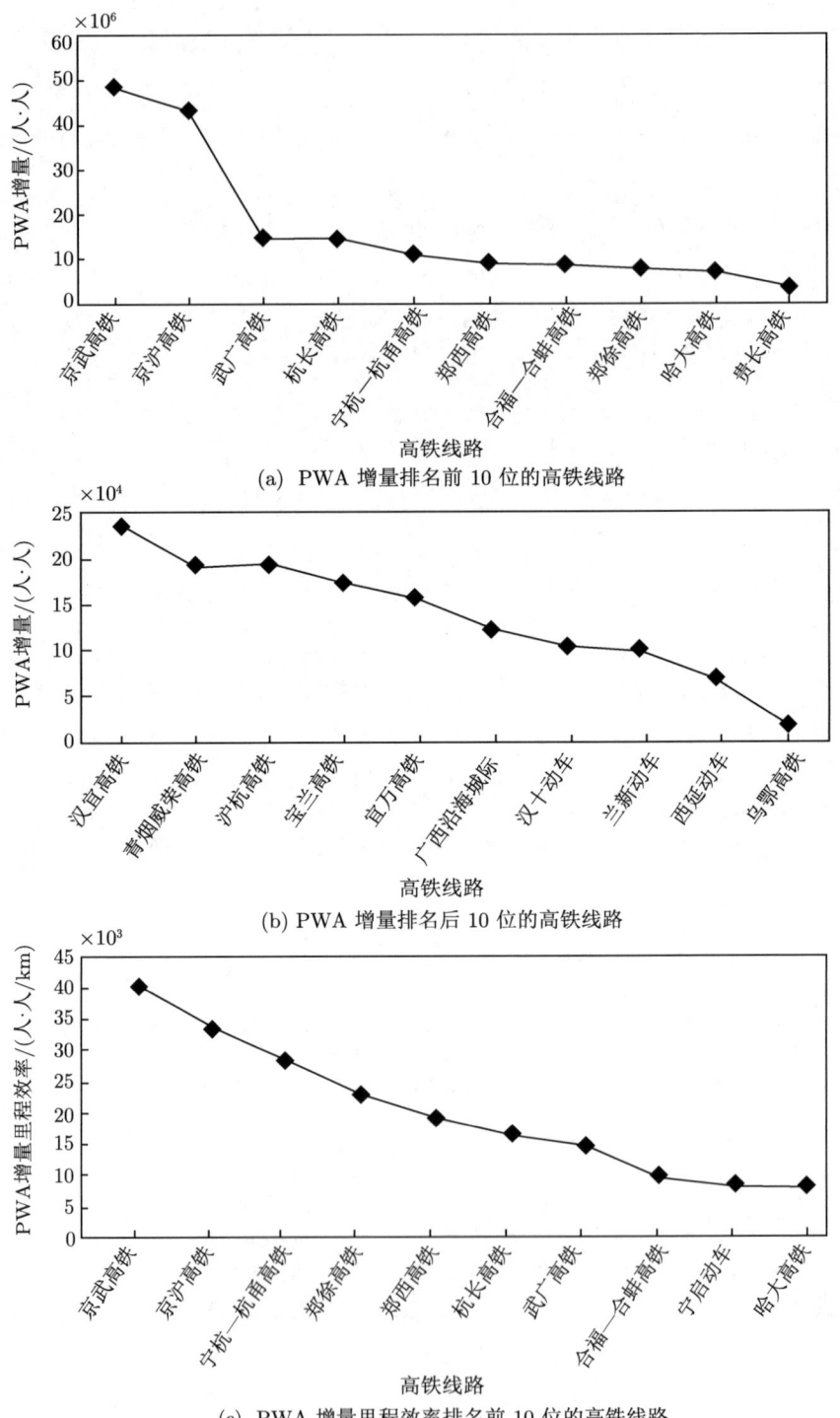

(a) PWA 增量排名前 10 位的高铁线路

(b) PWA 增量排名后 10 位的高铁线路

(c) PWA 增量里程效率排名前 10 位的高铁线路

第 5 章 高速交通基础设施可达性空间效应

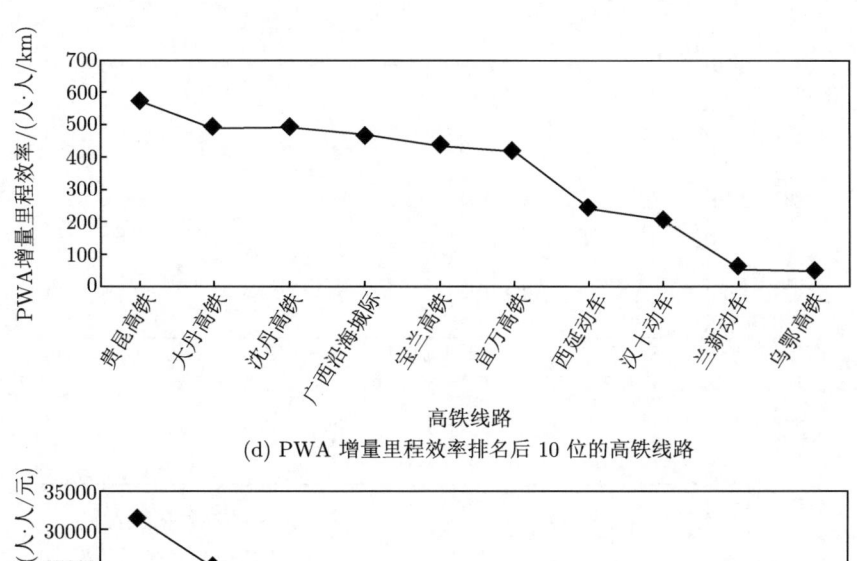

(d) PWA 增量里程效率排名后 10 位的高铁线路

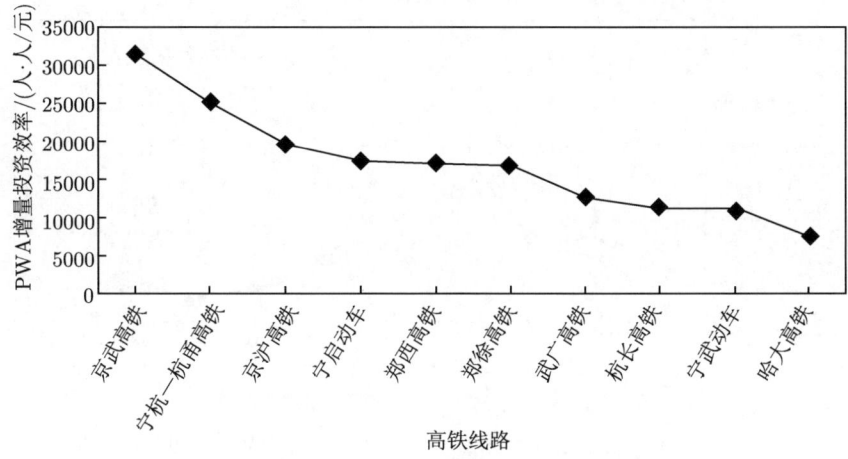

(e) PWA 增量投资效率排名前 10 位的高铁线路

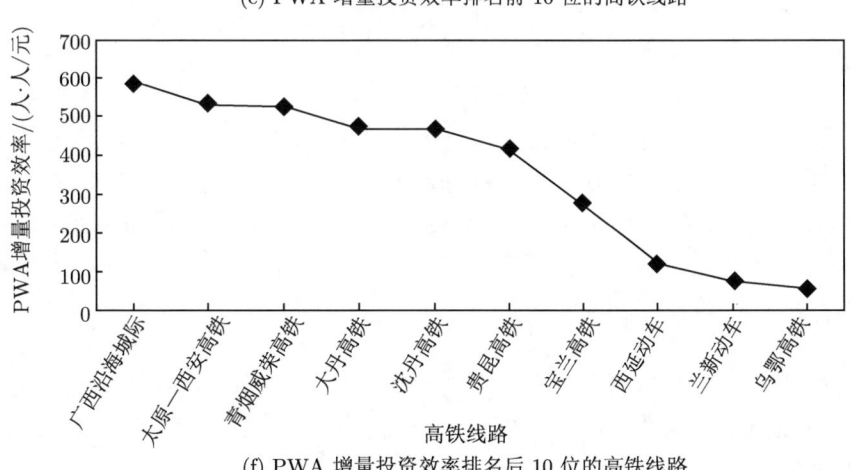

(f) PWA 增量投资效率排名后 10 位的高铁线路

图 5.5.1　我国高铁 PWA 增量及其效率排名

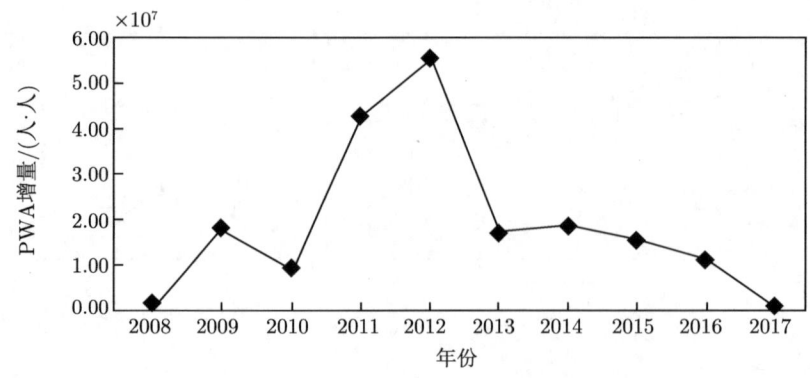

(a) 高铁PWA增量的年度变化

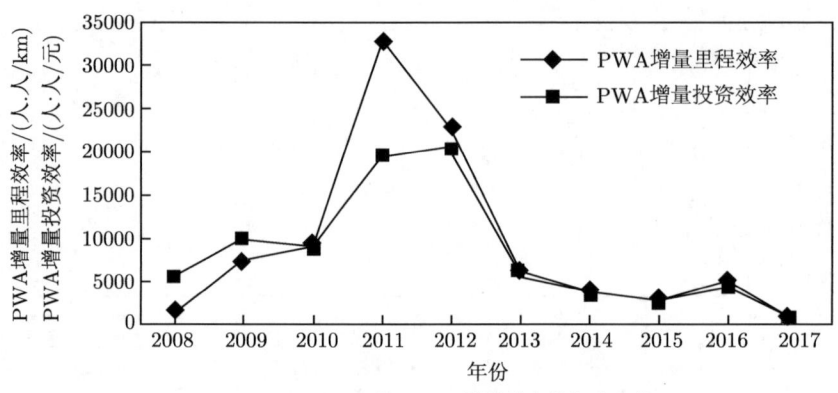

(b) 高铁 PWA 增量效率的年度变化

图 5.5.2　2008~2017 年高铁 PWA 增量及其效率年度变化

2. 高铁线路 PWA 增量空间效率特征分析

1) 高铁 PWA 增量的里程效率分析

高铁 PWA 增量里程效率最高线路为京武高铁和京沪高铁,在 $3.3×10^4$ 以上;相对较高线路为宁杭—杭甬高铁、郑徐高铁、郑西高铁、杭长高铁、武广高铁等主干线路,在 10000 以上;排名后 10 位线路为高铁网络末端线路和支路线路,包括兰新动车、宜万高铁、贵昆高铁、汉十动车、乌鄂高铁等,尤其是西部地区线路,效率最低,在 600 以下。

2) 高铁 PWA 投资成本效率分析

投资成本效率最高的线路有京武高铁、宁杭—杭甬高铁和京沪高铁,在 20000以上;较高线路有郑西、武广、杭长、宁武等高铁线路;投资效率较低线路为网络末端线路和支路线路,包括兰新动车、宜万高铁、贵昆高铁、沈丹高铁、西延动车等,尤其是西部地区线路,投资效率最低。总体而言,里程与投资两种不同类型的高铁网络效率水平空间分布格局基本一致。

3. 高铁网络效率时空特征分析

高铁网络 PWA 增量及其效率呈现出树状结构或轴-辐结构，即主干网络一般较高，而支线普遍较低。东中部地区高铁主干线带来的 PWA 增量和空间效率普遍较高，尤其是人口稠密的京沪和京武高铁线路。支线网络相对较低，如长珲、大丹、哈齐、宁安等高铁线路。

高铁网络 PWA 增量及其效率整体呈现核心-外围结构。高铁网络末端和区域外围线路 PWA 增量及其效率一般较低，而东中部核心区域网络普遍较高。

PWA 增量及其效率存在区域梯度差异。东中部地区高铁网络的 PWA 增量及其效率一般较高，而西部地区，尤其是西北地区干线和支线均普遍较低。PWA 增量及其效率网络自东向西递减。

2012 年后高铁网络 PWA 增量及其效率呈现逐年递减趋势。随着高铁网络向中西部地区延伸和在东部地区不断加密，PWA 增量及其效率整体出现递减（图 5.5.2），从 2012 年之后出现急剧下降，并逐年递减。

4. 高铁 PWA 增量及其效率的影响因素分析

区域空间结构、区域人口与城市密度、高铁时速和线路位置是高铁网络空间效率的重要影响因素。① 高铁沿线区域空间结构、区域人口与城市密度。东中部地区是我国人口稠密和城市密集地区，高铁干线沿线中心城市数量多、人口规模大，京沪、京武和郑徐等高铁贯穿的华北地区和华东地区人口密度达到 400 人/km^2 以上；而多数支线与网络末端线路沿线中心城市数量少、人口规模小，如兰新动车。② 高铁时速。干线的京沪高铁、京武高铁等的时速均为 350km/h，带来的时间收益较高；而支线高铁时速大多为 250km/h（表 5.5.1），带来的可达性收益必然较低。③ 线路位置。在速度相同前提下，高铁网络中间部分线路可达性收益一般会明显高于网络末端部分线路可达性收益 (Gutiérrez et al., 2010)。

5.5.4 全国高铁网络供需关系分析

可达性能够表征区域交通设施的供给状况，而客货运量可综合反映交通运输需求规模 (吴威等, 2009)。据此，高铁网络为乘客提供快速的城际交通运输服务，可达性收益可以体现高铁网络供给服务能力和水平，而高铁线路客运量能够反映高铁出行的需求程度。

1. 高铁出行需求空间格局分析

统计得到 43 条高铁线路的班次数，包括高铁班次数和动车班次数，不同高铁线路班车发送量差异悬殊，可用该指标反映每条高铁线路客运量。按照自然断裂法将高铁线路划分为 5 个等级,即高需求、较高需求、一般需求、较低需求和低需求。

(1) 高需求和较高需求线路主要是东中部地区高铁干线,每天高铁班次数在 133 以上。高需求线路包括京沪线、京广线、杭甬福深线、哈大线、杭长线等,说明沿线城市旅客对高铁出行方式的内在需求程度高。其中,京沪线每天的客运班次数达到 710,远高于其他线路,是我国最繁忙的高铁干线。较高需求线路包括郑西线、宁武线、贵长线、合福线、南广线等。分析显示,长江三角洲地区城市群内的线路需求量普遍较高。

(2) 低需求和较低需求线路主要为中西部地区高铁干线和支线,每天高铁班次数在 90 以下,包括鄂尔多斯—集宁高铁线、宝兰线、长珲线、太原—西安线、西延线、南昆线、汉十线、金温线、向蒲线、赣厦线等,此类线路高铁班次少,需求量相对较低。

2. 高铁网络供需匹配程度分析

利用高铁客运班次数作为需求指数分析城市高铁出行的需求情况,运用定序变量相关分析和因子空间叠置分析定量测度全国城市高铁网络供需匹配程度。定序变量相关表示两变量之间的顺序对应关系,包括斯皮尔曼 (Spearman) 和肯德尔 (Kendall) 等级相关。因子空间叠置分析是将可达性水平与需求指数进行叠置分析来测度高铁网络供需匹配程度,能较快地识别出高需求而低可达性的高铁城市或线路,为铁路网络布局优化提供参考依据。

1) 高铁可达性供需相关分析

43 条高铁线路需求指数与 PWA 增量水平之间的斯皮尔曼等级相关系数、肯德尔等级相关系数和皮尔逊 (Pearson) 相关系数分别为 0.664、0.489 和 0.788,当显著性水平为 0.01 (即 $P<0.01$) 时,统计检验的相关概率小于等于 0.01,表明两变量存在显著的正相关,高需求线路一般具有较高的高铁可达性水平,反之则反。在 7 条高或较高需求线路中,5 条具有高或较高的可达性,有 2 条为低或较低可达性线路。同时,在 25 条低或较低需求线路中,有 23 条为较低或低可达性线路 (表 5.5.2)。由此可见,高铁可达性的供需匹配程度较高,高铁可达性会对高铁出行需求产生一定程度的推动作用,皮尔逊相关分析证实高铁线路 PWA 增量对高铁出行需求的积极影响,东部地区高铁沿线城市的高可达性对应着旺盛的高铁出行需求。

2) 高铁网络供需因子空间叠置分析

通过因子叠加法可以得到 3 种典型的高铁线路 (表 5.5.2)。

表 5.5.2　典型高铁线路供需匹配程度分析表

典型类型	数量/条	高铁线路
高需求高可达性	5	京沪线、京武线、武广线、杭长线、宁杭甬线
低需求低可达性	23	哈齐线、长珲线、大丹线、沈丹线、京秦线、胶济线、青烟威荣线、乌鄂线、西延线、兰新线、西宝线、宝兰线、汉十线、武九线、宁安线、金温线、向莆线、赣厦线、贵广线、南昆线、广西沿海线、宜万线、贵昆线
高需求低可达性	2	沪杭线、甬台温福厦线

(1) 高需求高可达性线路 (双高型)：5 条，占所有线路的 11.6%，包括京沪线、京武线、武广线、杭长线、宁杭甬线等主干线路 (表 5.5.2 和表 5.5.3)，沿线分布着我国经济发达地区城市、中部地区中心城市及铁路枢纽城市，该类型城市的高铁可达性水平高，高铁出行需求旺盛，高铁运输功能得到充分释放，高铁线路可达性供需匹配程度最佳。同时，"双高型" 线路的 PWA 增量及其效率普遍较高，表明高铁线路供需匹配程度高与线路 PWA 增量及其效率高相对应。从区域角度分析，"双高型" 高铁线路集中于长江三角洲、珠江三角洲地区、京津冀地区、海西城市群体和武汉都市圈。

表 5.5.3　高铁可达性供给和需求指数的因子叠置分析

高铁需求	范围 (班次数)	高铁可达性 PWA/(人·人)				
		高	较高	一般	较低	低
		≥15020547	405995.7~15020546.9	1245883.2~405995.69	312283.9~1245883.1	<312283.9
好	358~710	1	0	0	0	0
较好	234~357	1	3	0	1	1
一般	117~233	0	4	5	3	1
较差	52~116	0	0	0	7	9
差	≤51	0	0	1	1	6

(2) 低需求低可达性线路 (双低型)：23 条，占所有线路的 53.4%，比例高，主要包括西部地区高铁线路、高铁延伸线以及高铁网络末端线路。"双低型" 线路地区 PWA 增量及其效率普遍较低，它们集中分布于我国经济水平相对滞后、人口少、消费能力弱和中心城市稀疏的地区，沿线城市旅客数量少导致高铁出行需求较低。

(3) 高需求低可达性线路：2 条，占所有线路的 4.7%，是甬台福温厦线和沪杭线。该地区高铁出行需求量大，但时速低或距离短等因素导致沿线高铁可达性较低，难以更好地满足大量旅客的高铁出行需求，限制了高铁交通运输功能的发挥。该区域通过提高高铁换乘效率或高铁运营时速，满足城市发展对高铁出行的内在需求。

其他非典型的高铁线路占 30.3%。综合来看，高铁可达性供需相互匹配的城市数量占全部城市的 65%，供需不匹配城市数量占 4.7%，高铁可达性供需匹配程度高。

3. 城市高铁可达性供需关系分析

为了进一步探究高铁可达性供需关系，采用 501 个城市 2017 年的高铁人口加权可达性 (ΔPWA_i)、高铁客运量 (P_i) 和城市等级 (HIE) 以及 2015 年的城市生产总值 (GDP) 和城市从业人口 (EMP) (第二产业和第三产业从业人口之和) 构建多元回归方程，P_i 值为因变量，其他值为自变量。

通过逐步回归方法，得到表 5.5.4，回归分析模型表明高铁客运量 P_i 受到 GDP、ΔPWA_i、EMP 和 HIE 的显著影响，而 ΔPWA_i 是影响城市高铁客运量的重要因素，城市 PWA 增量越高，城市高铁客运量越大。根据回归方程利用 ΔPWA_i 可以预测规划高铁站点的城市客运量，为城市高铁站点规模定位提供科学依据。

表 5.5.4　城市高铁客运量多元回归分析

因变量	自变量				常数项	R_a^2	N
	GDP/万元	ΔPWA_i/(人·人)	EMP/人	HIE			
城市高铁客运量 (P_i)	8.678×10^{-6}* (2.349) [0.181]	0.001** (8.159) [0.327]	3.475×10^{-4}** (2.926) [0.184]	427.67** (6.534) [0.238]	−134.814 (−1.457)	0.629	501

**、* 分别表示 1%、5% 的置信水平上显著；圆括号内为 t 检验值；方括号内为标准回归系数。

5.5.5　本节小结

1. 结论

本节透过可达性视角解析我国高铁网络空间效率和供需关系。首先，以我国 2008~2017 年高铁线路为对象，采用人口加权可达性指数 (PWA) 测度高铁线路带来的可达性及其变化，结合主要高铁线路里程与投资额，刻画我国高铁线路效率的空间格局与演变特征。其次，通过 PWA 探究高铁网络供给水平的空间差异。最后，以高铁线路班次数表示高铁网络需求程度，通过供需二维矩阵表来描述高铁可达性的供需关系。结果显示如下。

(1) 在 PWA 增量及其效率中，干线高，支线低，东中部地区线路高，高铁网络外围和末端线路低，自东向西递减，高铁网络 PWA 空间效率呈现"树状结构"、"核心-外围结构"和区域梯度差异，并且出现逐年递减趋势，高铁建设带来的可达性收益回报程度越来越低。

区域空间结构、区域人口密度、高铁时速等是高铁网络空间效率的重要影响因素。区域空间结构无疑对高铁网络效率和供需关系发挥重要作用，尽管高铁明显地缩短了中西部地区城际之间的时间距离，但限于该地区城市人口规模少和大中城市稀疏，高铁可达性增量及其效率并不突出；反之则反。因此，高铁线路更适合于高人口密度和城市密度的城市化地区。

(2) 高铁网络供需匹配程度整体较高，高铁可达性供给与出行需求水平基本对应，突显高铁可达性供给对高铁出行需求的拉动效应。"双高型"线路为高铁主干线，"双低型"线路包括西部地区高铁线路、高铁支线以及网络末端线路。高铁网络供需匹配程度和线路 PWA 增量及其效率格局基本一致，PWA 增量及其效率高的线路，沿线城市供需匹配程度一般较高，反之亦然。高需求线路主要是东中部地区高铁干线，低需求线路为中西部地区高铁干线和支线。

2. 政策涵义

城市应根据自身高铁客流量因地制宜地制定差异化的高铁发展战略。高铁为提高城际之间的经济社会联系效率创造优越条件，面对我国日益发达的高铁网络带来的显著可达性提升，东部地区城市、城市群地区与区域中心城市给予积极响应，大量高铁班次展示出该区域发展对高铁出行方式的内在需求。相比而言，大量低等级城市和中西部地区城市高铁出行需求量有限，针对于此，城市应当考虑高铁供需状况制定科学的站区规划方案，合理地开发建设高铁站周边区域。

利用高铁网络主动融入城市群，积极参与区域产业协作和分工。空间效率高、供需匹配程度好的高铁线路可显著地提高东中部地区和城市群的城际之间的大规模人员交流效率。

5.6 可达性对资源枯竭城市经济转型发展的影响

5.6.1 引言

资源型城市是以城市矿产、森林等自然资源的开发和加工产生或发展起来的，并以资源供应为主要职能的城市。而随着资源逐步枯竭，出现经济衰退、失业和贫困人口增多、生态环境破坏、经济不可持续的资源型城市称为资源枯竭城市 (余建辉等，2011)。

由于受到自身发展规律制约，这类城市经历了"建设—繁荣—衰退—转型—振兴或消亡"的过程，为了振兴城市经济，全面转型发展和接续替代产业培育成为资源枯竭城市发展的重要方向。2008~2011 年，国家分三批确定 69 个资源枯竭城市 (县、区)，通过财政转移支付的方式对其给予扶持，围绕产业培育、民生改善、生态环境治理等转型举措，推动其转型发展，实现城市长期可持续发展。国内学者对资源型城市转型发展与经济演化展开了广泛而深入的探讨，董锁成等 (2007) 提出资源型城市的经济成功转型离不开循环经济发展战略、资源与产业替代战略和科技创新战略。余建辉等 (2011) 认为我国资源枯竭城市转型总体态势较好，但城市转型效果在空间上以及不同类别城市间存在明显差异。钱勇 (2005) 指出，人才培养和大学也是资源型城市产业转型的中流砥柱。

可达性是经济活动借助某种交通系统从某地到另外一个地方的容易程度，优越的可达性能够为公司或个人对外开拓业务创造必要的机会 (Linneker and Spence, 1996)。

城市可达性综合考虑城市对外交通条件、地理区位、空间相互作用和其他城市空间分布等因素，城市交通可达性格局、过程及其空间效应是交通地理学的重要研究方向，高水平可达性为社会经济发展提供优越的外部发展条件。同时，可达性指标能够较好地刻画城市区位条件和对外交通联系水平，它在资源枯竭城市区位条件分析过程中得以应用。孙威和李洪省 (2013) 采用区位偏远度指标刻画我国资源枯竭城市区位条件，提出不同区位条件城市的发展方向和政策着力点。孙永平和叶初升 (2011) 通过地理区位变量发现区位条件越好，城市经济增长对自然资源依赖程度越低，能够减轻资源依赖导致的"资源诅咒"效应。事实上，封闭的区位条件对偏远资源型城市衰退起到推波助澜的作用 (刘云刚, 2002)，而提高矿业城市外向度，强化对外交通和对外经济联系，能够增进地方社会经济发展活力 (沈镭和程静, 1999)。苗长虹等 (2018) 认为北方和内陆的资源型城市脆弱性整体更高，路径创造能力呈现沿海向内陆递减的空间分布规律。李汝资等 (2016) 认为空间区位对产业布局具有强化作用，从而影响资源型城市转型。国内外经验表明邻近都市区或城市群的矿区产业转型有所成效，反之则收效甚微 (肖劲松和冒亚明, 2009; 高良谋, 2003)。

2008 年我国确定第一批资源枯竭城市，资源枯竭城市历经十余年的转型发展，其经验和教训值得反思。其中，交通可达性或区位条件对资源枯竭城市经济转型成效的意义值得深入思考。鉴于此，本节探究资源枯竭城市经济转型发展成效与可达性之间的关联，分析可达性对接续替代产业发展的作用机理，梳理不同可达性水平下资源枯竭城市经济转型的方向与思路。

5.6.2　研究指标和数据来源

1. 研究指标

1) 日常可达性指标

日常可达性测度在限定时间内某地能够到达的人口规模或经济产值，用来说明某地区市场潜力与业务联系规模，限定时间一般会选择 3h 或 4h，因为在该时间内商务旅客到达旅行地完成业务后能够实现往返。本节统计研究区内 2226 个城市 4h 内所能达到的人口规模，包括 69 个资源枯竭城市的日常可达性水平，通过式 (3.6.3) 计算 69 个城市的日常可达性值。

2) 地理探测器模型

地理探测器模型是测度空间分异性的统计学方法,用来探测地理要素空间格局的成因与机理,广泛应用于自然环境和社会经济领域 (王劲峰和徐成东, 2017)。该模型中的因子探测器用来检测某自变量在多大程度上解释了因变量 Y 的空间分异,用 q 值度量,它的计算公式为

$$q = 1 - \sum_{h=1}^{L} N_h \sigma_h^2 \Big/ N\sigma^2 \tag{5.6.1}$$

式中, $h = 1, 2, \cdots, L$ 为变量 Y 或因子 X 的分层,即分类或分区;N_h 和 N 分别为层 h 和全区的单元数;σ_h^2 和 σ^2 分别是层 h 和全区 Y 值的方差。

q 的值域为 $[0, 1]$,如果分层是由自变量 X 生成的,值越大表示自变量 X 对属性 Y 的解释力越强,反之则越弱。

3) 面板数据实证回归模型

根据经典面板数据回归模型构建本节所需的模型,如下:

$$y_{it} = \beta_0 + \beta_1 \mathrm{Acc}_i + \beta_2 \mathrm{HI}_i + \sum_{j=1}^{k} \beta_j X_{it} + \varepsilon_{it} \tag{5.6.2}$$

式中,y_{it} 为被解释变量,包括工业替代产业产值和人均工业替代产业产值;HI_i 为城市 i 行政等级;X_{it} 为其他控制变量的社会经济影响因素;i 为资源枯竭城市;t 为时间序列数据;ε_{it} 为随机干扰项。

为避免异方差和各序列间协整关系的影响,对式中指标进行对数化处理。

2. 数据来源

1) 公路网络数据

公路数据与 5.2 节数据相同,同时收集 2226 个城市点位数据及其 2015 年户籍人口数据。

2) 铁路数据

包括普通铁路、城际铁路、高铁与动车数据,将铁路时刻表数据空间化。其中,铁路班次时刻表数据来自高铁网 (2017 年 7 月),与 4.4 节数据一致。

3) 铁路时刻表与网络分析法集成法

日常可达性测算涉及全国 2226 个城市,利用 GIS 空间分析平台,采用铁路时刻表与网络分析法集成的可达性测算技术分别测算 2226 个城市无高铁陆路可达性和有高铁陆路可达性,使用反距离插值法生成可达性空间格局图。根据《公路工程技术标准》(JTG B01—2003) 规定的道路设计速度,确定各类道路时速,铁路时速根据时刻表来确定。

4) 资源枯竭城市经济转型发展成效指标

本节数据来源于 69 个资源枯竭城市提供的 10 年转型数据。在相关分析中使用 2016 年工业替代产业产值、人均工业替代产业产值、地区生产总值、年末总人口、第三产业增加值、工业总产值、民营经济增加值、固定资产投资总额、工业园区总产值、研发 (research and develop, R&D) 投入产值、高技术产业增加值。

在面板数据分析和地理探测器中使用 69 个城市 2007~2016 年工业替代产业产值 (SUB)、人均工业替代产业产值 (PCSUB)、年末总人口 (POP)、民营经济增加值 (Pri)、固定资产投资总额 (Invest)、工业园区总产值 (Agg)、研发投入产值 (RD)、地方财政支出 (Fin)、城镇化率 (Urban)、城市行政等级 (HI)、高技术产业增加值 (Tec) 和 2008 年日常可达性因素 (Acc)。其中，工业替代产业指采掘和资源深加工业[①]以外的制造业，工业替代产业产值指工业总产值扣除采掘和资源深加工业产值以后的工业产值。在上述指标中，工业替代产业产值表征经济增长方式转变程度，工业园区总产值反映工业集聚经济和规模经济水平，固定资产投资总额和研发投入产值表示地方投资水平，城市行政等级体现行政效能，包括地级市、县、区和独立工矿区。地级市等级值为 1，其余行政区值为 2。经济指标统一换算成 90 年不变价。被解释变量包括工业替代产业产值和人均工业替代产业产值，分别表征经济转型发展规模和发展效率。解释变量是可达性。控制变量包括工业园区总产值、城市总人口、城镇化率、民营经济增加值、固定资产投资总额、研发投入产值、地方财政支出、城市行政等级、高技术产业增加值。通过面板数据模型分析上述解释变量和控制变量在资源枯竭城市转型发展过程中的效果和影响。

5.6.3 资源枯竭城市可达性空间格局特征分析

1. 资源枯竭城市可达性整体处于中等水平

采用自然断裂点分级法把 2017 年国内 2226 个县级以上城市可达性分成 5 个等级，县级以上城市平均可达性值为 6277.2391 万人，69 个资源枯竭城市（表 5.6.1）平均可达性值是 6606.8 万人，略高于全国平均水平。其中，地级以上城市平均可达性值为 8302.3306 万人，县级城市为 5976.2967 万人。与之相比，69 个城市中低于平均水平的城市为 38 个，占 55%。在 25 个地级市中，低于平均水平的城市为 16 个，占 64%。在 44 个县级城市中，低于平均水平的城市为 25 个，占 56.8%。根据表 5.6.1，中等可达性以上城市为 40 个，占 57.9%，从整体上看，多数资源枯竭城市可达性水平在中等以上。

---

① 采掘和资源深加工业包括采矿业、电力、热力生产和供应业、燃气生产和供应业、石油加工、炼焦和核燃料加工业、非金属矿物制品业、黑色金属冶炼和压延加工业、有色金属冶炼和压延加工业。

表 5.6.1　2017 年中国资源枯竭城市可达性水平评价

可达性水平	城市或县区
高	贾汪区、枣庄市、淮北市、濮阳市、焦作市、井陉矿区、新泰市
较高	淄川区、黄石市、大冶市、灵宝市、萍乡市、耒阳市
中等	新余市、华蓥市、潼关县、韶关市、泸州市、潜江市、铜陵市、景德镇市、鹰手营子矿区、钟祥市、涟源市、下花园区、冷水江市、南票区、杨家杖子开发区、常宁市、霍州市、铜川市、平桂管理区、九台区、孝义市、弓长岭区、抚顺市、盘锦市、万山特区、松滋市、綦江区
较低	辽源市、大余县、资兴市、阜新市、北票市、合山市、舒兰市、二道江区、敦化市、南川区、白银市、易门县、东川区
低	红古区、白山市、个旧市、石拐区、五大连池市、伊春市、七台河市、昌江黎族自治县、双鸭山市、鹤岗市、汪清县、石嘴山市、乌海市、阿尔山市、玉门市、大兴安岭地区

2. 资源枯竭城市可达性两极分化突出

可达性高和较高的资源枯竭城市有 13 个，其中，处于最高水平的可达性城市 7 个，包括焦作、濮阳、贾汪、淮北、新泰、枣庄与淄川，可达性值在 15257 万人以上，主要位于山东、河南、安徽和江苏。而可达性低和较低的资源枯竭城市或县区有 29 个，其中，可达性最低城市或县区包括大兴安岭、玉门、石嘴山、乌海、七台河、鹤岗、双鸭山等地，低于 1908 万人，主要分布于东北地区和西北地区。可达性中等的资源枯竭城市有 30 个，数量众多，覆盖全国大部分地区。

3. 不同资源类型城市可达性存在分异

资源型城市按资源类型划分为煤炭类、油气类、森工类、金属类和非金属类，煤炭类城市数量最多，达到 38 个，油气类 5 个，森工类 6 个，金属类 18 个，非金属类 2 个。比较不同类型城市的可达性平均值可知，油气类 (8299) > 非金属类 (7639) > 煤炭类 (7253) > 金属类 (6478) > 森工类 (1143)，油气类城市可达性水平最好，其次分别为非金属类、煤炭类，森工类最差。6 个森工类城市均位于东北地区，远离区域中心城市。两个非金属类城市处于我国中部地区的湖北和江西，可达性水平中等。金属类和煤炭类城市内部可达性水平差异悬殊，既有可达性水平高的贾汪、焦作、枣庄、濮阳、黄石、大冶等城市，也有可达性差的乌海、石嘴山、石拐、鹤岗、双鸭山、昌江、个旧等城市。

4. 资源枯竭城市对外交通和区际联系整体水平较高

通过测算 69 个城市行政中心至最近高铁站点和省会城市的最短时间可知，28 个城市至高铁站点时间在 30min 以内，45 个城市至高铁站点时间为 1h 以内，占 65%；54 个城市至高铁站点时间为 2h 以内；3h 以上城市 11 个，仅占 16%。

测算 69 个城市至最近的省会或副省级城市的时间，1h 到达城市 8 个，2h 到达城市 37 个，2.5h 内到达城市 48 个，占到 70%，3h 以上城市 13 个，占 19%。据此可知，69 个城市对外交通条件整体水平较高，区际联系能力较强。

5.6.4 可达性与经济转型发展指标的相关性分析

选取 69 个城市 2017 年可达性值 (X_1)、工业替代产业产值 (X_2)、人均工业替代产业产值 (X_3)、地区生产总值 (X_4)、年末总人口 (X_5)、第三产业增加值 (X_6)、工业总产值 (X_7)、民营经济增加值 (X_8)、固定资产投资总额 (X_9)、工业园区总产值 (X_{10})、研发投入产值 (X_{11})、高技术产业增加值 (X_{12})。表 5.6.2 显示,首先,可达性与传统产业产值具有显著正相关性,相关系数多为 0.4~0.6,如地区生产总值、工业总产值、规模以上工业企业产值、第三产业增加值等。其中,可达性与工业总产值相关性高达 0.627。其次,可达性与接续替代产业产值之间具有显著正相关性,包括工业替代产业产值、人均工业替代产业产值、民营经济增加值、高技术产业增加值和工业园区总产值之间呈现显著的正相关性,相关系数多在 0.5 以上。最后,可达性与生产要素投入之间存在正相关性,与固定资产投入总额和研发投入产值显著相关,相关系数在 0.55 以上。相关性分析表明,可达性与经济增长方式转变、传统经济发展和生产要素投入之间均呈现中高度相关,反映出可达性与资源枯竭城市经济转型存在较为紧密的联系。

表 5.6.2 资源枯竭城市可达性与经济转型发展指标 Pearson 相关系数分析

指标	X_1	X_2	X_3	X_4	X_5	X_6	X_7	X_8	X_9	X_{10}	X_{11}	X_{12}
X_1	1	0.630**	0.502**	0.551**	0.489**	0.535**	0.627**	0.467**	0.576**	0.555**	0.612**	0.581**
N	69	69	68	69	68	69	65	61	69	64	69	57
X_2	0.630**	1	0.577**	0.872**	0.770**	0.817**	0.976**	0.798**	0.904**	0.895**	0.795**	0.565**
N	69	69	68	69	68	69	65	61	69	64	69	57
X_3	0.502**	0.577**	1	0.313**	0.121	0.291*	0.533**	0.402**	0.333**	0.465**	0.368**	0.346**
N	68	68	68	68	68	68	65	60	68	63	68	56

**、* 分别表示 1%、5% 的置信水平显著。

此外,工业替代产业指标与其他社会经济指标存在普遍的相关性。其中,工业替代产业产值与多数社会经济指标高度相关,相关系数在 0.8 以上,而人均工业替代产业产值则与其他指标的相关系数多在 0.5 以下,属于中低度相关。

5.6.5 可达性与城市经济转型发展回归分析

运用 Stata 软件和面板数据模型处理相关数据,并根据 Hausman 检验来选择固定模型还是随机模型,随机模型估计方法应用 GLS 法。为了反映各控制变量对解释变量的影响程度,采用逐步添加控制变量方法进行分析,得到表 5.6.3 和表 5.6.4。

(1) 估算可达性和行政等级对城市经济转型带来影响,表 5.6.3 和表 5.6.4 的模型 1 显示可达性系数分别为 0.468 和 0.791,通过 0.01 水平下显著性检验,R^2 值分别为 0.198 和 0.468,说明拟合程度相对较低。表 5.6.4 的模型 1 显示行政等级因素通过显著性检验,说明行政等级对转型发展规模具有一定影响。

表 5.6.3 人均工业替代产业产值回归模型结果

变量	ln(PCSUB(1))		ln(PCSUB(2))		ln(PCSUB(3))		ln(PCSUB(4))	
	系数	z 值	系数	t 值	系数	z 值	系数	z 值
$\ln(\mathrm{Acc}_{it})$	0.468***	5.07			0.301***	3.85	0.238***	2.91
$\ln(\mathrm{HI}_{it})$	−0.457	−1.47			0.134	0.37	−0.214	−0.53
$\ln(\mathrm{Fin}_{it})$			0.807***	11.26	0.099*	1.81	0.029	051
$\ln(\mathrm{POP}_{it})$			0.119	0.31	−0.947***	−6.95	−0.988***	−6.34
$\ln(\mathrm{Urban}_{it})$			0.403	1.20	−0.009	−0.03	−0.195	−0.65
$\ln(\mathrm{RD}_{it})$			0.104***	3.15	0.012	0.33	−0.033	−0.78
$\ln(\mathrm{Pri}_{it})$					0.564***	6.93	0.575***	6.07
$\ln(\mathrm{Invest}_{it})$					0.387***	4.92	0.209**	2.16
$\ln(\mathrm{Agg}_{it})$							0.207***	3.77
$\ln(\mathrm{Tec}_{it})$							0.061*	1.77
_Cons	5.332***	6.98	4.678**	2.18	6.605***	4.08	8.129***	4.54
模型设定	随机模型		固定模型		随机模型		随机模型	
R^2	0.198		0.457		0.571		0.637	
观测数	690		558		455		321	

***、**、* 分别表示 1%、5%、10% 的置信水平显著。

表 5.6.4 工业替代产业产值回归模型结果

变量	$\ln(\mathrm{SUB}_{it}(1))$		$\ln(\mathrm{SUB}_{it}(2))$		$\ln(\mathrm{SUB}_{it}(3))$		$\ln(\mathrm{SUB}_{it}(4))$	
	系数	z 值	系数	t 值	系数	z 值	系数	z 值
$\ln(\mathrm{Acc}_{it})$	0.791***	6.33			0.303***	3.87	0.238***	2.91
$\ln(\mathrm{HI}_{it})$	−2.84***	−6.73			0.137	0.38	−0.217	−0.54
$\ln(\mathrm{Fin}_{it})$			0.807***	11.56	0.098*	1.80	0.029	0.52
$\ln(\mathrm{POP}_{it})$			1.109***	2.96	0.049	0.37	0.011	0.07
$\ln(\mathrm{Urban}_{it})$			0.359	1.10	−0.037	−0.14	−0.198	−0.66
$\ln(\mathrm{RD}_{it})$			0.099**	3.09	0.005	0.13	−0.032	−0.76
$\ln(\mathrm{Pri}_{it})$					0.598***	7.62	0.573***	6.07
$\ln(\mathrm{Invest}_{it})$					0.364***	4.79	0.209**	2.17
$\ln(\mathrm{Agg}_{it})$							0.207***	3.78
$\ln(\mathrm{Tec}_{it})$							0.061*	1.77
_Cons	−0.589	−0.57	0.796	0.90	−2.534***	−1.60	−1.062	−0.59
模型设定	随机模型		固定模型		随机模型		随机模型	
R^2	0.468		0.481		0.823		0.839	
观测数	690		558		455		321	

***、**、* 分别表示 1%、5%、10% 的置信水平显著。

(2) 表 5.6.4 的模型 2 采用 $\ln(\mathrm{Fin}_{it})$、$\ln(\mathrm{POP}_{it})$ 和 $\ln(\mathrm{Urban}_{it})$ 等变量，$\ln(\mathrm{Fin}_{it})$ 和 $\ln(\mathrm{RD}_{it})$ 系数为正，且通过 0.01 水平的显著性检验，R^2 值均在 0.48 左右，表明地方政府财政支出和研发投入可促进工业替代产业规模和效率提升，表 5.6.4 的模型 2 中 $\ln(\mathrm{POP}_{it})$ 通过 0.01 水平的显著性检验，表明对工业替代产业规模具有积极意义。而城镇化率与工业替代产业发展无相关性。

(3) 表 5.6.3 和表 5.6.4 的模型 3 补充 $\ln(\mathrm{Pri}_{it})$ 和 $\ln(\mathrm{Invest}_{it})$ 等变量，$\ln(\mathrm{Acc}_{it})$、

$\ln(\text{Pri}_{it})$ 和 $\ln(\text{Invest}_{it})$ 通过 0.01 水平的显著性检验，并且 R^2 值分别提高至 0.571 和 0.823，拟合程度较高。$\ln(\text{Acc}_{it})$、$\ln(\text{Pri}_{it})$ 和 $\ln(\text{Invest}_{it})$ 对工业替代产业发展规模与效率均发挥了显著的推动作用，系数分别为 0.303、0.598 和 0.364，民营经济作用尤为突出，与可达性、民营经济和固定资产投资等因素相比，地方政府财政支出和研发投入因素对经济转型发展作用有限。

(4) 模型 4 在模型 3 的基础上添加 $\ln(\text{Agg}_{it})$ 和 $\ln(\text{Tec}_{it})$。回归结果显示，$\ln(\text{Acc}_{it})$、$\ln(\text{Pri}_{it})$、$\ln(\text{Invest}_{it})$、$\ln(\text{Agg}_{it})$ 和 $\ln(\text{Tec}_{it})$ 通过显著性检验，系数均为正值，表 5.6.3 和表 5.6.4 中的拟合程度分别达到 0.637 和 0.839，说明 $\ln(\text{Agg}_{it})$ 和 $\ln(\text{Tec}_{it})$ 进一步提高了模型解释力度。在模型 4 中，$\ln(\text{Acc}_{it})(0.238)$ 系数仅次于 $\ln(\text{Pri}_{it})(0.573)$ 系数，$\ln(\text{Invest}_{it})(0.209)$ 系数和 $\ln(\text{Agg}_{it})(0.207)$ 系数相当，$\ln(\text{Tec}_{it})(0.061)$ 系数最低。由此可见，民营经济、工业园区经济、可达性和固定资产投资对城市经济转型增长发挥至关重要的影响，高技术产业贡献程度有限。

综上所述，首先，面板数据回归模型证明可达性对城市工业替代产业发展规模和效率具有显著的正向带动效应，它是接续替代产业发展的关键因素之一。可达性越好的城市，经济转型发展能力越强，工业替代产业发展规模和质量越高。其次，面板数据回归模型数据支持孙永平和叶初升 (2011) 的观点，即民营经济发展有助于接续替代产业培育和发展，在经济转型发展中贡献突出。再次，固定资产投资和工业园区经济发展是资源枯竭城市转型发展的关键性因素。其中，工业园区推进产业集约、集聚和集群化发展，是带动经济转型的重要载体。最后，在转型发展阶段，高技术产业培育、地方政府财政支出、研发投入和人口规模虽然对经济转型发挥了积极作用，但作用相对较弱。

5.6.6 资源枯竭城市经济转型发展格局的驱动因素分析

本节运用地理探测器解析经济转型发展空间差异的驱动因素，归纳经济转型发展因素涉及可达性 (X_1)、城市等级 (X_2)、年末总人口 (X_3)、地方财政支出 (X_4)、工业园区产值 (X_5)、研发投入产值 (X_6)、城镇化率 (X_7)、民营经济增加值 (X_8)、固定资产投资总额 (X_9) 和高技术产业增加值 (X_{10})，经济转型发展指标选择工业替代产业产值 (Y)。选取 2007 年、2011 年和 2016 年 69 个城市数据，可达性统一使用 2008 年日常可达性数据。

通过地理探测器 q 值对经济转型发展格局的驱动因素进行分析。表 5.6.5 显示，除城镇化率外，8 个因素均对工业替代产业产值空间分异发挥显著作用。首先，固定资产投资和民营经济对经济转型发展格局的贡献普遍较高，其 3 期 q 值普遍为 0.5~0.8，表明固定资产投资和民营经济在经济转型发展格局中起主导作用。其中，固定资产投资作用不断提高。其次，3 期可达性 q 值分别为 0.288、0.386 和 0.481，反映可达性对经济转型发展格局的贡献程度逐渐加强。再次，工业园区经济、研发投入、地方财政支出、人口规模和高技术产业的 q 值呈现增长的趋势，这表明它们对经济转型发展格局具有日趋强劲的促进作用。最后，城市等级的 q 值在 0.2 左右，它对经济转型发展格局的作用较为有限。

表 5.6.5 经济转型发展驱动要素地理探测分析表

探测指标	2007 年		2011 年		2016 年	
	q (系数)	p (显著性)	q (系数)	p (显著性)	q (系数)	p (显著性)
Acc(X_1)	0.288	0.009	0.386	0.000	0.481	0.000
HI(X_2)	0.186	0.000	0.223	0.000	0.218	0.000
POP(X_3)	0.379	0.000	0.632	0.000	0.714	0.000
Fin(X_4)	0.275	0.000	0.608	0.000	0.539	0.000
Agg(X_5)	0.213	0.112	0.298	0.017	0.676	0.000
RD(X_6)	0.341	0.000	0.421	0.000	0.539	0.000
Urban(X_7)	0.109	0.173	0.092	0.223	0.111	0.139
Pri(X_8)	0.752	0.000	0.549	0.000	0.604	0.000
Inv(X_9)	0.523	0.000	0.614	0.000	0.753	0.000
Tec(X_{10})	0.292	0.013	0.469	0.027	0.388	0.006

5.6.7 典型资源枯竭城市经济转型发展成效与可达性关联分析

1. 高可达性城市——淮北市

淮北市的可达性在 69 个城市中排名第 3 位，可达性水平高。转型问题：采煤塌陷区问题和失地农民养老等。经济转型措施：围绕长江三角洲、珠江三角洲地区、京津地区，通过精准招商持续扩大接续替代产业集群规模，培育经济社会发展新主体。经济转型成效：2016 年工业替代产业产值和高科技产业增加值在 69 个城市中排名分别为第 8 位和第 7 位，在工业替代产业中，工业替代产业产值占比达到 69.6%，高技术产业增加值占比为 14.3%，高端装备制造业、新材料产业、节能环保产业、信息技术产业、生物产业等战略新兴产业实现产值分别为 73.40 亿元、55.28 亿元、72.98 亿元、40.38 亿元、40.43 亿元，多元化的现代工业体系已然形成。评析：优越的可达性条件不仅有助于战略新兴产业发展获得必要的科技、智力、资金、劳动力、市场和信息资源，而且可为区域产业合作和招商引资创造良好条件，符合该类产业布局规律，因而高水平可达性可为接续替代产业培育与发展奠定重要基础，有利于突破原有产业的路径依赖效应，实现产业多元化和路径更新。

2. 中等可达性城市——泸州市

泸州市的可达性排名第 16 位，可达性水平中等，邻近重庆和成都市。转型问题：接续替代产业体系尚未完全形成，产业层次低、创新能力不强等。生产要素对转型发展制约大，土地指标缺口大，融资难。经济转型措施：改造提升传统产业转型,促进天然气化工向气、煤、油相结合的循环型化工转型,延伸资源型产业链条。同时,加快发展现代医药、高端装备、新能源新材料、智能电网、信息通信等新兴接续替代产业。转型成效:2016年高技术产业占比为7.1%,传统产业仍然是全市经济的主要支柱,四大传统产业增加值占全市规模以上工业的85%,白酒、化工、能源、机械四大传统产业保持一定增速。新能源、现代医药产业处于起步阶段,部分产业园区单位投资强度和产出效益不高,土地集约利用程度较低。评析:尽管新兴产业发展水平不高,但是一般可达性城市具备培植多元化工业体系的潜力和基础条件。未来仍需要加快传统产业升级,推动天然气化工向循环型现代化工转型升级,加快机械行业向高端装备制造产业转型升级。

3. 低可达性县区——石拐区

包头市石拐区的可达性在69个城市中排名第57位,可达性水平低。转型问题:现有工业企业主要以生产硅铁、电石、镁合金、煤炭等初级产品为主,产品单一,附加值低,消费品对外依赖性强。面临招商引资困难较大、产业结构相对单一、矿业在经济中比例高、中小企业融资较难等困难,缺乏专业技术强的产业工人,企业生产设备落后,需要进行技术改造和设备更新。经济转型措施:充分依托自治区级工业园区的资源优势和产业基础,延伸产业链条,促进资源循环利用和深加工,推动传统产业提档升级。重点围绕镁合金及应用、煤炭综合利用、特种钢深加工、多元素基础材料合金加工、工业废渣循环利用等产业。未来在工业发展方面,继续做优做精"钢铁、镁合金、煤炭"三大特色传统产业,延伸产业链条。转型成效:2016年工业替代产业产值占比仅为15.9%,工业替代产业产值排名第54位,高技术产业占比为0.1%。评析:较低可达性水平城市继续沿着传统采矿产业路径演化,具有明显的资源依赖特征,难以突破传统资源型产业路径锁定,远离我国重要的城市群地区和区域中心城市,距离衰减效应使其难以获取更多区域中心城市的社会经济辐射,抑制了在人才、投资、技术和市场等方面的城市产业转型和接续替代产业培植。

5.6.8 可达性对资源枯竭城市经济转型发展成效的作用机理

相关分析、面板数据模型、地理探测器和典型案例分析表明,可达性是资源枯竭城市经济转型发展的重要外部条件,可达性通过影响民营经济、固定资产投资、园区经济和高技术产业等因素间接地促进城市经济转型发展(图5.6.1)。

优越的可达性条件不仅有助于工业替代产业获得必要的科技、智力、资金、劳动力、市场和信息等资源,而且为区域产业合作、产业转移和招商引资创造良好条件,满足工业替代产业布局的内在需求,为接续替代产业培育壮大提供难得的对外联系条件,使得这类城市更易于摆脱原有资源型产业的依赖性,实现产业的路径更新。因此,高可达性城市具备培植多元化现代体系和产业转型升级的潜力。

低可达性城市远离我国重要的城市群地区和区域中心城市，距离衰减效应使得这些城市难以接受更多区域中心城市的社会经济辐射，从而存在明显的资源依赖特征，难以突破传统资源型产业路径锁定。对此，矿产资源深加工产业成为低可达性城市更为现实的转型发展选项。

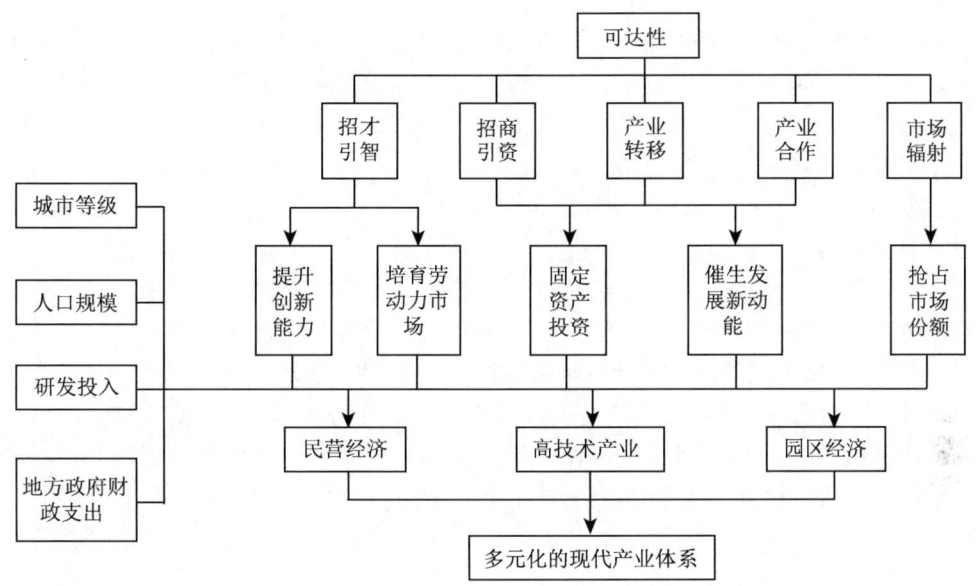

图 5.6.1　可达性对资源枯竭城市转型发展成效的影响机制

5.6.9　本节小结

1. 结论

本节应用可达性指数、相关分析、面板数据模型和地理探测器探究可达性对我国资源枯竭城市经济转型发展成效的作用机理。结果表明：① 全国 69 个资源枯竭城市可达性整体处于中等水平，两极分化现象明显。对外交通条件整体水平较高，区际联系能力较强。② 可达性与经济转型发展成效关系紧密，可达性水平制约接续替代产业发展水平，是经济转型发展空间差异的主要驱动力，它与固定资产投资、园区经济、民营经济、工业替代产业和高科技产业发展之间均存在显著相关性，表明可达性在资源型城市经济增长方式转变、集聚经济、招商引资、招才引智、融资和民营经济发展等方面发挥着不同程度的影响力。同时，民营经济、工业园区经济、固定资产投资是经济转型发展的重要推手。③ 机理分析表明，高可达性城市突破传统资源型产业路径依赖效应能力强，易于接受区域中心城市产业转移和科技扩散作用，经济转型发展潜力大，接续替代产业进步快，效益好，容易形成多元化的产业格局。低可达性城市的交通条件与区位条件差、远离经济中心城市，接续替代产业发展滞缓，经济转型乏力，对传统资源型产业依赖性仍然较强；远离区域中心城市和人口重心会加剧劳动力、市场、资金、技术等生产要素供给不足，成为左右接续替代产业培育和发展的瓶颈。

2. 讨论

(1) 在经济转型过程中，资源型城市可结合各地可达性水平差异，因地制宜地采取不同经济转型模式和差别化的扶持政策。可达性因素是科学地选择和培植资源枯竭城市接续替代产业类型的重要依据。可达性优越的城市充分发挥自身优势，积极实施工业多元化发展战略，提升改造传统产业，鼓励高新技术产业发展 (张文忠等, 2014)。而对于可达性相对较差的城市，首先，可以通过引进先进技术，大力发展循环经济，基于原有采掘业发展资源深加工产业，延长资源产业链条，加大精深加工生产能力，提高资源开发利用价值。其次，可以考虑利用境外矿产资源延续资源枯竭城市经济增长的活力。最后，创新资源枯竭城市产业对口帮扶机制，区域中心城市或资源丰裕城市等可以尝试对口帮助建设一批接续替代产业项目。

(2) 主动融入邻近的城市群，积极参与区域产业协作和分工。近年来，随着我国高速交通网络的布局和快速建设，资源枯竭城市的可达性水平显著提升，对外交通条件改善，资源枯竭城市应抓住机遇，注重积极培育和壮大适合本地发展的接续替代产业。同时，增强与周边城市的经济社会联系，可达性优越的城市可主动纳入邻近的城市群或都市圈，对接区域中心城市，与周边城市实现融合和协同发展，通过区域经济一体化为转型开辟新路径，培育经济发展新动能。此外，民营经济与集聚经济是经济增长方式转变的重要推手，可加强产业园区建设和民营经济建设带动新兴产业发展。

5.7 可达性视角下高铁竞争与合作效应空间特征

5.7.1 引言

高铁之所以能袭夺公路客运和航空客运的部分客源市场，主要源于它带来的快捷效应，同时高铁、公路和航空的多式联运已经成为目前交通运输发展的潮流。在此背景下，高铁竞合效应研究成为众多学者探讨的热点问题 (见 2.3.5 节)。目前，探讨铁路和公路竞争与合作关系的研究成果相对较少，多种交通方式带来的竞合效应空间分异格局亟须深入探讨，交通竞合效应作为城际铁路客运联系的关键影响因素并未受到足够的重视。鉴于此，本节分析高铁竞争与合作效应的空间格局特征。

交通竞争因素包括经济、舒适度、快捷、便利、安全等，其中快捷是重要因素，高铁之所以赢得越来越多的旅客市场主要源于它的运行速度带来的时间收益。

基于此,本节透过可达性视角梳理高铁与其他陆路交通之间的竞争与合作空间特征。

5.7.2 数据来源与研究方法

1. 数据来源

本节数据和 5.5 节所提供数据一致。

2. 研究方法

本章以 4h 为两城市最短可达性时间距离上限。根据日常可达性指标,这里选用 4h,在一天之内人们能够实现往返,同时,考虑了时间距离衰减效应。采用高铁作用下城市对最短时间距离和无高铁作用下城市对最短时间距离的差值表征高铁给区域带来的竞争与合作效应,从时间收益的角度测度高铁对其他陆路交通方式带来的竞合效应因素。

1) 前提假设

(1) 竞争效应:在直达线路的城市对,高铁与其他陆路交通存在竞争,如上海—南京高铁与公路和传统铁路之间的竞争,竞争效应值可以通过城市对的最短时间差得到。

(2) 合作效应:在非直达线路的城市对中,高铁与非高铁线路之间存在合作空间,如上海—扬州,2018 年底两地并未直通高铁。直达线路的城市对不存在合作问题,而非直达线路存在铁路-公路合作效应问题。

2) 具体方法

综合陆路交通可达性测算同时考虑最优交通设施选择和不同交通设施之间的换乘衔接,在某种程度上包含高速交通竞争与合作效应,因而可以从综合交通可达性中提取铁路-公路竞争与合作效应。具体方法如下。

(1) 高铁竞争效应。首先,测算非高铁作用下高铁城市对的最短时间距离。其次,测算高铁作用下高铁城市对的最短时间距离。最后,高铁作用下同名高铁城市对的最短时间距离减去非高铁作用下高铁城市对的最短时间距离,即得到城市对高铁竞争效应。

(2) 高铁合作效应。首先,测算非高铁作用下城市对的最短时间距离。其次,测算高铁作用下城市对的最短时间距离。再次,高铁作用下城市对的最短时间距离减去非高铁作用下城市对的最短时间距离,得到高铁竞争与合作效应值。最后,采用高铁竞争与合作效应值扣除高铁竞争效应值得到高铁合作效应值。

5.7.3 高铁竞争效应空间特征分析

高铁沿线城市是高铁与其他陆路交通方式竞争最激烈的城市。由于高铁时速、线路与城市对距离等原因,高铁城市竞争效应强弱不一。相对其他陆路交通方式,高铁并非处处存在优势，高铁竞争效应存在地域差异性。

1. 高铁干线城市竞争效应普遍较强

高竞争优势城市对相比非高铁交通压缩时间在 2h 以上，包括 1320 个城市对，其中 283 个城市对在 3h 以上，34 个城市对在 4h 以上，如武汉—石家庄节约时间达到 292min。高竞争优势城市对集中分布于京沪、京武、杭长贵、哈大等高铁干线。高铁干线时速多在 300km/h 以上，而且城市对时间距离长，平均最短时间距离为 204min。在远程城市对中，高铁交通对旅客具有强烈吸引力，高铁出行方式选择概率高。

中竞争优势城市对节约时间为 1~2h，包括 2437 个城市对。中竞争优势城市对分布于所有高铁干线，除了京沪、京武等干线，还包括沪汉宜、合福、厦深等线路，城市对平均最短时间距离为 188min，表明在中远程城市对中，高铁出行方式选择概率相对较高。

2. 高铁支线竞争力较弱

低竞争优势城市对节约时间在 1h 以内，包括 5101 个城市对。低竞争优势城市对分布于高铁干线与支线，主要有干线短程城市对和支线中短程城市对，城市对平均最短时间为 165min。在短程城市对中，高铁出行方式具有一定竞争优势，尤其当两地公路交通流量大、拥堵成本高时，高铁出行优势更加突显，适宜选择高铁出行。

5.7.4 高铁合作效应空间特征分析

高合作效应分布区为高铁和其他陆路交通方式实现多式联运的主要区域。高铁站点城市和非高铁站点城市通过高铁、公路和其他陆路运输方式的多式联运，能够获得更多的可达性收益。

1. 高合作效应城市集中分布于高铁干线沿线区域

高合作效应城市对可节约 2h 以上的通行时间。包括 4603 个城市对，分布于京沪、京广、郑西、哈大和沪昆等高铁沿线，其中京沪、徐郑和京武高铁沿线城市对最为密集，人口密度高、高铁速度快、高速公路网络发达是该地区合作效应突出的重要原因。

中合作效应城市对可节约 1~2h 的通行时间。包括 17191 个城市对，在高合作效应区基础上加密，分布于哈大线、京沪线、京广线、太西线等。

低合作效应城市对可节约 60min 以内的通行时间，包括 45676 个城市对，在中合作效应城市对基础上不断加密，增加宁武和厦深等高铁线路。东南沿海、广西等其他高铁沿线合作效应一般，西部高铁沿线合作效应较低。

2. 高铁合作效应强度随着到高铁站点距离的增加而不断递减

从整体上看，距离高铁站点距离增加，合作效应不断递减，西部非高铁沿线区域合作效应值较低，这意味着高铁对这些区域影响力弱，合作效应微乎其微。由此可知，距离高铁干线站点越近的城市，合作效应越高，旅客选择"高铁＋其他交通方式"的多式联运的组合出行概率就越高，通过多式联运获得的可达性收益越高。继续完善高铁与其他网络的无缝连接，提升高铁与其他交通方式的合作层次，将会有效提高地区可达性水平，增强高铁出行方式的吸引力。

5.7.5 本节小结

本节应用可达性方法测度高铁和其他交通出行方式的竞争与合作关系。结果显示，在高铁干线城市对，高铁在旅客中远程出行中竞争优势突出，高铁出行方式选择概率较高。首先，从旅客时间收益来看，高铁不仅袭夺该城市对的其他交通方式的大部分客运市场，而且诱发了一定的客流量，增加沿线城市人流、物流和信息流。其次，高合作效应城市仍然集中于高铁干线沿线。非高铁城市和大都市区可以通过公路运输系统和城市轨道交通，增强与高铁网络的连接水平，既提高非高铁城市可达性水平，又扩大高铁城市铁路站点辐射区域与范围。最后，高铁与其他交通方式的竞合效应迫使其他客运方式调整客运组织模式，推动新型综合客运组织模式的出现与发展，"空铁联运"和"公铁联营"等模式使多种交通方式形成共存互补的客运市场。因此，针对高铁干线沿线城市，航空、公交、出租车和汽车客运公司应该因地制宜地提出"多式联运"的新模式。

第 6 章 高速交通可达性对城市铁路客运联系的作用机制

6.1 高铁可达性作用下城市空间联系格局分析

6.1.1 引言

"流空间" 是围绕人流、物流、信息流等要素建立起来的空间,以信息网络流线和快速交通网络流线为支撑,创造的一种有目的的、反复的和可程式化的动态运动 (沈丽珍, 2010)。移动通信和高速交通建立起来的高度流动性社会是城市和区域发展的重要支撑 (甄峰等, 2012),城市和区域发展依赖于城市之间的交通流、信息流和资金流的交互作用所形成的城市网络 (陈伟劲等, 2013)。在 "流空间" 的研究视角下,越来越多的学者尝试通过各类交通流和信息流等数据刻画城市关联网络结构和内在联系特征,拟合城市发展与区域空间的关系。国内早期城市体系研究就已经利用航空、铁路静态交通客流量数据,剖析了不同时期的全国城市体系结构与网络关联特征。周一星和胡智勇 (2002) 与宋伟等 (2008) 分别通过航空客流揭示我国城市体系结构及其演变。金凤君 (2001) 指出航空客流形成三大枢纽的轴-辐系统。戴特奇等 (2005) 利用铁路客流数据和轴-辐理念分析区域发展中存在的区域重组、中心极化和空间关联升级现象。王成金 (2009) 通过城际铁路客流和空间流场理论识别交通流的枢纽。随后,更多学者尝试通过动态班次数据揭示铁路、公路、高铁、航空交通流作用下我国城市网络的结构特征与联系程度。陈伟劲等 (2013) 应用城际交通流分析珠江三角洲地区城市之间的功能联系格局。薛俊菲 (2008) 采用航空网络数据分析我国城市层级结构与城市体系等级结构。陈伟等 (2015) 基于多元交通流提取我国城市网络空间关联特征。罗震东等 (2015) 和陈建军等 (2014) 分别基于高铁班次数据评价长江三角洲区域的空间联系格局及其演化。陈伟等 (2015) 基于公路、铁路和航空班次数据挖掘我国城市网络空间关联特征。钟业喜和陆玉麒 (2011) 根据铁路客运始发网络数据评价城镇等级体系及其空间分布格局。王海江和苗长虹 (2015) 基于铁路客运数据解构全国铁路客运联系的空间格局和结构特征。王姣娥等 (2014) 分析城市对之间经济联系强度的空间特征。焦敬娟等 (2016) 基于铁路班次数据与复杂网络方法探析高铁建设对城市等级和集聚性空间格局及其演变的影响。综上,交通客运班次数据广泛用于交通流空间研究,在多元交通流视角下来解析我国不同区域的城市网络格局及其特征,

第 6 章　高速交通可达性对城市铁路客运联系的作用机制

为我国城市体系和城市群研究和规划提供必要依据。

前期研究表明，航空、传统铁路和公路等出行方式的经济技术特性决定了它们各自的优势运输距离与职能分工不同，导致在不同交通运输方式下城市网络结构特征和规律的差异。航空、传统铁路和公路作用下的城市网络结构研究成果日渐成熟，而近年来时速介于航空与公路和普通铁路之间的高铁背景下的城市网络结构研究也引起学者关注，目前少数学者基于长江三角洲地区高铁班次和全国高铁班次数据探析城市空间网络结构特征。随着我国高铁网络初步形成，2019 年底我国高铁运营里程达到 3.5 万 km，累计发送旅客超过 100 亿人次，因而在全国高铁网络背景下探讨城市联系特征及其规律具有一定的现实意义。

鉴于此，本节选取国内 773 个高铁站点之间的高铁班次数据表征高铁城市客流，采用高铁联系强度、空间相互作用模型等研究方法，细致地刻画高铁客流空间联系和结构特征，旨在揭示高铁客运的空间联系格局及其影响因素，考察高铁作用下的城际相互作用程度和区域空间结构，以期为我国城镇体系规划和国土开发提供科学依据和参考。高铁发送和到达班次数据的优点是能根据市场供需情况及时调整，一定程度上反映高铁需求变化 (罗震东等，2015)，弥补目前高铁客流数据不易获取的不足，故选取高铁 (动车) 班次数据替代高铁客流量数据。

6.1.2　数据来源与研究方法

1. 数据来源

(1) 公路网络数据与 5.2 节数据相同。提取 2226 个县级以上城市，并提取这些城市的 2015 年人口与地区生产总值数据。

(2) 铁路时刻表数据和 4.4 节铁路数据相同。

(3) 高铁可达性测算涉及 2226 个城市，交通包括公路、高铁与普通铁路。利用 GIS 空间分析平台，采用时刻表与网络分析法集成的可达性测算技术，建立铁路时刻表数据与公路网络数据集成的综合交通可达性测算模型。道路网络时速设置与 5.2 节一致。

2. 研究方法与指标选择

1) 关键技术

首先，通过编程将时刻表数据空间化，提取高铁班次信息，得到城市站点之间的高铁班次信息，城市高铁站点之间的 O-D 成本矩阵有 44061 个。然后，汇总高铁城市多个站点之间的发车班次得到城市之间的高铁班次数，得到城市之间的 O-D 成本矩阵 32615 个，并统计城市之间的车次数量，生成城市高铁客运联系图。另外，根据每个城市发出和到达高铁班次，统计城市高铁班次总量。

采用网络分析的 O-D 成本矩阵模块测算 2226 个城市之间的时间距离。可达性空间模型考虑要点：高速公路通过互通匝道口连接其他类型道路，其他各类公路之间可互通互连。铁路出行与公路出行通过火车站连接,从火车站到最近公路建立连接,生成连接线,连接相邻公路,并赋予换乘时间;县域与市辖区人口集中于城市建成区的质心。铁路与公路出行换乘时间为 30min,传统铁路内部、高铁内部及它们之间通过铁路站点内部换乘,在高铁站点数据上设置等待时间,通过换乘线赋值来统一换乘时间,站点内部换乘时间为 30min。考虑城市内部时间拥挤,为了仅获得高铁影响,其他公路与铁路线路统一用 2015 年人口数据。

2) 评价指标

(1) 城市高铁客运量。

城市高铁客运量指高铁城市和其他所有高铁城市之间高铁发出量和到达量的客运总量,反映该城市与其他所有城市联系强度的总和:

$$P_m = \sum_{i=1}^{n}(P_{mi} + P_{im}), \quad i = 1, 2, \cdots, n \tag{6.1.1}$$

式中,$P_{mi} + P_{im}$ 为城市 m 与城市 i 之间的联系强度。本节城市联系强度用高铁班次数表示。

(2) 城市对高铁联系强度:

$$P_{ij} = P_{i-j}, \quad P_{ji} = P_{j-i} \tag{6.1.2}$$

式中,P_{i-j} 为城市 i 到城市 j 的单向高铁班次数;P_{j-i} 为城市 j 到城市 i 的单向高铁班次数。

(3) 探索性空间数据分析 (exploring spatial data analysis, ESDA) 法。

ESDA 法是测度现象或事物空间相关性的有效工具,包括全局空间自相关和局部空间自相关方法 (潘竟虎等,2008b)。其中,局部空间自相关方法可用来刻画局部区域单元在相邻空间的自相关性,采用 Local Moran's I 统计量,本节采用局部空间自相关方法描述空间集聚特征。

(4) 传统重力模型:

$$I_{ij} = k\frac{M_i^\beta M_j^\gamma}{D_{ij}^\alpha} \tag{6.1.3}$$

式中,I_{ij} 为从城市 i 到城市 j 的高铁客运量 (高铁班次数);M_i 和 M_j 分别为城市 i 和城市 j 的吸引力。此处,$M_i = \sqrt{\text{GDP}_i \times \text{POP}_i}$。采用对数线性回归模型拟合:

$$\ln I_{ij} = \ln k + \beta \ln M_i + \gamma \ln M_j - \alpha \ln D_{ij} \tag{6.1.4}$$

本节采用该模型拟合全国 501 个城市之间的高铁客运量。

(5) 日常可达性。

本节统计研究区内 2226 个城市 4h 内所到达人口的规模及其变化，日常可达性计算公式为

$$\mathrm{DA}_i = \sum_{j=1}^{n} P_j \delta_{ij}, \quad \mathrm{DA}_{\mathrm{HSR}} = \mathrm{DA}_y - \mathrm{DA}_w \tag{6.1.5}$$

式中，DA_i 为节点 i 的日常可达性；P_j 为节点 j 的人口规模；δ_{ij} 为系数，如果节点 i 到 j 的时间少于 4h，则 $\delta_{ij}=1$，其他时候取 0；DA_y、DA_w 分别为有高铁和无高铁的日常可达性；$\mathrm{DA}_{\mathrm{HSR}}$ 为高铁带来的日常可达性的变化值。

(6) 首位联系分析。

用首位联系分析刻画高铁客流网络特征，计算公式为

$$L_{ik} = \max\left(\frac{T_{ij}+T_{ji}}{O_i+D_i}\right), \quad i=1,2,\cdots,n; k\leqslant n \tag{6.1.6}$$

式中，L_{ik} 为城市 i 的首位联系强度；k 为城市 i 的首位联系城市；n 为城市数量；O_i 和 D_i 分别为城市 i 高铁旅客的发送量和到达量；T_{ij} 与 T_{ji} 分别为城市 i 流向城市 j 的高铁客流和城市 j 流向城市 i 的高铁客流。

(7) 位序-规模法则：

$$P_r = P_1 r^q \tag{6.1.7}$$

式中，P_r 为城市 r 的高铁客流规模 (高铁城市的集聚强度)；r 是城市 i 的高铁客流规模位序。$|q|=1$，为位序-规模分布；$|q|>1$，节点规模等级差异大，为首位分布；$|q|<1$，节点的规模等级呈现出对数正态分布。q 通常是负值，其绝对值越大，表明客流量越集中，枢纽地位越突出；反之，q 绝对值越小，表明中小城市在运输体系中的作用越强，枢纽地位越弱。$|q|$ 大于 1 说明客流量集中；小于 1 说明客流量分散。

6.1.3 城市高铁客运量空间格局分析

1. 高铁城市客运量等级划分

通过式 (6.1.1) 得到 501 个城市的客运量评价指标值。在高铁网络上，不同等级城市高铁客运量差异较大，按照自然断裂法划分 5 类城市，并据此分为四个等级城市。

第一等级城市，客运班次总数最多，班次数在 5072 以上，这批站点城市为上海、南京、杭州、武汉、广州和长沙，主要集中于长江三角洲地区，显示长江三角洲地区的中心城市高铁枢纽地位高，武汉和长沙为高铁枢纽中心城市。

第二等级城市，班次总数较多，班次数在 2532 和 5072 之间，集聚于东部三大城市群、海西城市群的城市客运班次总数普遍较高，成为我国重要的高铁枢纽地区，说明高等级城市密集区的联系强度最高。长江三角洲、京津冀和珠江三角洲地区城市之所以具有很高的班次数，是因为当地经济水平高，具有放射状的高铁网络，已经以长江三角洲为中心形成了沪蓉、沪昆、京沪、沪杭福深、徐兰线的指状辐射高铁干道网络。其他具有高铁干线换乘枢纽功能(高铁干线交叉处)的省会或区域中心城市客运量相对较高，如郑州、武汉、南昌、徐州、长沙和上饶。

第三等级城市，班次总数一般，班次数在 1086 和 2532 之间，以普通地级市为主，也包括分布于高铁网络末端的区域中心城市，如大连、青岛、成都和贵阳。

第四等级城市，客运量偏少，班次数在 1086 以下，以县城等中小城市为主，也包括西北地区高铁沿线城市。

2. 高铁客运量空间分布特征

(1) 高铁客运量总体与城市行政等级对应，具有显著等级性。

不同行政等级城市基本对应相应的高铁客流量，区域城市高铁客运量呈现出显著的等级结构，相关系数显示，班次总数和城市等级相关性达到 0.67。在 501 个城市中，省会和副省级城市高铁平均班次 3464 次，地级市平均班次 1040 次，县级城市 478 次。仅从客运班次数量规模看，高铁对大中城市作用程度更加突出。在高铁沿线城市中，高等级城市高铁班次数均远超过低等级城市，较高的发车频次和客流量无疑带来大量的商机与客流，将由此成为推动该类城市发展的重要因素之一。

(2) 较高客运量城市集中于经济发达的东部城市群地区。

按照自然断裂法划分 5 个等级，第一等级城市有 6 个，包括南京、上海、广州、武汉、杭州、长沙，3 个城市在长江三角洲地区。第二等级城市有 30 个，包括深圳、东莞、沈阳、郑州、北京、天津、石家庄、秦皇岛、济南、徐州、苏州、无锡、常州、镇江、合肥、绍兴、嘉兴、宁波、温州、金华、义乌、福州、厦门、莆田、泉州和重庆，有 10 个城市是在长江三角洲。长江三角洲、珠江三角洲、京津冀、海西等城市群地区为热点区域，三大城市群和海西城市群整体高铁枢纽地位显著，高班次数城市密集。其中，长江三角洲地区城市高铁班次数占全国高铁班次数的 22.4%，珠江三角洲和京津冀城市群高铁班次数占比均为 6.4%。相比而言，长江三角洲城市群高铁枢纽地位最高。从宏观区域格局看，东、中、西部和东北地区高铁班次数占比分别为 52.5%、28.5%、12.8% 和 6.2%。

尽管目前我国高铁网络覆盖全国绝大多数城市，然而高班次城市仍然普遍集中于东部经济发达地区城市，尤其是城市群地区，具有较高发车班次的城市密度高，也是高铁影响的直接体现。从分区域尺度看，东部城市群地区高客运量城市密集，西部地区高客运量城市稀疏。

(3) 重要高铁干线客运量规模大，比例高。

京沪线、京广线、杭福深线沿线城市高铁班次分别占到 15.9%、14.3% 和 17.4%，它们是最繁忙的高铁线路，显示沿线城市旅客对高铁出行方式的内在需求大。

(4) 局部城市群地区高铁客运呈现三种不同的空间格局。

局部城市群地区的高铁客流量格局主要呈现出中心城市极化型、多核心均衡型、低水平发展型三种典型类型区。中心城市极化型为以区域单个中心城市为主要交流对象的高铁客运量格局。东北地区、中西部地区的高铁城市群基本属于该类型，以中心城市极化为主。典型区域包括沈阳、郑州、长沙、南宁、重庆和周边城市，反映该地区为中心城市极化的空间结构，高铁客流聚焦中心城市。多核心均衡型为以区域内多个中心城市为主要交流对象的高铁客运量格局，在长江三角洲、珠江三角洲、海西、京津冀城市群，城市之间高铁客流双向交流比较频繁。这些地区主要城市之间的高铁客运量高并且相差较少，典型区域包括长江三角洲和珠江三角洲地区，反映该地区相对均衡的空间结构，高客流量相对均衡地分布于城市群中心城市。低水平发展型表示地区沿线城市高铁客运量相对有限，普遍较低，如西北地区。

6.1.4 城市高铁客运空间联系强度分析

在早上 6 点到晚上 10 点的 16h 内，城市间高铁班次数是 16 以上的为每小时至少 1 班次，32 的为每小时至少 2 班次，48 的为每小时至少 3 班次，96 的为每小时 6 班次，而 192 班的为每小时 12 班次。据此，将高铁联系强度值划分 6 个等级 (表 6.1.1)。

表 6.1.1 城市高铁客运联系强度特征

级别	网络强度	单向班次数	发车频率/min	城市对平均时间/min	主要分布
第一级别	最强	>192	>5	61	东部三大城市群内
第二级别	强	96~192	5~10	77	京广、京沪、杭深和沪汉蓉高铁部分区段
第三级别	较强	48~96	10~20	102	"四纵两横"沿线部分区段
第四级别	一般	32~48	20~30	123	"四纵四横"沿线部分区段
第五级别	较弱	16~32	30~60	137	所有高铁沿线区段
第六级别	弱	1~16	>60	295	其他

注：按早上 6 点到晚上 10 点 16h 内来统计发车频率。

第一级别，最强高铁联系网络，单向班次数在 192 以上，城市群内部城市之间的联系尤为紧密，包括南京—上海，南京—杭州、上海—杭州、上海—苏州、上海—无锡、天津—北京、广州—深圳、东莞—广州、东莞—深圳、东莞—惠州、武汉—咸宁，每 5min 一班车，城市间高铁平均运营时间在 61min，高铁发车频次高，"高铁公交化"和"同城效应"突出。城市群内部中心城市联系紧密，最高强度联系集中于 3 大城市群内，长江三角洲城市群较多，城市对以一线城市和省会城市联系为主。

第二级别，强高铁联系网络，单向班次数为 96~192，主要分布于京沪、京广和沪宜高铁走廊的部分区段，主要包括：三大城市群，沈阳—大连、哈尔滨—大连、福州—门厦—莆田—泉州、海口—三亚、长沙—武汉、广州—长沙、重庆—武汉、成都—武汉、郑州—石家庄、徐州—南京等，不仅有城市群内城市联系，也有中心城市跨区联系。每 5~10min 一班车，城市之间平均运营时间为 77min。短距离以省会城市和地级城市联系为主，远距离以省会城市为主。

第三级别，较强高铁联系网络，单向班次数为 48~96，主要分布于东中部地区的高铁干线的地级以上城市之间，"四纵两横"沿线构成该层级联系网络的框架，平均发车频率为 10~20min。城市之间的平均运营时间为 102min。远距离联系的城市仍以中心城市为主，短距离联系以地级城市为主。

第四级别，一般高铁联系网络，单向班次数为 32~48，城市之间的平均运营时间为 123min，平均发车频率为 20~30min，主要分布于东中部地区的"四纵四横"沿线。

第五级别，较弱高铁联系网络，单向班次数为 16~32，分布于我国大部分高铁网络沿线，说明城市之间联系集中于每条高铁干线内部。平均发车频率为 30~60min。城市之间的平均运营时间为 137min。

第六级别，弱高铁联系网络，单向班次数为 1~16。城市间高铁平均运营时间在 300min 左右。发车频率在 1h 以上。

分析表明：首先，城市高铁空间联系网络具有等级性，中短距离中心城市之间的联系强度较高。三大城市群内的高强度城市对呈现网络状，表明该区域为网络式空间结构。其他地区高强度城市对主要呈现以中心城市为核心的放射状，反映此区域为极核式空间结构。这与前面提到的多核心均衡发展型和中心城市极化型的高铁客运格局对应。其次，强联系网络分析显示中小城市主要联系城市仍以省内与城市群内中心城市为主，而区域中心城市的主要联系城市则是以跨省市或城市群的核心城市为主，中心城市高铁客运腹地范围存在不同程度的等级结构，如上海腹地包括杭州、南京、苏州等，南京腹地包括蚌埠和丹阳等。再次，城市间联系强度与城市经济规模和城市间距离密切相关，高铁沿线城市中短时间距离联系尤其紧密，发车频率高。最后，在高铁网络背景下，以中心城市为核心的放射状强联系高速网络和区域中心城市之间强联系高速网络已然形成，构成轴-辐结构网络。

6.1.5 城市高铁客运量的时间距离衰减特征

1. 城市对高铁客运量具有显著的时间衰减效应

32615 个城市对时间距离衰减分析发现（图 6.1.1）：在累积率中 3h、4h 和 5h 内客运量分别占 63.9%、75.7%和 83.5%，在分配率中，0.5~1h 客运量占比最高，达到 15.8%，随后逐渐递减，1~1.5h、1.5~2h、2~2.5h 和 2.5~3h 分别降至 12.4%、10.7%、8.7%和 7.8%，所以高铁客运量的时空距离衰减规律十分显著。64%和 76%城市对的高铁客运量分别集中于 3h 和 4h 以内。由此可见，高铁对客运量影响集中于城市周边高铁沿线 4h 可达范围内。若按目前多数高铁班次平均时速 200km 来算，高铁客流集中于高铁城市的 800km 范围内，这与"高铁影响范围主要集中于中心城市周边 1~2.5h 可达的 250~600km 的空间范围内"的观点较为接近 (Vickerman, 1997)。

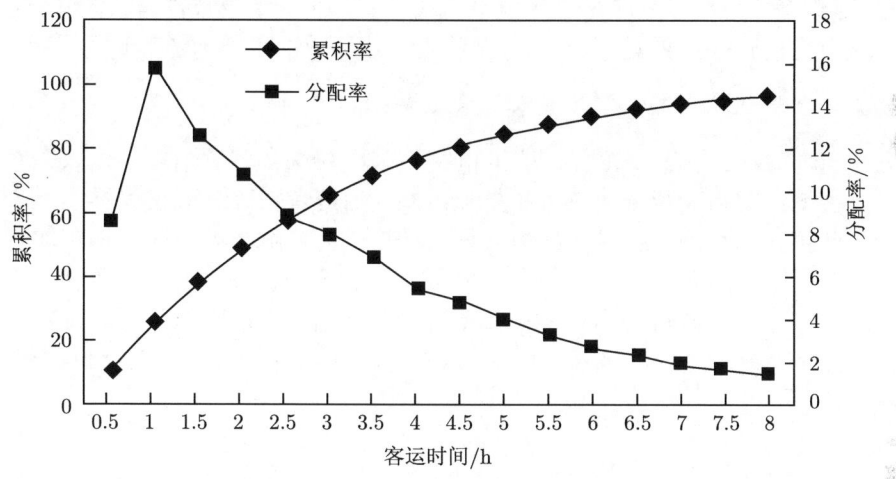

图 6.1.1 高铁客运时间距离衰减规律分析

表 6.1.2 显示，与传统列车相比，3h 以下短时间距离的高铁列车数占比较高，

表 6.1.2 2017 年不同类型列车出行时间占比分析表

列车类型	列车起讫站点的时间距离/h					列车数
	<3	3~6	6~10	10~20	>20	
普通列车	28.57%	24.33%	20.31%	19.2%	7.59%	448
T 和 Z 列车	16.85%	17.42%	7.3%	27.34%	31.09%	534
K 列车	11.55%	13.56%	11.23%	27.71%	35.95%	1541
G 列车	33.23%	40.75%	19.03%	6.99%	0	1929
D 列车	48%	35.49%	10.22%	6.29%	0	1781

高铁 (G) 列车和动车 (D) 列车分别达到 33.23% 和 48%，而 6h 时间距离内两类列车分别达到 73.98% 和 83.49%；超过 10h 的远距离列车占比远低于传统列车，并且高铁列车的最长运营时间为 16h，而传统列车则达能到 72h。这也说明高铁客流集中于 6h 时间距离以内。究其原因，高铁票价和航空竞争导致远距离高铁列车的客流量锐减。

2. 一线城市高铁客运量时间距离衰减特征

一线城市高铁客运量时间距离衰减存在差异，以上海、北京、广州为例，分析中心城市高铁客运量距离衰减特征。上海 3h 和 4h 时间距离的高铁客运量分别占 58.5% 和 71.1%，1~2h 时间距离的客运量占比最高，达到 22.7%。广州 3h 和 4h 时间距离的客运量分别占 70.5% 和 79.2%，1h 时间距离的客运量占达到 37.1%。北京 3h 和 4h 时间距离的客运量占比仅为 43.5% 和 57.5%，1~2h 时间距离的客运量最高，达到 16.5%。广州客运量衰减显著，而北京则衰减较弱。总体来看，以中心城市为核心 3h 或 4h 高铁辐射圈将是一线城市的主要客流腹地。

3. 不同等级城市高铁客运量距离衰减特征

图 6.1.2 显示，省会城市、地级市和县级市高铁客运量距离衰减效应对比发现：省会城市距离衰减较地级市和县级市慢，后两者距离衰减相差不大。

由此可知，高铁网络更适合中心城市密度较高的城市群地区，城市客运腹地集中于 4h 高铁辐射圈。尽管客运时间 2h 内高铁和公路出行相比，高铁带来的时间收益并不显著，但是它在高铁客运量占比却较高，表明高铁的时效性很强，能够避免高速公路拥挤带来的时间不确定性，对公路交通出行方式起到一定程度的替代作用。

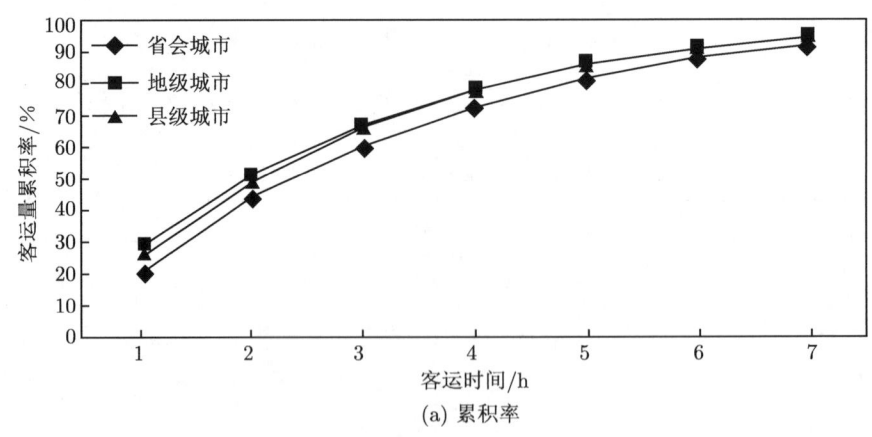

(a) 累积率

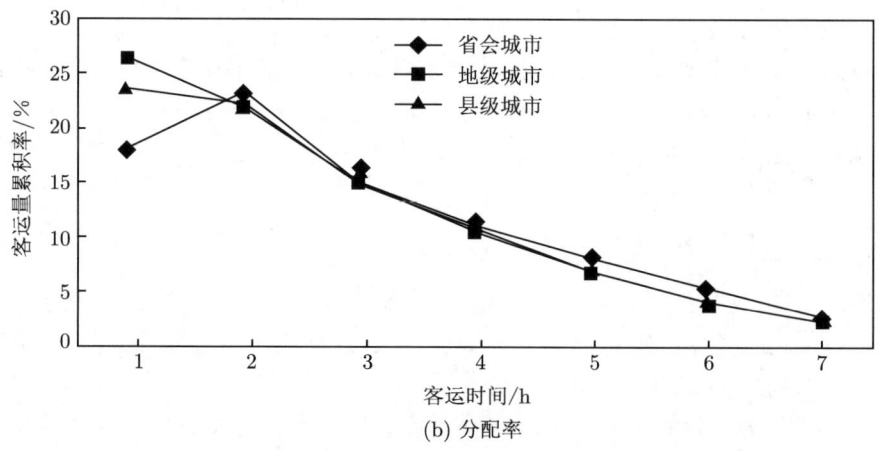

(b) 分配率

图 6.1.2 不同等级城市高铁客运时间衰减效应对比分析

4. 高铁网络的轴-辐结构体系

应用式 (6.1.6)，对 2016 年我国高铁班次数据进行计算，首位联系分析结果显示：高铁客流分布格局呈现典型的轴-辐系统特征。首位联系多为省内和城市群内邻近城市交流，地方性的轴-辐体系数量居多，除了北上广深一线城市外，省会城市与周边一般城市构成了主要的轴-辐体系，表明高铁客流形成以省会或一般中心城市为轴心或枢纽的客流分布模式。同时，省域或城市群内中心城市之间的首位城市通过高联系强度的轴线相连接，包括南宁、长沙、深圳和广州之间的相互联系，南昌、长沙、武汉和贵阳之间的联系，大连、沈阳和长春之间的联系，合肥、南京、上海和杭州之间的联系，天津、北京、秦皇岛和石家庄之间的联系，海口和三亚的联系。这说明中小城市的首位联系城市仍然以省内与城市群内中心城市为主，省会城市与中心城市成为区域性的高铁客流枢纽，而区域中心城市的首位联系城市更多以跨省市或城市群的中心城市为主。

高铁网络上 501 个高铁城市，每个城市并非通过高铁网络与其他城市均有直达的班次，而需通过轴-辐系统换乘来到达未连接的城市。北京连接的城市数达到最多的 256 个，连接城市数排名前 19 位的依次分别为北京、上海、南京、杭州、武汉、济南、南昌、长沙、徐州、福州、合肥、苏州、无锡、常州、广州、镇江、郑州、天津和宁波。

选择中心城市联系班次数排名前 15 的城市，在 15 个城市中，以短距离联系城市为主，中远距离多为省会城市或副省级城市，并通过这些城市可中转到达远距离的中低等级城市，也呈现为轴-辐系统。并且除不联网的省会城市外，所有高铁沿线的省会城市或副省级城市之间彼此均相互连通。高铁的轴-辐系统反映一线城市至远距离的三、四线城市，除了少数连接班次以外，更多班次需通过二、三线城市换乘到其他三、四线城市。

根据轴-辐系统亦能够识别出区域中心城市的主要辐射范围,划分出了中心城市高铁客流与经济社会联系的主要腹地范围。省内中心城市腹地主要为省内高铁联系城市,全国一线城市或区域中心城市腹地则更多覆盖省内中心城市,说明腹地范围出现了不同程度的等级结构。

5. 高铁客流中心的规模-位序分析

通过式 (6.1.7) 测算得到表 6.1.3:东中部地区的 q 绝对值接近 1,为位序-规模分布。东北地区 q 的绝对值小于 1,表示该地区高铁客运量趋于分散。全国、西部和三大城市群的 q 绝对值均大于 1,为首位分布,高铁客运量集中,城市高铁客流呈现出典型等级体系,高铁客运量呈现明显的中心极化特征。除东中部地区和东北地区以外,其他地区中心城市的高铁客流量集中,枢纽地位尤为突出,各地 q 值差异又表明珠江三角洲地区和京津冀地区的中心城市高铁客流最为集中。各地 P_1 值差异也再次说明各地区之间高铁客流的梯度差异。

表 6.1.3 高铁班次位序-规模模型分析

地区	P_1	q	R^2	样本数
全国	120116	−1.127	0.764	484
东部地区	49253	−1.044	0.773	174
中部地区	20772	−1.01	0.771	144
东北地区	4351.3	−0.841	0.909	45
西部地区	11389	−1.166	0.8251	122
长江三角洲地区	30240	−1.18	0.823	61
京津冀地区	18695	−1.645	0.709	25
珠江三角洲地区	12448	−1.345	0.926	20

6. 高铁客流空间分布与区域经济格局基本对应

各地高铁城市出发地与目的地班次分析 (表 6.1.4):出发地,东部地区城市占比达到约 56.75%,中部地区为 26.72%。西部地区和东北地区分别占到约 9.38% 和 7.15%。目的地,东部地区占到约 56.82%,中部地区约 26.72%,西部地区和东北地区分别占到 9.27% 和 7.19%。它们表明高铁客运量主要集中分布于东部地区。三大城市群出发地客流分析显示,长江三角洲客运量占全国比例为 24.14%,珠江三角洲客运量占 8.04%,京津冀客运量占 7.36%,三大城市群客运量合计占全国的 39.54%,占东部地区的 69%,显示东部地区的高铁客运量主要集中于三大城市群。

分析表明,京津冀、长江三角洲与珠江三角洲地区高铁客流量大,核心城市间的客流最为密集。东、中、西部和东北地区高铁客流分布与经济发展格局相对应 (表 6.1.5),客流呈现出梯度差异。

表 6.1.4　2016 年不同地区高铁发车和到达班次占比

地区	出发地				目的地			
	班次数	比例/%	车次数	比例/%	班次数	比例/%	车次数	比例/%
东部地区	95833	56.75	16048	54.96	95951	56.82	18079	54.82
中部地区	45126	26.72	7215	24.71	45121	26.72	8329	25.26
东北地区	12078	7.15	2502	8.57	12144	7.19	2864	8.68
西部地区	15839	9.38	3436	11.77	15660	9.27	3705	11.24
长江三角洲地区	40766	24.14	6132	21.00	40974	24.26	7224	21.91
珠江三角洲地区	13580	8.04	3255	11.15	13369	7.92	3439	10.43
京津冀地区	12424	7.36	2235	7.65	12373	7.33	2512	7.62
高铁沿线城市合计	168876	100	29201	100	168876	100	32977	100

表 6.1.5　2014 年不同地区高铁沿线城市地区生产总值和就业规模占比

地区	地区生产总值/亿元	比例/%	就业规模/万人	比例/%
东部地区	257805.8	58.01	9190.084	53.05
中部地区	70721.49	15.91	3421.814	19.75
东北地区	46544.5	10.47	1247.358	7.20
西部地区	69339.54	15.60	3464.96	20.00
长江三角洲地区	99352.85	22.36	3612.246	20.85
珠江三角洲地区	57595.26	12.96	1675.583	9.67
京津冀地区	48298.83	10.87	1652.491	9.54
高铁沿线城市合计	444411.3	100.00	17324.22	100.00

表 6.1.4 和表 6.1.5 显示高铁城市班次数与城市车次数比例基本一致，这两组数据与地区生产总值和就业规模比例接近，反映出高铁客流空间分布与区域经济格局基本对应。三大城市群是我国高铁客流集聚地，三大城市群客流合计占东部地区客流比例的 68.1%，而仅长江三角洲城市群客流就占到 41.5%。由此可知，城市高铁客流量的空间格局受到经济格局制约，经济因素仍是高铁客流生成的根本动力。

6.1.6　城市高铁客运空间联系的影响因素分析

高铁客运量是高铁对城市作用强度的集中体现，高铁客运量越大，说明高铁对城市影响越强。通过前文分析，选取地区生产总值、人口规模、城市等级、高铁可达性、城市时间距离、城市间高铁班次数等参数建立模型，探讨高铁客运量的影响因素及其影响程度。

1. 多元回归模型分析

通过逐步回归方法，剔除人口规模因素，得到表 6.1.6，地区生产总值、高铁可达性和城市等级标准偏回归系数说明高铁客运量主要取决于城市经济发展规模，地区生产总值是布置高铁客运班次数的根本因素。此外，高铁可达性和城市等级亦是影响客运量的重要因素，可达性较好的高铁干线换乘枢纽城市与省会城市客运量较高，而可达性较差的高铁网络末端的中心城市客运量相对较低。

表 6.1.6 城市高铁客运量多元回归分析

因变量	自变量			常数项	R_a^2	样本数
	GDP/万元	DA_{Hsr}/万人	城市等级			
城市高铁客运量	2.711×10^{-5} (16.037) [0.566]	0.133* (8.884) [0.243]	396.433* (6.244) [0.221]	−242.183* (−2.72)	0.634	501

* 表示显著性水平为 0.01；圆括号内为 t 检验值；方括号内为标准偏回归系数。

2. 传统重力模型分析

根据式 (6.1.3) 得到表 6.1.7，通过传统重力模型拟合 32615 个城市对的客运班次数。结果表明，高铁站点之间的班次数与其城市吸引力、时间距离密切关联。时间距离系数 α 绝对值越大，说明客运量随着距离衰减规律越强，反之则反。

表 6.1.7 城市高铁客运联系的重力模型分析

距离参数类型	α	β	γ	常数项	R_a^2	样本数
时间距离	−0.801* (−132.702) [−0.589]	0.266* (63.239) [0.277]	0.261* (62.617) [0.274]	0.094* (1.515)	0.392	32615

* 表示显著性水平为 0.01；圆括号内为 t 检验值；方括号内为标准偏回归系数。

表 6.1.7 显示重力模型参数 α、β、γ 值分别为 −0.801、0.266、0.261，与以往传统铁路客流重力模型的相关研究结果 (α、β、γ 值分别为 −2.464、1.259、1.436) 相比 (戴特奇等, 2005)，高铁客流重力模型的 α、β、γ 系数绝对值远低于传统铁路客流重力模型的相关系数，说明相对于传统铁路，城市吸引力和时间距离对高铁沿线城市空间相互作用的正负影响程度均有明显削弱，这与京沪高铁区域的相关研究 (蒋华雄和孟晓晨, 2015) 结论基本一致。究其原因，高铁速度使城市间摩擦阻力大大削弱，而城市间的高铁高票价降低了城市吸引力。

6.1.7 本节小结

1. 主要发现

(1) 高客运量城市集中于东部地区和区域中心城市，该类城市是高铁出行的主要客源地和目的地，东部城市群地区高客运量城市扎堆，特别是三大城市群和海西城市群整体高铁枢纽地位尤其显著，而西部地区高客运量城市稀疏。全国城市高铁客运量与城市等级体系和经济发展格局基本对应。局部区域高铁客运量格局呈现出三种典型类型：中心城市极化型、多核心均衡型和低水平发展型。

(2) 城市高铁客运量具有显著的时间距离衰减特征。城市高铁客运量主要分布于城市 3～4h 高铁出行范围，省会城市距离衰减较地级市和县级市慢。据此可知，在高铁网络作用下，形成了以城市群核心城市为中心的 3～4h 高铁活动圈。

(3) 高强度联系网络主要分布于东部城市群内部和东中部地区"四纵两横"沿线部分区段，中心城市密集地区的高铁联系网络强度普遍较高。长江三角洲、京津冀和珠江三角洲城市群的高强度城市对呈现出网络状，其他地区主要呈现出以中心城市为核心的放射状。在高铁网络背景下，构成轴-辐结构的强联系高速网络，中心城市高铁客运腹地存在等级结构。

(4) 经济、高铁可达性、城市等级等因素影响城市高铁客运量的空间格局和城市空间联系强度。与传统铁路相比，城市吸引力和时间距离对高铁沿线城市空间相互作用的正负影响程度均有明显的削弱。

2. 讨论

区域高铁客运空间联系格局表明高铁增强了中心城市辐射能力，中心城市经济要素集聚和扩散的能力进一步增强，这有助于强化区域中心城市与周边城市的融合协同发展，从而推动我国城市群建设，提高城市群内部人员交流效率，尤其是我国东部主要城市群可以充分利用高铁网络带来的速度和运力优势，并将该优势转化为促进区域产业分工的重要动力。

6.2 长江三角洲城市群铁路客运联系网络结构演变特征

6.2.1 引言

城市交通运输联系是交通地理学的重要研究方向，2000 年以后的研究侧重于剖析不同交通方式的运输空间联系方向(刘承良，2004；周一星和杨家文，2001)、联系强度及其演变(王海江和苗长虹，2016)、中心城市辐射范围、距离衰减规律及交通空间组织模式(戴特奇等，2005)。近年来，"流空间"数据和复杂网络分析方法在城市交通运输联系研究中正在逐渐得到应用。随着交通大数据的不断积累，"流空间"数据为城市交通联系的深入研究提供了重要支撑，克服了传统数据和模型的局限性。而多时序交通流数据则可以刻画城市交通联系的时空格局演变特征。同时，复杂网络分析法能够有效地分析交通运输联系的网络特征、结构演变、空间组织特征和模式，复杂网络理论为城市交通运输联系研究提供新的方法和评价指标，推动了城市交通联系研究方法与思路的转变。2000 年以来，国内外越来越多的学者尝试通过各类交通信息流等数据和复杂网络分析方法解析城市交通联系的网络结构特征与规律，揭示航空、铁路、公路、高铁交通流作用下的城市网络空间结构特征、联系程度和社区识别 (陈伟等，2017；孟德友等，2017；钟业喜等，2016；焦敬娟等，2016；柯文前等，2016；王海江和苗长虹，2015；Kwon and Jung，2012；武文杰等，2011；赵渺希等，2014；王姣娥等，2009；莫辉辉等，2008；Choi et al.，2006)。研究表明，航空等交通运输网络体现了"小世界"和"无标度"

等复杂网络的基本特征(王姣娥等,2009),交通运输网络很好地刻画地域系统内容的功能联系(陈伟等,2017)。目前限于交通大数据获取的难易程度,基于"流空间"数据的城市交通联系格局演化研究成果依然较少,制约着城市交通联系网络时序演化过程及其动力机制的研究。

区域一体化国家战略和迅猛发展的高铁网络对城市群铁路客运联系研究提出了现实需求。京津冀协同发展、粤港澳大湾区建设、长江三角洲区域一体化等国家战略成为引领城市群经济高质量发展的重要动力。同时,高铁网络设施作为城市群建设的重要组成部分,在城市互联互通、区域协同创新、创新资源共享与流动等方面发挥了日益突出的支撑作用。因此,为了更好地对接区域一体化国家发展战略,在高铁设施迅猛发展的背景下探究城市群铁路客运联系具有现实的必要性和紧迫性。学者通常利用城市交通通信联系强度表征城市网络空间特征,所以探究城市铁路客运联系演变规律能更好地识别与预测城市群网络的空间结构及其演变,为区域一体化国家发展战略提供决策依据。

鉴于此,本节以长江三角洲城市群为案例区,在 GIS 技术、流空间数据和复杂网络分析方法的支撑下,探究城市群铁路客运联系的格局演化特征与发展趋势,加深对铁路客运网络支撑下城市群内部空间联系格局演化的认知程度,以期为科学、合理地预判城市群铁路客运量格局和交通空间组织模式演化趋势提供重要参考依据。

6.2.2 数据来源与研究方法

1. 数据来源

由于多年的城市群实际铁路客运量指标难以获取,本节采用参量替代法对铁路客运参数予以表征,使用 2005 年、2010 年和 2017 年 3 期铁路客运班次数据,来解析长江三角洲城市群地区城市铁路客运联系的网络演变特征。数据从极品时刻表软件和高铁网提取,包括极品时刻表 2005.11.23 版本、2010.03.20 版本的数据和高铁网 2017 年 8 月份数据,对城市内多个站点班次进行合并。

3 期数据涉及城市数分别为 52 个、57 个和 75 个,将时刻表数据转化为城市对矩阵,并且将其空间化,将城市对矩阵和空间化数据分别导入 Ucinet 软件和 ArcGIS 软件。

2. 研究方法

1) 社会网络分析指标

采用社会网络分析法,运用 Ucinet 软件并结合度中心性、网络密度和凝聚子群等指标对铁路客运网络结构进行定量分析。采用自然断裂分类法,将 3 期度中心性值和核心度值划分 5 个等级,分别表示高、较高、一般、较低和低水平。

(1) 节点重要性指标——度中心性。

度中心性指与该节点有直接联系的节点数,也称为度,反映节点在网络中的重要程度和控制能力。节点的度中心性越高说明该节点与其他节点的联系越广泛。在有向网络中,节点的度分为入度和出度,入度反映了该节点对网络中其他节点的吸引力,出度反映了该节点对网络中其他节点的影响。在无向网络中,节点的度只有一个,表示该节点与其他节点直接相连的次数。度分布能够通过节点度的分布规律刻画不同节点的重要性,判断网络空间拓扑结构特征。度中心性计算公式为

$$D_i = \sum_{}^{n} L_{ij} \tag{6.2.1}$$

式中,L_{ij} 为节点 i 和节点 j 之间的边数;n 为节点的总数。

(2) 网络特性指标——网络密度。

网络密度反映网络中各城市交通联系的紧密程度,网络密度越大,城市间交通联系越紧密。网络密度的计算公式为

$$D = \sum_{i=1}^{k} \sum_{j=1}^{k} d(i,j) / [k(k-1)] \tag{6.2.2}$$

式中,D 为网络密度;k 为城市节点数;$d(i,j)$ 为城市 i 和城市 j 之间的交通联系量。

(3) 核心-边缘结构分析。

核心-边缘结构分析反映城市在铁路客运联系网络中的地位或重要程度,判断网络中的核心成员及其核心度。本节采用 Ucinet 软件 Core & Periphery 模块计算得到城市核心度值和核心城市。

(4) 凝聚子群分析。

凝聚子群分析用于揭示网络聚集行为,是一种网络聚类方法。本节采用凝聚子群分析方法,通过城市铁路客运量班次数据,分析长江三角洲城市群的城市小团体集聚现象,厘清铁路客运联系网络作用下城市之间的亲疏关系,从而梳理长江三角洲城市群铁路客运联系网络的组织结构,研判铁路客运联系网络作用下区域一体化水平的空间差异。

2) 其他指标

(1) 位序-规模法则:通过式 (6.1.7) 测度城市铁路客运班次的集中与分散程度。

(2) 铁路客运联系强度:通过式 (6.1.2) 来表征城市对铁路客运联系的强度。

(3) 重力模型:通过式 (6.1.4) 来拟合城市铁路客运量回归模型。

6.2.3 铁路客运联系强度空间演变特征

1. 铁路干线客运量翻倍增长，合宁杭轴线和杭甬轴线沿线城市对客运量快速增长

下面综合对比分析 3 期铁路客运联系强度的变化。长江三角洲城市群 3 期客运班次总数分别为 7067、11715 和 32802，常用自然断裂点分级法，将 2005 年、2010 年和 2017 年的铁路客运联系强度划分为 5 个等级，即高、较高、一般、较低和低级别。

2005 年，高强度城市对分布于沪宁轴线，班次数在 54 以上，由高到低分别为上海—苏州、上海—无锡、南京—无锡、苏州—无锡、常州—无锡、南京—常州、南京—上海等，较高强度城市对集中于上海—杭州—义乌轴线，班次为 39~54，当年形成一主一次两条重要轴线，其余线路客运量普遍较少。2010 年，高强度的沪宁轴线班次数显著提高，在 91 以上，几乎为 2005 年的 2 倍，沪宁轴线沿线高强度城市对数量增加，由高到低分别为上海—南京、上海—苏州、上海—无锡、上海—常州、无锡—苏州、南京—无锡、南京—苏州等；上海—南京城市对班次数增长突出；上海—杭州—义乌支线强度有所提高。2017 年，高强度的沪宁轴线班次数再次大幅提升，在 183 以上，是 2010 年的 2 倍多，由高到低依次为上海—南京、上海—杭州、上海—苏州、南京—苏州、上海—无锡、南京—无锡、无锡—苏州等；沪杭轴线客运量大幅提升；沪杭、沪嘉班次进入高强度城市对序列，上海—杭州—金华轴线客运班次数达到 99 以上；合肥—南京—杭州—宁波轴线班次数增长较快，沿线城市铁路客运联系强度提高。

2. 城市群铁路客运量集中于少数铁路线路和城市对

位序-规模法则分析显示（表 6.2.1），城市铁路客运量的 q 值由 2005 年的 1.093，分别提高到 2010 年的 1.184 和 2017 年的 1.28，表明城市群铁路客运量越来越集中于少数城市对。上海、杭州和南京之间的联系强度日趋增强，形成"一主轴、两支带、三核心"的高客运量格局，即沪宁主轴线、沪杭金支带和宁杭甬支带，"又"字形轴带为长江三角洲城市群核心的铁路客运走廊。上海、南京和杭州成为城市群铁路客运网络的核心城市，2005 年、2010 年和 2017 年的三个轴带铁路客运班次数比例分别为 53.79%(沪宁：35.47%；沪杭金：14.32%；杭甬：4%)、57.28%(沪宁：38.96%；沪杭金：11.28%；杭甬台温：7.02%)、52.35%(沪宁：23.59%；沪杭金：13.17%；宁杭甬台温：15.58%)。

3. 城市群铁路客运联系网络结构趋向扁平化

对比 2005 年与 2017 年不同等级城市之间的客运量比例（表 6.2.2），可知省会城市之间的联系强度占比由 3.78% 增长到 6.07%，省会城市与县级城市联系强度由 7.92% 上升到 9.42%。省会城市与其他各类城市的客运量占比由 2005 年的

23.7%增长到 28.3%,县级城市与省会城市和地级城市的联系强度差距缩小,占比差距由 4.78%缩小至 2.48%。数据显示,省会城市辐射扩散能力进一步增强;省会城市之间、省会城市与县级城市之间的联系强度提高,低等级城市与省会城市的联系加强。城市铁路客运联系网络结构呈现出由垂直结构向水平结构转化的趋势,这种结构有助于发挥低等级城市的自身作用 (汤放华等,2010)。

表 6.2.1 2005~2017 年长江三角洲城市群铁路客运联系网络位序-规模分布统计特征

年份	城市度中心性			城市对铁路客运量		
	a	q	R_a^2	a	q	R_a^2
2005	8.408	1.424	0.807	7.67	1.093	0.915
2010	8.788	1.348	0.846	8.588	1.184	0.922
2017	10.037	1.405	0.758	10.262	1.28	0.878

表 6.2.2 不同等级城市之间联系强度占比分析 (单位:%)

年份	省会城市之间客运量比例	省会城市与县级城市客运量比例	省会城市与地级市客运量比例	地级市与县级市客运量比例
2005	3.78	7.92	12.01	12.87
2010	5.15	7.77	13.81	11.82
2017	6.07	9.42	12.80	11.99

6.2.4 长江三角洲城市群铁路客运联系网络演变特征

1. 网络密度演变分析

1) 城市群铁路客运联系网络密度逐年显著提升

如表 6.2.2 所示,2005~2017 年铁路客运联系网络平均密度由 2.6648 上升至 5.9103。其中,2005~2010 年,网络平均密度由 2.6648 上升至 3.6673,提高了 37.9%;而 2010~2017 年,网络平均密度由 3.6673 增至 5.9103,提高了 61%,这表明这段时间铁路客运联系网络有了更快的提高,沪杭城际、宁杭城际、宁安城际、合福高铁、沪昆高铁等线路的建设加强了长江三角洲地区核心城市之间的联系。

2) 城市群铁路客运网络密度存在显著空间分异特征

在 3 个时期,沪宁沿线城市处于铁路客运网络的核心地位,铁路客运班次数多,网络密度高。浙江城市网络密度较高,而苏中苏北城市和安徽城市位于城市群铁路联系网络的边缘地带,相对孤立,客运班次数较少,网络密度较低(表 6.2.3)。

表 6.2.3　长江三角洲城市群铁路客运联系网络密度

年份	城市数量	网络平均密度	苏中苏北城市	浙江境内城市	安徽境内城市	京沪铁路沿线城市
2005	52	2.6648	1.38	5.48	1.95	28.42
2010	57	3.6673	3.47	6.12	2.99	45.45
2017	75	5.9103	10.26	15.96	3.39	65.55

2. 城市铁路客运中心性演变分析

1) 中心城市辐射扩散能力大幅提升，城市铁路客运能力差异不断扩大

度中心性不仅反映城市对铁路客运联系网络控制能力，也能表征城市铁路客运量规模。2005 年的度中心性平均值为 141.65，排名前 10 的城市依次为上海、南京、无锡、苏州、常州、杭州、镇江、昆山、丹阳、义乌等。2010 年的度中心性平均值为 219.79，排名前 10 的城市变化不大，仅义乌换成嘉兴。2017 年的度中心性平均值为 476.77，排名前 10 的城市中，增加了合肥和嘉兴。2005～2017 年部分城市度中心性提高速度较快，合肥、宁波分别由 2005 年的排名 23 位和 21 位，上升到 2017 年的第 8 位和 11 位，铁路客运联系网络控制能力大幅加强，城市客运量不断攀升，直达城市数量和车次数均有显著提高，说明此类城市在铁路客运交通方式下城市对外辐射扩散能力大幅度增强。

通过对 3 期的度中心变异系数对比发现，2005 年、2010 年和 2017 年城市度中心的变异系数分别为 1.19、1.26 和 1.34，显示度中心均衡性不断下降，度中心差距扩大，而表 6.2.1 显示度中心性的 q 值由 2005 年的 1.424 下降到 2010 年的 1.348，而后又增长到 1.405，度中心性差异呈现先减小后扩大的趋势，铁路客运量越来越集中于少数中心城市，体现出铁路客运联系网络的"无标度"特性。

2) 度中心性高值区由轴线式高值区向多核心组团式高值区演化，高值区范围不断收缩

在 2005 年的度中心性格局中，沪宁轴线核心区的度中心性整体最高，在核心区内有 5 个高值区，包括上海、南京、苏州、无锡、常州，外围分布着以杭州为核心的高值区，度中心性由沪宁轴线和沪杭线向外围区域逐渐递减，形成长江以北和西南低值区。2010 年高值区范围收缩，集中于少数城市，包括上海、南京、苏州、无锡、杭州等。2017 年度中心性高值区进一步收缩，日益演化为以上海、杭州和南京为中心的组团式圈层扩展区，上海、南京和杭州与其他城市的度中心性差距不断扩大，外围区域出现合肥、宁波等较高值区，它们的铁路交通枢纽地位日益突出。同时，沪宁—沪杭—杭甬的"Z"形轴线沿线城市的度中心值整体水平相对较高。此外，长江三角洲地区铁路客运空间组织模式由轴线扩展模式向多核心圈层扩展模式转变。

3) 度中心性增量高值区集中分布于少数中心城市，低值区位于东北部和西南地区城市

2005~2017年的度中心性变化高值区集中分布于上海、南京和杭州及其周边城市，增量在900以上，度中心性增量较少的区域分布于东北部和西南部地区，增量在360以下。2005~2017年度中心性增长排名前10的城市依次为南京、上海、杭州、苏州、绍兴、无锡、合肥、宁波、嘉兴和常州等。

3. 核心-边缘结构分析

1) 核心城市由沪宁轴线区域集中转向多条轴线离散分布

2005~2017年，城市核心度值的标准差由0.116下降至0.099，非均衡指数由0.046下降至0.038，表明城市群核心度的绝对差异和相对差异呈现缩小趋势，城市核心度值空间分布趋于均衡。通过核心-边缘结构分析显示(表6.2.4)：核心城市由沪宁沿线轴线城市为主向宁武轴线、沪杭轴线和杭甬轴线延伸，核心城市由区域集中格局走向分散。2005年有8个核心城市在沪宁轴线上，2010年增加了沪杭金沿线3个城市和宁合沿线的1个城市，到2017年又增加了宁波、绍兴和安庆等城市。

表6.2.4 2005年、2010年和2017年长江三角洲城市群核心城市变化分析

年份	核心城市
2005年	常州、滁州、丹阳、杭州、昆山、南京、上海、苏州、无锡、镇江
2010年	常州、滁州、丹阳、海宁、杭州、合肥、嘉兴、昆山、南京、上海、苏州、无锡、义乌、镇江
2017年	安庆、常州、丹阳、杭州、合肥、嘉兴、金华、昆山、南京、宁波、上海、绍兴、苏州、无锡、镇江

2) 高核心度区日趋疏散于少数中心城市

2005~2017年高核心度城市数量减少，核心度高于0.3的城市由6个缩减到4个，高核心度区域范围收缩，由沪宁轴线集聚转向其他区域日趋分散，高核心度区逐渐由多数城市集中扎堆转向少数中心城市分布，南京、杭州、上海、苏州等少数中心城市极化水平高。另外，铁路客运网络外围正在崛起一些区域性核心城市，包括宁波、金华、合肥、安庆等。相比之下，长江三角洲城市群东北部和西南部地区缺少核心度较高的城市。

6.2.5 铁路客运联系网络凝聚子群演变分析

采用Ucinet软件的Concor算法模块分析铁路客运联系网络的凝聚子群，得到凝聚子群的具体组成状况及其密度值情况(表6.2.5)。

表 6.2.5 长江三角洲城市群铁路客运联系网络凝聚子群划分

大区	小区	2005 年	2010 年	2017 年
1	1	南京、无锡、镇江、常州、苏州、昆山、丹阳、滁州、明光、凤阳、铜陵、安庆	上海、南京、无锡、苏州、常州、镇江、昆山、丹阳、滁州、全椒、肥东、明光	上海、南京、苏州、无锡、常州、合肥、昆山、镇江、丹阳、滁州、全椒、定远、明光
	2	芜湖、宣城、马鞍山、合肥、长兴、广德、宁国、扬州、仪征	杭州、嘉兴、义乌、海宁、诸暨、嘉善、金华、兰溪	芜湖、马鞍山、池州、安庆、当涂、繁昌、芜湖、东至
2	3	上海、杭州、义乌、嘉兴、诸暨、海宁、嘉善、永康、武义、浦江、金华、兰溪、淳安	合肥、芜湖、宣城、长兴、德清、马鞍山、巢湖、广德、池州、宁国、东至、武义、永康	杭州、绍兴、嘉兴、宁波、义乌、余姚、诸暨、台州、海宁、嘉善、温岭、桐乡、临海、宁海、三门、奉化
	4	绍兴、宁波、余姚	绍兴、宁波、余姚、台州、温岭、临海、宁海、奉化	长兴、湖州、宜兴、德清、溧阳、永康、宣城、广德、句容、兰溪、金华、武义
3	5	巢湖	庐江、安庆	铜陵、巢湖、绩溪、长丰、无为、南陵、泾县、旌德、肥东、宁国
	6	桐城、怀宁、太湖、宿松、肥西、庐江	桐城、怀宁、太湖、宿松	怀宁、桐城、庐江、太湖、潜山、宿松、舒城
4	7	盐城、兴化、阜宁、建湖	海安、南通、盐城、东台、如皋、阜宁、建湖	盐城、东台、阜宁、建湖
	8	海安、南通、如皋	扬州、泰州、仪征	扬州、泰州、海安、南通、如皋、如东

1. 中片区和东片区子群持续分化重组，北片区和西片区子群相对稳定

2005~2017 年城市群铁路客运联系在二级层面上出现 4 个凝聚子群。2005 年区内形成以南京—合肥为核心的中片区、上海—杭州—宁波为核心的东片区、盐城—南通—扬州为核心的北片区和巢湖—桐城为核心的西片区。2010 年合宁城际、沪宁城际和甬台温城际开通，中片区和东片区凝聚子群出现分化重组，区内形成上海—南京—杭州为核心的中片区、宁波—合肥为核心的南片区、安庆—桐城为核心的西片区、盐城—南通—泰州为核心的北片区。2017 年京沪高铁、宁杭高铁、合福高铁、宁安高铁、杭长高铁开通运营，区内形成的上海—南京—合肥为核心的中片区、巢湖—桐城为核心的西片区、杭州—宁波—金华为核心的东片区、盐城—南通—泰州为核心的北片区。二级层面上，北片区和西片区凝聚子群相对稳定，而中片区和东片区较为活跃，多次出现空间重组，范围不断扩张。

2. 沪宁轴线为城市群核心子群，它与沪杭子群之间联系紧密

在三级层面上出现 8 个子群。2005 年传统铁路沿线形成 8 个子群，第 1 子群主要位于沪宁轴线，核心城市有苏州、无锡、南京等，铁路联系十分紧密，沿线分布着大多数的核心城市，所以该子群显然为核心子群。第 2 凝聚子群，核心城市主要有合肥、芜湖、宣城、扬州等。第 3、4 子群分别沿着沪杭金轴线和杭甬轴线，核心城市包括上海、杭州等。第 5、6 子群核心城市有巢湖和桐城。第 7、8 子群位于新长铁路沿线。2010 年上海融入沪宁轴线子群。2017 年合肥纳入沪

宁轴线子群。表6.2.6显示沪宁轴线子群范围不断扩大，内部密度逐年大幅递增，2005年、2010和2017年沪宁轴线子群密度分别为17.98、38.52和61.15。沪宁轴线与沪杭轴线子群联系最为紧密，3期两子群之间联系密度分别为5.51、6.39和14.76，第6、7子群与核心子群之间的联系网络密度最低。2017年与沪宁轴线子群联系紧密程度依次为4、1、3、8、5、6、7，3期子群分析表明：沪宁轴线子群与沪杭甬轴线子群联系最为紧密，其次为与皖东轴线子群的联系，而苏北轴线和皖南轴线子群联系薄弱。

表6.2.6 长江三角洲城市群铁路客运联系网络凝聚子群密度

子群	2005年							
	1	2	3	4	5	6	7	8
1	17.98	1.86	5.51	1.25	0.17	0.35	0.00	0.08
2	1.82	4.22	0.66	0.74	4.00	0.43	0.00	0.22
3	5.31	0.69	7.66	3.87	0.23	0.03	0.00	0.00
4	1.25	0.74	3.80	25.67	1.33	0.00	0.00	0.00
5	0.17	4.00	0.23	1.33	—	0.00	0.00	0.00
6	0.33	0.43	0.03	0.00	0.00	1.93	0.00	0.00
7	0.00	0.00	0.00	0.00	0.00	0.00	1.60	1.80
8	0.08	0.22	0.00	0.00	0.00	0.00	1.80	3.00
子群	2010年							
	1	2	3	4	5	6	7	8
1	38.52	6.39	2.17	1.39	0.75	0.19	0.12	1.03
2	6.38	14.32	2.55	4.42	0.00	0.00	0.00	0.25
3	2.12	2.39	7.17	1.42	0.42	0.48	0.09	0.51
4	1.03	3.94	1.50	9.50	0.00	0.00	0.00	0.00
5	0.58	0.00	0.42	0.00	4.00	2.50	0.00	0.00
6	0.15	0.00	0.48	0.00	2.50	4.17	0.00	0.75
7	0.12	0.00	0.09	0.00	0.00	0.00	3.43	2.57
8	0.94	0.25	0.51	0.00	0.00	0.75	2.57	7.67
子群	2017年							
	1	2	3	4	5	6	7	8
1	7.84	6.81	1.70	0.91	2.59	0.34	0.00	0.40
2	6.89	61.15	6.18	14.76	2.54	0.59	0.10	2.71
3	1.45	5.55	10.06	7.53	0.58	0.14	0.00	0.03
4	0.77	14.39	6.96	23.15	0.28	0.05	0.00	0.00
5	2.51	2.66	0.72	0.36	5.33	0.00	0.00	0.12
6	0.32	0.56	0.07	0.05	0.09	4.50	0.00	0.00
7	0.00	0.10	0.00	0.00	0.00	0.00	3.08	2.15
8	0.48	2.31	0.03	0.00	0.14	0.26	2.35	30.60

3. 高铁设施网络推动凝聚子群分化重组，促进子群范围扩张

通过对比3期二级层面凝聚子群的结构及其变化，城市群社区结构经历破碎分散到成片集聚的过程，部分凝聚子群范围扩大。①3期铁路设施网络沿线城市

形成不同片区的凝聚子群。② 高铁设施网络在子群空间重组中发挥关键作用。宁杭高铁和杭长铁路促进了浙江省和安徽省东部铁路沿线的区域整合，宁安高铁、宁合高铁和京沪高铁强化了上海对城市群西部城市的辐射作用，使宁安高铁沿线城市更好地融入沪宁群。同时，合福高铁带动安徽省内城市子群的融合，加快了区域一体化进程。高铁设施网络的参与，促使子群内部城市分化与重组。其中，沪宁轴线整体相对稳定，范围扩展增加了合肥等城市，南部沿线城市分化组合较为频繁。③ 苏中苏北轴线子群与沪宁轴线子群联系薄弱，仅通过南京连接沪宁轴线，制约了苏中苏北城市更好地融入核心子群和其他子群。

6.2.6　长江三角洲城市群铁路客运联系网络演变驱动机制分析

1. 铁路客运时间距离衰减特征

表 6.2.7 显示，2005~2017 年城市铁路客运联系时间距离大幅降低，由 292.30min 下降到 178.94min，2017 年较 2005 年平均时间下降了 38.78％。铁路设施网络给长江三角洲城市群带来了显著的时空收敛效应。

表 6.2.7　长江三角洲城市群铁路客运联系时间距离对比分析

指标	2005 年	2010 年	2017 年
城市对数量	981	1181	2055
最小值/min	19.00	10.29	10.86
最大值/min	823	835	684
总和/min	286744.4	298264.4	367719
平均值/min	292.30	252.55	178.94
标准差/min	178.99	161.19	130.61
变异系数	0.61	0.64	0.73

通过长江三角洲城市群铁路客运班次数据汇总，得到不同时间段和空间段了分布结果。图 6.2.1 显示，在长江三角洲铁路客运联系中，2005 年和 2017 年城市对客运量主要集中于 4h 以内和 400km 以内，4h 以内分别占比达到 75.2％和 90.4％，400km 以内占比为 89.6％和 84.3％。2005 年高客运量出现客运时间 1~2h 和 0~100km 时，而 2017 年高客运量集中于客运时间 0~1h 和 100~200km 时。对比两期数据可知，2005~2017 年铁路客运量的时间距离衰减速率显著提高，而空间距离衰减速率下降。

2. 铁路客运量的重力模型分析

表 6.2.8 显示重力模型 3 期 α、β、γ 值的变化。2005 年三个值分别为 0.663、0.276 和 0.295，而 2010 年分别为 0.792、0.261 和 0.284，α 绝对值增大，其他两值变化不大，表明铁路客运随时间距离衰减规律增强，而至 2017 年分别为 0.738、0.419 和 0.417，α 绝对值虽比 2010 年有所下降，但仍比 2005 年高，而 β、γ 值有明显提高，反映城市吸引力对铁路客运量作用强度提升。

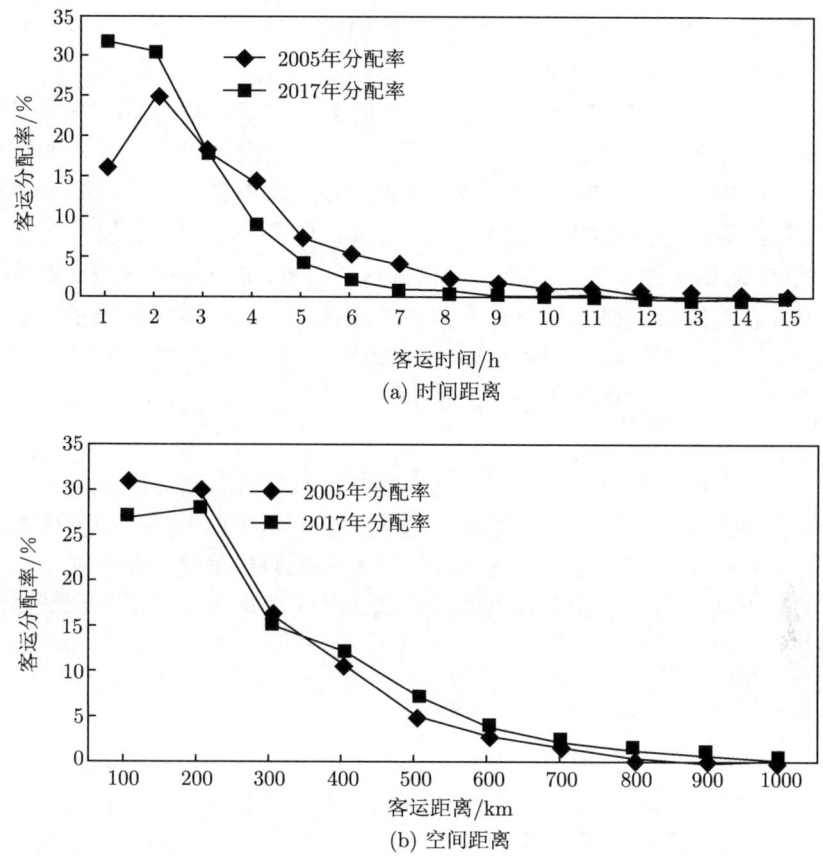

图 6.2.1 2005 年和 2017 年长江三角洲城市群铁路客运时空距离衰减规律

表 6.2.8 城市高铁客运联系的重力模型分析

年份	α	β	γ	常数项	R_a^2	样本数
2005 年	0.663* (19.543)[0.470]	0.276* (14.201)[0.342]	0.295* (15.114)[0.364]	−4.455* (−9.080)	0.433	981
2010 年	0.792* (24.438)[0.531]	0.261* (13.260)[0.288]	0.284* (14.495)[0.315]	−3.307* (−6.673)	0.448	1181
2017 年	0.738* (30.383)[0.461]	0.419* (27.766)[0.421]	0.417* (27.761)[0.421]	−7.952* (−21.827)	0.529	2055

* 表示显著性水平为 0.01；圆括号内为 t 检验值；方括号内为标准偏回归系数。

6.2.7 本节小结

1. 结论

本节采用 2005 年、2010 年和 2017 年铁路客运班次数据，利用网络密度、度中心性、核心-边缘结构、凝聚子群等社会网络分析指标探究长江三角洲城市群铁路客运联系网络结构特征的变化。主要结论如下。

(1) 长江三角洲城市群铁路客运量日益集中于少数铁路线路、城市对和中心城市。铁路干线客运量翻倍增长，中心城市铁路客运能力加强，与其他城市差距不断扩大。度中心性高值区和核心城市由沪宁轴线集中分布向多核心分散格局演化，表明铁路客运空间组织模式由轴线扩展模式向多核心圈层扩展模式转变。

(2) 沪宁轴线子群为长江三角洲城市群核心子群，沪宁轴线子群、沪杭金子群和杭甬子群之间的联系强度相对较高，而盐通扬泰子群和皖西轴线子群处于整个网络"边缘化"状态。2005~2017年，高铁设施网络延伸与扩展推动了城市群凝聚子群的分化重组。中片区和东片区子群持续分化重组，北片区和西片区子群相对稳定。

(3) 高铁设施网络带来了城市群铁路客运时间距离衰减速率的提高、空间距离衰减速率的下降。同时，加强了城市吸引力对铁路客运量的作用强度。在铁路客运的时空衰减规律下，城市群体空间网络结构趋向扁平化，省会城市之间、省会城市与县级城市之间的联系强度明显提高，县级城市与省会城市和地级城市的联系强度差距缩小。

2. 展望

铁路客运在长江三角洲地区城市经济社会联系中的作用更加突显。当前，长江对长江三角洲城市群铁路客运联系的分割作用依然明显，加快建设宁淮、盐泰锡宜湖、通苏嘉涌跨江通道，实现跨江融合应成为长江三角洲城市群高铁设施网络的优先安排。同时，在长江三角洲地区内部，长江以北高铁网络规划与建设将重塑长江三角洲地区的铁路客运联系网络结构，对整个长江三角洲地区的铁路客运网络演变产生深远影响，随着苏中苏北和沿海高铁网络的发展，未来将实现跨江融合与沪宁轴带多点衔接，长江三角洲城市群内部多个子群之间的铁路客运联系强度将大幅度增强，尤其是长江以北的凝聚子群与核心子群之间联系将有质的飞跃。重塑长江以北城市的铁路客运联系网络关系，将加快推动长江以北城市深度融入长江三角洲一体化发展进程，从而有效地扭转当前长江以北城市子群的"边缘化"倾向，增强长江三角洲城市群的凝聚力和协同力。

6.3 国家中心城市对外交通空间联系强度

6.3.1 引言

Castells 在 20 世纪 90 年代提出"流空间"这一理念，由此也衍生出城市流的概念。城市流是该城市与其他城市通过联系所产生的经济活动流，是城市间人流、技术流、信息流、物流等空间流在城市区域内所发生的频繁、双向或多向的流动现象。近年来，众多国内学者对流空间进行研究，罗震东等 (2015) 根据长江三角洲地区的客流量和高铁转换数据来衡量城际联动模式和演变，王成金 (2009) 通过城际铁路客流和空间流场理论识别交通流的枢纽，刘建朝和高素英 (2013) 依据城市强度联系和城市流研究了京津冀城市群的空间联系，周一星和胡智勇 (2002) 依据航空客流分析了我国城市体系结构及其演变，陈群元和宋玉祥 (2011) 通过城市流强度理论模型对环长株潭城市群的城市流强度和城市流强度结构进行测算分析。

区域一体化地区是城市群发展中的先导地区和核心地区，是城市提质增效、在快速重构和日益扁平化网络城市体系中占据核心和节点位置的一种重要选择 (方创琳和张永姣，2014)。长江三角洲地区是我国经济发展水平较高的城市群之一，为了提升我国区域经济内生增长动力，加强区域一体化发展，我国在 2018 年 11 月将长江三角洲区域一体化确定为国家战略。长江三角洲地区作为"一带一路"和长江经济带的重要交汇点，包括上海、浙江、江苏、安徽三省一市，城镇体系结构完备、产业集聚度高、城镇化水平较高、彼此联系紧密，存在建立具有全球竞争力世界级城市群和实现高质量一体化发展的经济基础。长江三角洲在全国现代化建设大局和全面开放格局中，区位优势突出；其城际联系日趋紧密，并且城市群大中小城市体系完整，公路和铁路交通干线密度在全国处于领先位置，便捷的交通条件形成了一个立体综合交通网络。

本节主要采用公路和铁路客运班次数据，基于 GIS 技术来显示城市群交通客运联系的紧密程度及其空间差异，研究国家中心城市与周边城市的联系强度，以期为我国交通发展和城镇体系规划提供科学依据和参考。

6.3.2 数据来源与研究方法

1. 数据来源

本节原始数据是上海市与长江三角洲内城市间的铁路与公路客运班次，分别从公路、铁路运输角度分析长江三角洲城市网络空间的关联强度。各类型班次的数据结构为 1×50 和 1×118 矩阵。采用网络大数据抓取的方式，分别通过铁路客运网和全国汽车票官网检索，采取上海市到长江三角洲范围内城市的铁路、公路客运数据，并且通过随机抽取、循环查询等方式进行人工校验、修正，从而确保数据的正确性和科学性。数据选取日期为 2017 年 7 月。这种大数据抓取方式数据范围广，可以解决样本量不足和实时性较差的问题。

长江三角洲城市群的各省市的地区生产总值和人口数据来源于《上海市统计年鉴 (2017)》、《江苏省统计年鉴 (2017)》、《浙江省统计年鉴 (2017)》、《安徽省统计年鉴 (2017)》。

2. 研究方法

(1) 基于 O-D 联系网络的 GIS 空间分析：由于城市之间的客运联系信息较为复杂、庞大，采用 ArcGIS 空间网络分析法，将长江三角洲地区城市通过铁路或公路客运将其中的两个中心城市连接起来，构建实际路径下的 O-D 联系网络平台，并在大数据网络平台中清晰地刻画长江三角洲地区的铁路、公路客运的联系路径，即可对铁路与客运交通运输的空间联系特征进行研究。

(2) 联系强度：反映两个城市基于铁路或公路客流的联系程度。通过式 (6.1.2) 计算得到城市对空间联系的强度。

(3) 空间引力模型：指基于两城市间的铁路或公路的客运班次数与城市 a 出行的客运班次数和到达城市 b 的客运班次数的吸引量各成正比，与两个城市间的行程时间 (或费用、距离等) 成反比的关系建立的未来交通分布预测模型。采用式 (6.1.4) 拟合城市间铁路或公路的客观联系模型。

6.3.3 国家中心城市对外交通客运空间联系特征分析

1. 铁路客运空间联系特征分析

收集 2017 年上海市到长江三角洲其他城市或县区的铁路客运班次数 (表 6.3.1) 和公路客运班次数 (表 6.3.2)。

1) 铁路客运空间联系强度分析

按照自然断裂法，可将上海市对长江三角洲范围内城市的铁路客运联系值划分为五个等级 (表 6.3.3)。

表 6.3.1　上海市到长江三角洲范围内城市或县区铁路客运班次数

城市	铁路客运班次数	城市	铁路客运班次数
上海市—南京市	313	上海市—金华市	66
上海市—杭州市	306	上海市—嘉善县	53
上海市—苏州市	279	上海市—桐乡市	49
上海市—无锡市	237	上海市—滁州市	43
上海市—嘉兴市	215	上海市—台州市	41
上海市—常州市	199	上海市—余姚市	40
上海市—昆山市	161	上海市—温岭市	28
上海市—镇江市	137	上海市—全椒县	27
上海市—义乌市	126	上海市—芜湖市	26
上海市—海宁市	86	上海市—马鞍山市	24
上海市—丹阳市	84	上海市—临海市	20
上海市—绍兴市	84	上海市—池州市	17
上海市—宁波市	79	上海市—宁海县	17
上海市—诸暨市	77	上海市—铜陵市	17
上海市—合肥市	66	上海市—安庆市	16

续表

城市	铁路客运班次数	城市	铁路客运班次数
上海市—永康市	15	上海市—长兴县	5
上海市—三门县	14	上海市—溧阳市	4
上海市—宁波奉化区	11	上海市—芜湖县	4
上海市—武义县	7	上海市—宣城市	4
上海市—定远县	6	上海市—长丰县	4
上海市—明光市	6	上海市—繁昌县	3
上海市—当涂县	5	上海市—绩溪县	2
上海市—德清县	5	上海市—东至县	1
上海市—湖州市	5	上海市—句容市	1
上海市—宜兴市	5	上海市—宁国市	1

表 6.3.2　上海市到长江三角洲范围内城市或县区公路客运班次数

城市	公路客运班次数	城市	公路客运班次数
上海市—杭州市	210	上海市—义乌市	39
上海市—苏州市	172	上海市—泰州市	38
上海市—昆山市	162	上海市—如皋市	37
上海市—宁波市	138	上海市—兴化市	36
上海市—嘉兴市	125	上海市—宝应县	36
上海市—太仓市	124	上海市—象山县	34
上海市—启东市	122	上海市—海宁市	33
上海市—无锡市	108	上海市—滨海县	32
上海市—常熟市	102	上海市—嵊州市	31
上海市—绍兴市	96	上海市—海盐县	31
上海市—张家港市	92	上海市—桐乡市	29
上海市—南通市	91	上海市—东台市	28
上海市—南京市	91	上海市—射阳县	28
上海市—江阴市	90	上海市—宜兴市	27
上海市—常州市	84	上海市—肥东县	26
上海市—湖州市	81	上海市—温岭市	25
上海市—海门市	77	上海市—诸暨市	24
上海市—合肥市	76	上海市—永康市	24
上海市—盐城市	75	上海市—响水县	24
上海市—泰兴市	74	上海市—芜湖市	23
上海市—扬州市	70	上海市—芜湖县	23
上海市—慈溪市	61	上海市—巢湖市	21
上海市—嘉善县	58	上海市—临海市	21
上海市—平湖市	50	上海市—镇江市	20
上海市—海安县	47	上海市—马鞍山市	20
上海市—高邮市	44	上海市—南陵县	20
上海市—宁海县	44	上海市—长兴县	19
上海市—溧阳市	44	上海市—宁波奉化区	19
上海市—余姚市	42	上海市—天台县	19
上海市—建湖县	41	上海市—无为县	19
上海市—靖江市	40	上海市—天长市	17

续表

城市	公路客运班次数	城市	公路客运班次数
上海市—铜陵市	17	上海市—和县	5
上海市—广德县	16	上海市—兰溪市	5
上海市—泾县	16	上海市—来安县	5
上海市—东阳市	16	上海市—定远县	5
上海市—仪征市	15	上海市—凤阳县	5
上海市—新昌县	15	上海市—繁昌县	5
上海市—庐江县	15	上海市—三门县	5
上海市—扬中市	15	上海市—旌德县	5
上海市—丹阳市	14	上海市—郎溪县	5
上海市—德清县	14	上海市—浦江县	4
上海市—阜宁县	14	上海市—淳安县	4
上海市—安庆市	14	上海市—仙居县	4
上海市—安吉县	14	上海市—太湖县	4
上海市—句容市	13	上海市—岳西县	4
上海市—宣城市	13	上海市—舟山市	4
上海市—宁国市	13	上海市—含山县	3
上海市—望江县	12	上海市—长丰县	3
上海市—如东县	11	上海市—滁州市	2
上海市—临安市	9	上海市—磐安县	2
上海市—金华市	9	上海市—怀宁县	2
上海市—桐城市	9	上海市—枞阳县	2
上海市—青阳县	9	上海市—全椒县	1
上海市—宿松县	9	上海市—嵊泗县	1
上海市—池州市	8	上海市—绩溪县	1
上海市—东至县	8	上海市—潜山县	1
上海市—玉环县	7	上海市—石台县	1
上海市—肥西县	6	上海市—明光市	1
上海市—桐庐县	6		

表 6.3.3 上海市到周边城市或县区铁路客运联系强度特征

级别	网络强度	单向班次数	主要分布
第一层级	最强	238~313	特大城市、大城市
第二层级	强	127~237	大城市、中等城市
第三层级	一般	54~126	大城市、中等城市、小城市
第四层级	较弱	21~53	小城市
第五层级	弱	1~20	小城市

第一层级为最强铁路联系网络，主要包括上海—苏州、上海—南京、上海—杭州。客运班次总数最多，单向班次数为 238~313。形成了"超大城市—特大城市"、"超大城市—大城市"对，城市对以与省会城市和一线城市联系为主。

第二层级为强铁路联系网络，主要包括上海—镇江、上海—常州、上海—无锡、上海—嘉兴。客运班次总数较多，单向班次数为 127~237。形成了"超大城市—大城市"、"超大城市—中等城市"对，城市对以与地级城市联系为主。

第三层级为一般铁路联系网络，主要包括上海—合肥、上海—丹阳、上海—海宁、上海—金华、上海—诸暨、上海—义乌、上海—宁波。客运班次总数一般，单向班次数为 54~126。形成了"超大城市对—大城市"、"超大城市—中等城市"、"超大城市—小城市"对，城市对以与地级城市联系为主，呈距离衰减规律，远距离以省会城市联系为主。

第四层级为较弱铁路联系网络，主要包括上海—滁州、上海—全椒、上海—余姚、上海—台州、上海—温岭。客运班次总数较少，单向班次数为 21~53。形成了"超大城市—小城市"对，城市对以与地级市和县级市联系为主。

第五层级为弱铁路联系网络，主要包括上海—明光、上海—定远、上海—长丰、上海—当涂、上海—溧阳、上海—宜兴、上海—繁昌、上海—安庆、上海—绩溪、上海—武义、上海—永康等。客运班次总数最少，单向班次数为 1~20。形成了"超大城市—小城市"对，城市对以与地级市和县级市联系为主。

由此可以看出：

(1) 铁路客运联系度与铁路设施网络有较强的联系，上海市到长江三角洲城市内，与江苏省铁路客运的联系比例较高，与江苏省 10 个城市客运总班次数为 1420，占 46.70%；浙江省次之，与浙江省 18 个城市铁路客运总班次数为 1349，占 44.36%；与安徽省铁路客运联系强度最弱，与安徽省 22 个城市铁路客运总班次数为 272，占 9.0%。

(2) 上海市作为国家中心城市对周边城市具有强烈的辐射作用；铁路联系网络具有等级性，等级越高的城市联系度越强，与沪宁线上的城市联系度强，占据了很大的比例，反映出中心城市的对外铁路联系一方面与区域人口经济发展的规模和水平相关，另一方面与联系城市的自然地理区位有关。

(3) 以上海市为核心，呈放射状空间联系结构，特大城市与大城市之间交通联系频繁，也反映出长江三角洲经济区内经济关联性较为紧密。

2) 铁路客运空间联系的影响因素分析

结合空间引力模型，选取城市的户籍人口、地区生产总值、城市等级、铁路客运班次数等参数数据建立重力模型，拟合 50 个城市对之间的铁路客运班次，得出表 6.3.4。结果表明，铁路站点之间的班次数与其城市吸引力、时间距离和空间距离有着密切关联。

表 6.3.4 显示，时间距离引力模型参数 α、γ 值分别为 -1.476、1.165，空间距离引力模型参数 α、γ 值分别为 -0.867、1.232。对比两个参数的绝对值可以看出，相对于空间距离，时间距离对沿铁路城市的空间相互作用具有更大的正面和负面影响。

表 6.3.4 城市铁路客运联系的重力模型分析

距离参数类型	γ	α	常数项	R_a^2	样本数
时间距离	1.165* (5.393) [0.537]	−1.476* (−3.978) [−0.396]	5.162 (2.226)	0.562	50
空间距离	1.232* (5.314) [0.568]	−0.867* (−2.762) [−0.295]	2.483	0.497	50

* 表示显著性水平为 0.01；圆括号内为 t 检验值；方括号内为标准偏回归系数。

2. 公路客运空间联系特征分析

1) 公路客运空间联系强度分析

对上海市到长江三角洲范围内城市的公路客运联系值进行分析，按照自然断裂法可将其划分为五个层级 (表 6.3.5)。

表 6.3.5 城市公路客运联系强度特征

级别	网络强度	单向班次数	主要分布
第一层级	最强	109~210	大城市
第二层级	强	62~108	大城市、中等城市
第三层级	一般	30~61	中等城市、小城市
第四层级	较弱	12~29	中等城市、小城市
第五层级	弱	0~11	小城市

第一层级为最强公路联系网络，主要包括上海—杭州、上海—苏州、上海—昆山、上海—太仓、上海—嘉兴、上海—宁波、上海—启东。客运班次总数最多，单向班次数为 109~210。主要与大城市连接。

第二层级为强公路联系网络，主要包括上海—无锡、上海—常熟、上海—南通、上海—张家港、上海—海门、上海—常州、上海—湖州、上海—江阴、上海—南京、上海—绍兴、上海—扬州、上海—泰兴、上海—合肥、上海—盐城。客运班次总数较多，单向班次数为 62~108。与大城市、中等城市联系度强。

第三层级为一般公路联系网络，主要包括上海—慈溪、上海—靖江、上海—如皋、上海—余姚、上海—海安、上海—义乌、上海—嵊州、上海—泰州、上海—高邮、上海—宁海、上海—兴化、上海—宝应、上海—建湖、上海—滨海、上海—嘉善、上海—平湖、上海—海盐、上海——海宁、上海—溧阳、上海—象山。客运班次总数一般，单向班次数为 30~61。主要与中等城市和小城市连接。

第四层级为较弱公路联系网络，主要包括上海—长兴、上海—镇江、上海—丹阳、上海—德清、上海—宜兴、上海—诸暨、上海—仪征、上海—句容、上海—广德、上海—马鞍山、上海—奉化、上海—新昌、上海—东台、上海—天长、上海—芜湖、上海—宣城、上海—永康、上海—巢湖、上海—肥东、上海—南陵、上海—泾县、上海—临海、上海—射阳、上海—庐江、上海—阜宁、上海—铜陵、上海—温岭、上海—安庆等。客运班次总数偏少，单向班次数为12~29。与中等城市和小城市联系度强。

第五层级为较弱公路联系网络，主要包括上海—如东、上海—金华、上海—滁州、上海—浦江、上海—全椒、上海—和县、上海—来安、上海—定远、上海—含山、上海—凤阳、上海—肥西、上海—繁昌、上海—淳安、上海—三门、上海—嵊泗、上海—仙居、上海—长丰、上海—桐城、上海—枞阳、上海—东至、上海—舟山等。客运班次总数最少，单向班次数为0~11。与小城市连接较频繁。

由此可以得出：

(1) 上海市与江苏省37个城市有联系，客运总班次数为2163，占54.3%，客运联系度最高；其次为浙江省，上海市与浙江省38个城市的公路客运总班次数为1277，占32%；与安徽省联系度最弱，虽然与安徽省43个城市有客运联系，但总班次数仅为543，占13.6%。

(2) 上海到长江三角洲范围内城市的公路客运有一定的层次性，且呈放射状分布，上海与其距离近的城市之间的客运次数多，交通强度随距离的增加而减弱。处于长江三角洲范围边缘处的城市，客运班次少，交通联系度也就越弱。

(3) 上海与经济发展水平较高的城市保持着紧密的联系，如南京、合肥等，在一定程度上可以克服距离的影响，因此公路客运与城市人口规模和经济发展水平也紧密相关。与大城市联系的频率最高，与小城市之间的联系最为薄弱，体现为与大量的小城市没有直接的客运班次联系。

2) 公路客运空间联系的影响因素分析

结合空间引力模型，选取城市的户籍人口、地区生产总值数据，结合城市等级、公路客运班次数等参数数据建立重力模型，拟合了118个城市对之间的公路客运班次，得出表6.3.6。结果表明，公路站点之间的班次数与其城市吸引力、时间距离、空间距离有着密切联系。

表 6.3.6 城市公路客运联系的重力模型分析

距离参数类型	γ	α	常数项	R_a^2	样本数
时间距离	1.022* (10.654) [0.546]	−1.993* (−10.644) [−0.545]	9.394 (7.958)	0.704	118
空间距离	1.056* (9.771) [0.564]	−1.062* (−8.015) [−0.463]	4.351 (4.534)	0.623	118

*表示显著性水平为0.01；圆括号内为t检验值；方括号内为标准偏回归系数。

表 6.3.6 显示时间距离引力模型参数 α、γ 值分别为 −1.993、1.022，空间距离引力模型参数 α、γ 值分别为 −1.062、1.056。对比两个参数的绝对值可以看出，相对于空间距离，时间距离对沿着道路的城市空间相互作用具有更大的正面和负面影响。

3. 铁路客运与公路客运空间联系对比分析

1) 上海市与中心城市联系度较强

铁路、公路客运等作为普遍的交通运输方式，承担着城市与城市之间客运交通的空间运输职能，两者之间的空间联系特征有共同的特性，共同反映出以下内容。

基于公路和铁路客运班次，上海市与长江三角洲联系较多的城市均为综合实力排名靠前的城市，如南京、杭州、合肥、苏州、宁波等，和上海市联系紧密的城市中，以中心城市据多。无论是铁路还是公路，上海与南京、杭州、苏州、无锡、常州、昆山的客运联系最多，这些城市都位于沪宁杭甬区域内，尤其集中分布在沪宁沿线，上海与苏南城市的交通联系度最为紧密。这些充分显示出上海作为长江三角洲的龙头城市和核心城市，不仅在长江三角洲范围内的城市中起到聚合和连接长江三角洲南部和北部两个网络的作用，还发挥着向外连接全球城市网络和向内辐射区域腹地的"两个扇面"作用。随着层级数的增加，受到距离衰减规律的影响，联系程度逐渐降低，区域边缘城市联系逐渐趋向于零。

2) 公路客运受距离衰减影响较铁路客运强

铁路客运作为交通运输方式的一种，在我国社会经济发展中占据较大的比例。上海市作为中心城市，其铁路联系度服从城市体系位序-规模分布特征。随着我国经济水平的逐渐提高，公路客运在交通运输中占据最大的比例，也是各种交通方式中最常使用的，客流量最大。公路客运量与其所在城市的人口规模和经济水平有较强的相关性，与城市间距离也有较大的关联，呈距离衰减。与此同时，随着经济的增长，可替代的更为先进的交通工具的比例也会随之上升。

对比客运城市数量，公路客运的利用率比铁路更高，公路的贡献占据很大比例，很大地提升了长江三角洲城市间的联系，但铁路的客运能力更强，对比同一时间地点班次客运量来看，铁路客运量要比公路客运量高出许多。

通过对比公路客运和铁路客运联系的重力模型，空间距离参数绝对值分别为 1.062 和 0.867，时间距离参数绝对值分别为 1.993 和 1.476。可以看出，无论是空间距离还是时间距离，公路客运受距离衰减影响程度较大，距离越远的城市，客运联系度越低。公路客运更适用于空间、时间距离较近的城市，铁路客运比较适用于中心城市密度较高的城市群。受距离衰减影响，铁路客运与公路客运不仅存在竞争关系，也存在相互合作的关系，体现在铁路-公路的换乘等方面。

4. 交通基础设施对区域一体化的影响分析

城市之间发生的人流、物流、信息流、资金流、技术流等的传输都需要道路交通设施、网络通信设施等的支撑。铁路、公路等交通基础设施搭建了区域一体化发展的物质资源平台，城市交通的技术革新也使得城市之间的交通方式与交通效率得到提升，促进了城市间的联系，提高了产业发展，加强了文化交流，提升了社会经济发展。上海要积极发挥国家中心城市的功能，与长江三角洲城市群建设开展有效互动，因此上海的对外交通联系也变得尤为重要。

安徽尚未较深层次融入长江三角洲地区，在长江三角洲范围的联系度也较江苏省和浙江省低。由南京大学产业经济研究院发布的《长江三角洲地区高质量一体化发展水平研究报告 (2018 年)》可看出，安徽省多数指标落后于苏浙沪。交通运输发展和区域发展存在很强的共趋性。

交通运输也属于经济生产活动，能够创造产值，在交通网络的基础下，不同的客运方式带来的客运量不同，所带来的经济收益也不同。从铁路公路客运量来看，现已形成了以沪宁杭甬区域为主的高密度交通网络化结构，该区域内客运联系不断加强，人员流动越来越密集，交通基础设施的扩建，可使整个长江三角洲地区交通网络布局更加完善，降低货运运输的成本，提高产品利润，扩大企业生产；同时，可以加强对外经济、信息、文化交流，扩大市场范围。区域交通便利，也能改善投资环境，吸引更多的投资者，使资源得到合理优化配置。此外，交通基础设施的构建，可以增强区域间的联系，为农产品的输出提供助力，增强农民收益，缩小沿线地区同城市间的贫富差距，促使农村人口向城镇化居民转变、加快城市化进程，对城乡协调发展起到促进作用。

客流能够较全面地反映出城市的综合经济能级与城市间的联系度，距离近的城市之间相互作用更强，城市间的交流潜力也能更强，但目前长江三角洲地区综合交通仍有发展不平衡、不充分的情况。因此，要加强长江三角洲城市群的城市交通联系，应该加快长江三角洲城市间以上海为中心的 1h 交通圈，缩短城市间的交流时间，例如，上海到合肥与宁波仍不能实现 1h 到达，应依托国家综合运输大通道，加快完善以上海为核心，南京、杭州、合肥为副中心，以高铁、城际铁路、高速公路和长江黄金水道为主通道的多层次综合交通网络，加强城市间的联系，扩大城市合作联系范围，稳步推进区域交通基础设施均衡发展。

6.3.4 本节小结

本节通过 GIS 空间分析技术，利用客运班次数数据刻画城市客运职能格局，得到以下结论：

(1) 铁路公路客运网络具有等级性、层次性，铁路公路客运量与城市的发达程度和经济发展规模关联性较大。客运量较多的城市，城市等级越高，城市的联系强度也就越大。处在区域边缘的城市与上海市的联系强度较小,客运量较少。

(2) 城市铁路客运与公路客运站点之间的班次数与其城市吸引力、时间距离、空间距离有着密切关联,都受距离衰减的影响,并且时间距离相对于空间距离,对城市空间相互作用的正负影响较大。

(3) 公路客运利用率高于铁路客运利用率,但是铁路的客运能力更强。公路客运在空间、时间距离较近的城市中使用率更高,铁路客运比较适用于中心城市密度较高的城市群。

(4) 区域内客运联系不断加强,可降低货运运输的成本,扩大企业生产;也可以加强对外经济、信息、文化交流,扩大市场范围,区域交通便利;还能改善投资环境,吸引更多的投资者,使资源得到合理优化配置。

(5) 要加快长江三角洲区域一体化的发展进程,应该压缩城市间的交流时间,完善交通网络,加快建设以上海市为中心的 1h 交通圈,同时也要均衡发展中小城市的交通网络,最大限度地发挥城市群优势,扩大城市合作联系。

第 7 章 区域高速交通空间组织的建议与对策

高速交通基础规划布局应根据我国发展阶段需求，遵循交通发展的基本规律（金凤君，2012），通过前面实证探究，梳理区域高速交通可达性及其空间效应规律与特征，识别区域高速交通发展存在的问题。

7.1 区域交通空间组织优化调控的政策建议

1. 完善高速交通枢纽的综合交通网络配套，延续高速交通带来的快速通达效应

高速交通基础设施周边区域优势的实现离不开区内综合交通网络的建设与中心城市的发展，而站区综合交通网络枢纽的完善能延续高速交通的快捷效应。高速交通带来的快捷效应可以在其他不同类型交通网络上传递，而高铁站点、高速公路出入口或机场是该效应传递的节点。为了更好地延续或放大高速交通带来的快速通达效应，可以通过提高站点可达性水平的方式实现，具体措施如下。

第一，完善高铁站点城市内部交通，包括地铁和 BRT 等，实现高铁与市内交通的无缝对接，压缩换乘与内部拥挤时间。此外，应构建区域轴-辐结构交通网络，保证站点足够的客流量，提高高铁运营效益。

第二，不在高铁网络节点上的城市可以通过建立快速交通通道、高铁大巴专线、共享汽车服务和大型停车场所连接高铁站点，提高它们到最近高铁站点的交通网络效率，以此推动各地交通公平性，高效地接受中心城市的辐射扩散效应。

第三，围绕高铁站点区域构建轴-辐结构的公路客运枢纽交通模式，保证中等城市站点有足够客流量，提高高铁运营效益。可尝试在高铁站点与区域中小城市汽车站之间开通直达线路，建立轴-辐结构的公路客运交通网络。

2. 加强关键区域高速交通网络建设，提升区域整体交通可达性水平

区域中间地区多为高速交通溢出效应显著地区，边缘区域一般为溢出效应的输入地区。据此，加强区域中间地区高速交通网络建设将助力提升边缘地区的可达性水平，进而推动区域交通可达性整体水平与均衡性的提升，得到较高的交通网络运输效率。

3. 根据可达性空间效率和供需关系合理布局高速交通网络

从经济效益角度看，高速交通网络长期可持续运营离不开充足的客货流支撑，为了避免高速交通网络设施盲目无序和过度建设所带来的投入产出效率低和资源闲置浪费等问题，有必要结合高速交通基础设施网络所在区域的客货运输流量进行论证。

交通可达性指标和技术方法能够非常有效地分析规划或运营高速交通设施带来的收益水平和供给效率，可达性空间效率和供需匹配关系分析可以评估高速交通网络设施布局的合理性，在高速交通网络设施规划过程中值得推广。

7.2 区域高速交通背景下国土空间规划策略

1. 科学合理地开展区域产业规划，高效地开发高速交通枢纽等区位资源

高速交通网络设施只是为区域发展营造了可达性优势条件，高速交通网络给区域经济社会发展带来的实际效果亟须地方政府、企业和民众等各界的积极参与。多方充分把握发展机遇，才能将高速交通基础设施可达性优势转化成促进地区产业分工与发展的推动力。

一方面，高速交通网络建设使各地的区位条件大幅度改善，科学地规划优势交通区位资源是减少空间盲目无序开发的重要保证。为此，可达性好的城市可对与高速交通网络相关联的产业进行前瞻性探究，抓住机遇设计产业与基础设施配套方案，着力打造交通可达性敏感行业或服务，如会展、旅游、贸易服务等，并结合扩大的服务市场规模确定产业或服务供给规模。

另一方面，根据高速交通设施客运量因地制宜地制定差异化的高速交通枢纽空间发展策略。东部地区城市、城市群地区与区域中心城市高速交通客运量庞大，适宜在高速交通枢纽节点地区开发与高速交通相关的服务业和物流业。在客运量较低的中西部地区或中小城市，则应当根据客流量状况制定科学的站区规划方案，合理有序地开发、建设高速交通枢纽周边区域，谨防综合交通枢纽的过度开发与大规模扩张，达到促进区域城镇化良性发展的目标。

2. 加快出台符合高速交通时代发展需求的新型城镇体系规划

高速交通设施网络建设带来了城市相对区位优势的重构，高速交通经济带将重新塑造不同等级和职能的经济区及都市系统，有力地促进高速交通枢纽的城镇体系变化。针对于此，根据高速交通背景下城市相对区位关系的转变，建立符合高速交通时代发展需求的城镇体系规划理应成为全国和各地区域规划的重要内容。

在高速交通等级网络作用下城镇相互作用的强度和功能等会增强，城镇等级差异日益显现。针对于此，城镇体系规划具有调整的现实必要性。

3. 加快构建区域性合作协调机制以满足区域格局重构的需要

目前，全国高速交通网络正不断加密，中心城市经济要素集聚和辐射扩散能力大幅增强，强化了区域中心城市与周边城市的融合协同发展，有力地推动我国

城市群建设,进而加快区域经济社会格局的重构。

空间效率高、供需匹配程度好的高速交通线路可显著地提高地区和城市群城际之间大规模人员交流的效率,沿线城市可以充分利用高速交通网络带来的速度优势与客运规模优势,进而转化为促进区域产业分工和经济转型升级的重要动力。在此背景下,各地应加快构建区域协调与合作机制,协调社会经济发展,以应对高速交通背景下区域经济格局重构的现实需要。在各地区域协调与合作机制框架下,中小城市应充分利用高速交通网络主动融入城市群或都市圈,积极参与区域产业协作和分工,对接区域中心城市,与周边城市实现融合和协同发展,通过区域经济一体化为转型开辟新路径,培育经济发展新动能。

4. 高速交通枢纽城市同类旅游产品错位发展

在高速交通网络作用下,众多同类型旅游景区的市场腹地将会彼此相互重叠,导致同类型旅游市场竞争变得异常激烈。针对日益激烈的旅游市场竞争,政府有关部门应根据当地旅游资源禀赋与特色,做好区域旅游资源科学规划、特色挖掘和市场定位,厘清旅游资源开发思路。同时,旅游公司做好高速交通网络格局下旅游产品市场规模的科学预测,按照旅游市场规模来合理设计旅游线路,完善旅游配套服务设施,尤其是知名旅游景区注重提高接待能力和水平,以应对高速交通带来的旅游客流量激增。

第 8 章　总结与展望

8.1　主要结论与核心观点

本书利用全国和局部地区地理信息数据库与"流空间"数据，借助 GIS 空间分析技术与统计分析方法，通过可达性测度指标，根据经济地理学和交通地理学等理论，探讨区域高速交通可达性及其空间效应，分析高速交通可达性与社会经济的关系。

8.1.1　主要结论

1. 高速交通可达性具有距离衰减规律

高速交通可达性增量呈现出非均衡距离衰减特征。高速交通设施邻近地区成为可达性收益最高的地区，产生"隧道效应"、"网络末端效应"和"叠加效应"。高速交通设施会降低可达性和城市地理区位关系，使各地可达性越来越依赖于它们所连接的高铁交通网络，高速交通节点周边综合交通网络将发挥快速效应"放大器"的作用。高速交通在给沿线城市带来更多发展机会的同时，也会加大局部地区可达性差距，高速交通可达性收益少的区域可能会陷入"边缘化"。边缘化地区可通过完善与优化边缘区域综合交通网络体系，提高其与高速交通设施网络的无缝衔接程度来提高该地区的可达性，提高各地交通公平性。

高速交通设施网络既削减了区域或城市群之间的时间距离，又缩短了区域内城际间的时间距离，可有效缓解部分地段城市与区域的交通拥堵问题，从整体上促进区域均衡发展，加快区域一体化进程。面对区位条件的大幅改善，高速交通干线的沿线少数地区将成为重要经济走廊，科学地规划布局优势区位资源是减少空间盲目无序开发的重要保证。

2. 高速交通网络加快区域经济一体化进程，推进城市体系的重构

高速交通网络扩大了中心城市腹地范围，可加快区域经济一体化进程，推动城市体系重构。首先，高速交通网络可达性巩固了上海与北京等区域中心城市的核心支配地位，高速交通基础设施完善的中心城市成为最大受益地区，它们的吸引力与竞争力得以提升。高速交通网络可扩大中心城市服务业的市场范围，拓宽劳动力市场。其次，高速交通使跨区域中心城市之间联系日趋紧密，可提高人员流动效率，促进社会经济交流合作，加快区域经济一体化进程，高速交通设施沿

线将成为重要经济带，同时也加剧了高速交通带沿线城市之间同类型的产品、人才、企业等各方面的竞争。随着未来国家高速交通网络的建设与相互衔接，沿线其他高速交通枢纽城市亦将获得更多发展机遇。

城市等时圈沿高速交通线路呈指状扩张，沿线中心城市腹地范围扩大，提升了这些城市的吸引力，扩张沿线城市的产品、服务与劳动力市场，从而强化中心城市的集聚力与辐射力，在一定程度上引导城市体系的重构，这为更大范围内的区域竞争与合作创造条件，推动城市间各类优势要素的整合。

3. 高速交通设施的时间可达性和经济成本可达性并不统一

从时间变化上看，规划全国高铁网络可大幅提高陆路可达性整体水平与交通网络的客流运输效率，优化全国或局部地区的陆路交通网络，使跨区域中心城市之间的联系日趋紧密，改变城市之间的相对区位，大幅度地缩短重要城市化地区之间的时间距离，增强这些地区之间的社会经济联系，促进社会经济交流与合作。

从经济成本上看，高铁对不同收入群体陆路可达性的影响效果不同，在全国平均工资水平与高铁票价下，高铁对经济可达性的影响相对有限。在收入水平很高的情况下，旅行时间价值高，经济可达性空间格局将接近时间可达性空间格局。

从交通供给角度看，高铁只是为实现区域大幅时空收敛、增强区域社会经济联系与重构区域空间结构提供了可能，而真正实现离不开乘客出行行为对它的响应。随着人们收入水平与消费能力的不断提高，高铁逐渐成为其沿线区域旅客快速交通方式的首选。

4. 高速交通网络设施提高旅游空间相互作用强度

高速交通网络可降低旅游目的地的空间距离衰减效应，增强旅游空间的相互作用，特别是东中部地区的旅游联系强度。在"一日旅游圈"与"周末旅游圈"内，各地游客尤其是高铁沿线城市游客可选择的重要景区数量大幅度增加。

高速交通网络既可缩短旅游客源地和目的地之间的时间距离，扩大景点短期中远途旅游市场覆盖范围，又能大幅削减交通时间成本，为双休日与小长假短期中远途旅游活动提供可能。与此同时，高速交通网络也为游客从若干同类旅游产品中选择高质量的旅游产品提供重要保障。

旅游景点数量多的高速交通枢纽城市，旅游吸引力强。高速交通网络的完善将会加剧旅游企业、旅游基础设施、旅游经济活动向这些城市集聚，在高速交通沿线塑造重要的旅游经济带。

5. 高速交通可达性增量及其效率呈现"树状结构"、"核心-外围结构"和区域梯度差异，并且出现逐年递减趋势

高速交通网络可达性增量空间效率呈现"树状结构"、"核心-外围结构"和区域梯度差异，并且高铁可达性增量及其效率出现逐年递减趋势，高铁可达性收益回报程度越来越低。从经济效率角度看，高速交通网络适合于人口密度和城市密度高的城市化地区，中心城市密集的城市群是高铁网络效率高、供需匹配度好的地区。高速交通网络高需求线路主要是东中部地区，低需求线路为中西部地区。"双高型"线路为高铁主干线，"双低型"线路包括西部地区线路以及网络末端线路。

6. 可达性在城市经济增长方式转变方面发挥着关键作用

可达性是资源枯竭城市经济转型成效的关键因素之一。资源型城市可达性水平越高，越容易接受区域中心城市产业转移和科技扩散的作用，城市经济转型发展潜力越大。

可达性因素是科学选择和培植资源枯竭城市接续替代产业类型的重要依据。在经济转型过程中，资源型城市可结合各地可达性水平差异，因地制宜地采取不同经济转型模式和差别化的产业扶持政策。可达性优越的资源型城市可主动纳入邻近的城市群或都市圈，对接区域中心城市，与周边城市实现融合和协同发展，通过区域经济一体化为转型开辟新路径，培育经济发展新动能。

7. 长江三角洲城市群铁路客运量日益集中于少数铁路线路、城市对和中心城市

长江三角洲城市群铁路客运量日趋集中于少数铁路线路、城市对和中心城市。中心城市的铁路客运能力加强，与其他城市的客运量差距不断扩大。铁路客运空间组织模式由轴线扩展模式向多核心圈层扩展模式转变。城市群客运联系网络结构趋向扁平化，省会城市之间、省会城市与县级城市之间的联系强度明显提高，县级城市与省会城市和地级城市之间的联系强度差缩小。

8.1.2 核心观点

(1) 高速交通节点周边综合交通网络能发挥"快速效应"放大器的作用，中间地区等关键区域高速交通设施运行有利于全局可达性水平的提升。

(2) 高速交通可强化区域中心城市的集聚力与辐射力，重塑城市腹地范围，在一定程度上引导城市体系的重构。

(3) 高速交通可扩大沿线城市市场范围，加快区域经济一体化进程，高速交通沿线将成为重要经济带，同时也增加这些城市同类型产业的竞争。

(4) 高速交通设施网络影响下城际客货运量具有时间距离衰减效应。经济因素是客货运输生成的根本动力，可达性、城市等级和城市间的时间距离会影响城市客货运量的空间格局和城市空间联系强度。

(5) 高铁可达性增量及其效率呈现"树状结构"、"核心-外围结构"和区域梯度差异,并且呈现逐年递减趋势。高速交通网络供需匹配程度和高铁可达性增量及其效率格局基本一致。

(6) 可达性在城市经济增长方式转变发展等方面发挥关键作用。在资源枯竭城市经济转型过程中城市可结合各地可达性水平差异,采取差别化的产业扶持政策。

8.2 主要创新点

本书在理论与方法及实证方面具有以下创新点。

(1) 分别采用栅格分析法、矢量-栅格集成法、网络分析法、网络分析-时刻表数据集成等技术方法,探究过江通道、高铁、高速公路等区域高速交通基础设施网络带来的交通可达性收益格局及其演变。尝试从交通设施需求的角度构建区域标准交通成本可达性指标来评价高速交通网络成本可达性,较为客观地评价高速交通可达性的空间效应。

(2) 应用可达性指标测度区域高速交通基础设施给社会经济、产业转型、旅游空间、城镇体系和交通竞争与合作带来的空间效应。

(3) 利用"流空间"数据探讨可达性作用下的高速交通空间联系格局及其演变,据此研判高速交通基础设施网络背景下的城市交通联系强度及其演变特征。

8.3 研究展望

本书在技术方法和实证研究方面存在以下不足,后期可展开进一步研究。

(1) 从旅客出行行为角度深入探讨高速交通网络带来的可达性影响,需要通过问卷调查等方式、采用大数据分析方法探究高速交通基础设施影响下旅客出行行为的变化特征,未曾考虑不同路段交通拥堵等因素对区域交通可达性的影响。

(2) 交通可达性对人口和经济影响方面的研究仍相对薄弱,未能全面深入地描述高速交通可达性作用下的区域人口与经济空间演化特征。

(3) 可达性研究技术方法仍有提升的空间。近年来,国外有学者采用实时数据与交通网络空间数据集成来测算城市与区域多个时段的交通可达性,这种方法既提高了可达性测算精度,又考虑了发车频率因素。

(4) 高速交通可达性下城市交通运输联系格局演化的作用机理研究相对较少,包括时空收敛效应对城际客货运量空间格局和交通空间组织模式的作用机理。该方向研究需要考虑不同类型交通设施网络的距离衰减效应差异、多种交通设施网络的整体时空收敛效应、交通竞合效应等因素。

参 考 文 献

曹小曙, 阎小培. 2003. 珠江三角洲城际间运输联系的特征分析. 人文地理, 18(1): 87-89.
曹小曙, 薛德升, 阎小培. 2005. 中国干线公路网络联结的城市通达性. 地理学报, 60(6): 903-910.
陈航, 张文尝, 金凤君, 等. 2000. 中国交通地理. 北京: 科学出版社.
陈浩, 陆林, 郑嬗婷. 2011. 珠江三角洲城市群旅游空间格局演化. 地理学报, 66(10): 1427-1437.
陈建军, 郑广建. 2014. 集聚视角下高速铁路与城市发展. 江淮论坛, (2), 37-44.
陈建军, 郑广建, 刘月. 2014. 高速铁路对长江三角洲空间联系格局演化的影响. 经济地理, 34(8): 54-67.
陈群元, 宋玉祥. 2011. 基于城市流视角的环长株潭城市群空间联系分析. 经济地理, 31(11): 1840-1844.
陈田. 1987. 我国城市经济影响区域系统的初步分析. 地理学报, 42(4): 308-318.
陈伟, 修春亮, 柯文前, 等. 2015. 多元交通流视角下的中国城市网络层级特征. 地理研究, 34(11): 2073-2083.
陈伟, 刘卫东, 柯文前, 等. 2017. 基于公路客流的中国城市网络结构与空间组织模式, 地理学报, 72(2): 224-241.
陈伟劲, 马学广, 蔡莉丽, 等. 2013. 珠三角城市联系的空间格局特征研究: 基于城际客运交通流的分析. 经济地理, 33(4): 48-55.
戴特奇, 金凤君, 王姣娥. 2005. 空间相互作用与城市关联网络演进: 以中国20世纪90年代城际铁路客流为例. 地理科学进展, 24(2): 80-89.
丁金学, 金凤君, 王姣娥, 等. 2013. 高铁与民航的竞争博弈及其空间效应: 以京沪高铁为例. 经济地理, 33(5): 104-110.
董锁成, 李泽红, 李斌, 等. 2007. 中国资源型城市经济转型问题与战略探索. 中国人口·资源与环境, 17(5): 12-17.
董瑶, 孟晓晨. 2014. 京广沿线高铁站腹地的范围与结构研究. 地理科学进展, 33(12): 1684-1691.
方创琳, 张永姣. 2014. 中国城市一体化地区形成机制、空间组织模式与格局. 城市规划学刊, (6): 5-12.
高良谋. 2003. 东北老工业基地资源型城市发展接续产业的模式选择. 价格理论与实践, (12): 46-47.
顾朝林. 1992. 济南城市经济影响区的划分. 地理科学, 12(1): 15-26.
顾朝林, 于涛方, 李王鸣. 2008. 中国城市化格局、过程与机理. 北京: 科学出版社.
郭庆胜, 闫卫阳, 李圣权, 等. 2003. 中心城市空间影响范围的近似性划分. 武汉大学学报 (信息科学版), 10(5): 596-599.

贺剑锋. 2012. 关于中国高速铁路可达性的研究: 以长三角为例. 国际城市规划, 12(6): 55-62.
胡天军, 申金升. 1999. 京沪高速铁路对沿线经济发展的影响分析. 经济地理, 19(5): 101-104.
胡序威. 1993. 论中国经济区的类型与组织. 地理学报, 48(3): 193-203.
黄晓燕, 曹小曙, 李涛. 2011. 海南省区域交通优势度与经济发展关系. 地理研究, 30(6): 985-999.
姜博, 修春亮, 赵映慧. 2009. "十五"时期环渤海城市群经济联系分析, 地理科学, 29(3): 347-352.
蒋海兵, 徐建刚. 2010. 基于交通可达性的中国地级以上城市腹地划分. 兰州大学学报 (自然科学版), 46(4): 58-64.
蒋海兵, 徐建刚, 祁毅. 2010. 京沪高铁对区域中心城市陆路可达性影响. 地理学报, 65(10): 1287-1298.
蒋华雄, 孟晓晨. 2015. 京沪高铁对沿线城市间空间相互作用影响研究. 北京大学学报 (自然科学版), 5: 1-8.
焦敬娟, 王姣娥, 金凤君, 等. 2016. 高速铁路对城市网络结构的影响研究. 地理学报, 71(2): 265-280.
金凤君. 1991. 我国空间运输联系的实验研究——以货流为例. 地理学报, 46(1): 16-25.
金凤君. 2001. 我国航空客流网络发展及其地域系统研究. 地理研究, 20(1): 31-39.
金凤君. 2012. 基础设施与经济社会空间组织. 北京: 科学出版社.
金凤君, 王姣娥. 2004. 二十世纪中国铁路网扩展及其空间通达性. 地理学报, 59(2): 293-302.
金凤君, 王成金. 2005. 轴-辐侍服理念下的中国航空网络模式构筑. 地理研究, 24(5): 774-784.
金凤君, 王成金, 李秀伟. 2008. 中国区域交通优势的甄别方法及应用分析. 地理学报, 63(8): 787-798.
靳诚, 黄震方. 2012. 基于可达性技术的长江三角洲旅游区划. 地理研究, 31(4): 745-757.
靳诚, 徐菁, 黄震方, 等. 2018. 基于高速公路联网收费数据的江苏省交通流动特征与影响因素. 地理学报, 73(2): 248-260.
柯文前, 陆玉麒, 陈伟, 等. 2016. 高速交通网络时空结构的阶段性演进及理论模型——以江苏省高速公路交通流网络为例. 地理学报, 71(2): 281-292
孔凡娥, 周春山. 2006. 广州城市腹地划分及变化研究. 城市发展研究, 13(4): 7-12.
李斌, 许立民, 秦奋, 等. 2010. 基于重力模型的河南省公路客流空间运输联系. 经济地理, 30(6): 955-959.
李汝资, 宋玉祥, 李雨停, 等. 2016. 吉林省资源型城市转型阶段识别及其特征成因分析. 地理科学, 36(1): 90-98.
李王鸣, 江勇. 2012. 基于城市流要素的区域城市内外部功能联系研究: 以浙江省台州市域为例. 经济地理, 32(2): 59-65.
李小建, 李国平, 曾刚, 等. 1999. 经济地理学. 北京: 高等教育出版社.
梁雪松. 2010. 基于双重区位空间的湖南旅游业发展机遇探讨: "武广高铁"开通视阈. 经济地理, 2010, 30(5): 859-864.
刘斌全, 吴威, 苏勤, 等. 2018. 中国铁路运输效率时空演化特征及机理研究. 地理研究, 37(3): 512-526.

刘承良. 2004. 中国大陆物流经济联系空间结构实证分析. 经济地理, 24(6): 826-829.

刘承良, 余瑞林, 熊剑平, 等. 2009. 武汉都市圈路网空间通达性分析. 地理学报, 64(12): 1488-1497.

刘海隆, 包安明, 陈曦, 等. 2008. 新疆交通可达性对区域经济的影响分析. 地理学报, 63(4): 428-436.

刘建朝, 高素英. 2013. 基于城市联系强度与城市流的京津冀城市群空间联系研究. 地域研究与开发, 32(2): 57-61.

刘贤腾, 周江评. 2014. 交通技术革新与时空压缩: 以沪宁交通走廊为例. 城市发展研究, 21(8): 56-62.

刘勇. 2010. 交通基础设施投资、区域经济增长及空间溢出作用——基于公路、水运交通的面板数据分析. 中国工业经济, 273(12): 37-46.

刘云刚. 2002. 新时期东北区资源型城市的发展与转型: 伊春市的个案研究. 经济地理, 22(3): 594-597.

陆大道. 1995. 区域发展及其空间结构. 北京: 科学出版社: 117-124.

陆大道. 2012. 关于避免中国交通建设过度超前的建议. 地理科学, 32(1): 2-10.

陆锋, 陈洁. 2008. 武汉城市圈城市区位与可达性分析. 地理科学进展, 27(4): 68-74.

罗鹏飞, 徐逸伦, 张楠楠. 2004. 高速铁路对区域可达性的影响研究: 以沪宁地区为例. 经济地理, 24(3): 407-411.

罗震东, 何鹤鸣, 耿磊. 2011. 基于客运交通流的长江三角洲功能多中心结构研究. 城市规划学刊, 194(2): 16-23.

罗震东, 朱查松, 薛雯雯. 2015. 基于高铁客流的长江三角洲空间结构再审视. 上海城市规划, 19(4): 74-80.

孟德友, 陆玉麒. 2011. 高速铁路对河南沿线城市可达性及经济联系的影响. 地理科学, 31(5): 537-543.

孟德友, 范况生, 陆玉麒, 等. 2010. 铁路客运提速前后省际可达性及空间格局分析. 地理科学进展, 29(6): 709-715.

孟德友, 冯兴华, 文玉钊. 2017. 铁路客运视角下东北地区城市网络结构演变及组织模式探讨. 地理研究, 36(7): 1339-1352.

苗长虹, 胡志强, 耿凤娟, 等. 2018. 中国资源型城市经济演化特征与影响因素: 路径依赖、脆弱性和路径创造的作用. 地理研究, 37(7): 1268-1281.

莫辉辉, 王姣娥, 金凤君. 2008. 交通运输网络的复杂性研究, 地理科学进展, 27(6): 112-120.

潘竟虎, 石培基, 董晓峰. 2008a. 中国地级以上城市腹地的测度分析. 地理学报, 63(6): 635-645.

潘竟虎, 冯兆东, 董晓峰. 2008b. 甘肃省区域经济差异时空格局的 ESDA-GIS. 兰州大学学报(自然科学版), 44(8): 45-50.

祁毅. 2008. 基于公共交通可达性分析的规划支持系统研究. 南京: 南京大学出版社.

祁毅, 徐建刚. 2006. 基于空间可达性栅格建模的公共设施布局规划分析方法. 创新与发展—2006高校GIS论坛, 北京.

钱勇. 2005. 国外资源型城市产业转型的实践、理论与启示. 财经问题研究, 265(12): 24-29.

覃成林, 杨晴晴. 2016. 高速铁路发展与城市生产性服务业集聚. 经济经纬, 33(3): 1-6.
沈镭, 程静. 1999. 矿业城市可持续发展的机理初探. 资源科学, 21(1): 44-50.
沈丽珍. 2010. 流动空间. 南京: 东南大学出版社.
宋长青, 冷疏影. 2005. 21 世纪中国地理学综合研究的主要领域. 地理学报, 60(4): 546-552.
宋伟, 李秀伟, 修春亮. 2008. 基于航空客流的中国城市层级结构分析. 地理研究, 27(4): 917-926.
孙枫, 汪德根, 牛玉. 2017. 高速铁路与汽车和航空的竞争格局分析. 地理研究, 36(1): 171-187.
孙威, 李洪省. 2013. 中国资源枯竭城市的区位条件辨析. 地理学报, 68(2): 199-208.
孙永平, 叶初升. 2011. 资源依赖、地理区位与城市经济增长. 当代经济科学, 33(1): 114-123.
汤放华, 陈立立, 曾志伟, 等. 2010. 城市群空间结构演化趋势与空间重构: 以长株潭城市群为例. 城市发展研究, 17(3): 65-69, 85.
汪德根. 2013. 武广高速铁路对湖北省区域旅游空间格局的影响. 地理研究, 32(8): 1555-1564.
汪德根, 陈田, 李立, 等. 2012. 国外高速铁路对旅游影响研究及启示. 地理科学, 32(3): 322-328.
王成金. 2009. 城际交通流空间场的甄别方法及实证: 以中国铁路客流为例. 地理研究, 28(6): 1464-1475.
王成金, 丁金学, 杨威. 2011. 中国高速公路规划网的空间效应与政策机制. 地理学报, 66(8): 1076-1088.
王德, 郭洁. 2003. 沪宁杭地区城市影响腹地的划分及其动态变化研究. 城市规划汇刊, 148(6): 6-11.
王海江, 苗长虹. 2015. 中国中心城市铁路客运的空间联系及其结构图谱. 地理研究, 34(1): 157-168.
王海江, 苗长虹. 2016. 中国中心城市交通联系及其空间格局. 北京: 科学出版社.
王缉宪. 2011. 高速铁路影响城市与区域发展的机理. 国际城市规划, 26(6): 1-5.
王缉宪, 林辰辉. 2011. 高速铁路对城市空间演变的影响. 国际城市规划, 26(1): 16-23.
王姣娥, 金凤君. 2005. 中国铁路客运网络组织与空间服务系统优化. 地理学报, 60(3): 371-380.
王姣娥, 丁金学. 2011. 高速铁路对中国城市空间结构的影响研究. 国际城市规划, 26(6): 49-54.
王姣娥, 胡浩. 2013. 中国高铁与民航的空间服务市场竞合分析与模拟. 地理学报, 68(2): 175-185.
王姣娥, 莫辉辉, 金凤君. 2009. 中国航空网络空间结构的复杂性. 地理学报, 64(8): 899-910.
王姣娥, 焦敬娟, 金凤君. 2014. 高速铁路对中国城市空间相互作用强度的影响. 地理学报, 69(12): 1833-1846.
王姣娥, 焦敬娟, 黄洁, 等. 2018. 交通发展区位测度的理论与方法. 地理学报, 73(4): 666-676.
王劲峰, 徐成东. 2017. 地理探测器: 原理与展望. 地理学报, 72(1): 116-134.
王新生, 刘纪远, 庄大方, 等. 2003. Voronoi 图用于确定城市经济影响区域的空间组织. 华中师范大学学报 (自然科学版), 37(2): 256-260.

王垚, 年猛. 2014. 高速铁路带动了区域经济发展吗? 上海经济研究, 26(2): 82-91.
王垚, 钮心毅, 宋小冬. 2017. "流空间"视角下区域空间结构研究进展. 国际城市规划, 32(6): 27-33.
王振波, 徐建刚, 朱传耿, 等. 2010. 中国县域可达性区域划分及其与人口分布的关系. 地理学报, 65(4): 416-426.
魏立华, 丛艳国. 2004. 城际快速列车对大都市区通达性空间格局的影响机制分析: 以京津塘大都市区为例. 经济地理, 24(6): 834-837.
魏下海. 2010. 基础设施、空间溢出与区域经济增长. 经济评论, 4: 82-87.
魏小安, 金准. 2012. "高速时代"的中国旅游业发展. 旅游学刊, 27(12): 40-46.
吴康, 方创琳, 赵渺希, 等. 2013. 京津城际高速铁路影响下的跨城流动空间特征. 地理学报, 68(2): 159-174.
吴威, 曹有挥, 曹卫东, 等. 2006. 长江三角洲公路网络的可达性空间格局及其演化. 地理学报, 61(10): 1065-1074.
吴威, 曹有挥, 曹卫东, 等. 2009. 区域综合运输成本的空间格局研究: 以江苏省为例. 地理科学, 29(4): 485-492.
吴威, 曹有挥, 梁双波. 2010. 20世纪80年代以来长三角地区综合交通可达性的时空演化. 地理科学进展, 29(5): 619-626.
吴威, 曹有挥, 梁双波. 2013. 运输效率研究述评及基于交通运输地理学视角的研究展望. 地理科学进展, 32(2): 243-250.
吴扬, 徐建刚, 王振波, 等. 2008. 基于GIS技术的扬中市可达性定量研究——以过江通道的建设为例. 地域研究与开发, 27(5): 124-128.
武文杰, 董正斌, 张文忠, 等. 2011. 中国城市空间关联网络结构的时空演变. 地理学报, 66(4): 435-445.
肖劲松, 冒亚明. 2009. 中国资源型城市可持续发展的驱动机制研究. 城市发展研究, 16(10): 96-101.
修春亮, 魏冶. 2015. "流空间"视角的城市与区域结构. 北京: 科学出版社.
徐昀, 陆玉麒. 2004. 高等级公路网建设对区域可达性的影响. 经济地理, 24(6): 830-833.
薛俊菲. 2008. 基于航空网络的中国城市体系等级结构与分布格局. 地理研究, 27(1): 23-33.
杨波. 2012. "高铁时代"的长江三角洲城市-区域发展. 改革与战略, 28(3): 115-118.
杨吾扬, 梁进社. 1985. 关于吸引范围及其模式与划分方法. 地理学报, 40(2): 97-108.
易芳馨, 殷会良. 2006. 基于GIS技术的贵州省城市影响腹地划分. 贵州工业大学学报(自然科学版), 35(7): 88-95.
殷平. 2012. 高速铁路与区域旅游新格局构建. 旅游学刊, 27(12): 47-53.
尹海伟, 孔繁花, 宗跃光. 2008. 城市绿地可达性与公平性评价. 生态学报, 28(7): 3375-3383.
余建辉, 张文忠, 王岱. 2011. 中国资源枯竭城市的转型效果评价. 自然资源学报, 26(1): 11-20.
张兵, 金凤君, 于良. 2007. 近20年来湖南公路网络优化与空间格局演变. 地理研究, 26(4): 712-721.
张建松, 韩增林, 董晓菲. 2006. 省级地域公路货运的空间联系探讨: 以辽宁省为例. 地理科学进展, 23(4): 96-107.

张莉. 2001. 中国经济区研究述评. 地理学与国土地研究, 17(2): 39-45.
张莉, 陆玉麒. 2006. 基于陆路交通网的区域可达性评价——以长江三角洲为例. 地理学报, 61(12): 1235-1246.
张莉, 陆玉麒, 赵元正. 2009. 基于时间可达性的城市吸引范围的划分. 地理研究, 28(3): 803-816.
张楠楠, 徐逸伦. 2005. 高速铁路对沿线区域发展的影响研究. 地域研究与开发, 24(3): 32-36.
张书明, 王晓文, 王树恩. 2012. 高速铁路对制造业区位选择及产业结构的影响. 山东建筑大学学报, 27(6): 551-559.
张文尝. 1988. 我国客运的影响因素及其地区差异的研究. 地理学报, 43(3): 191-200.
张文尝, 金凤君, 唐秀芳. 1994. 空间运输联系的生成与增长规律研究. 地理学报, 49(5): 440-448.
张文忠. 2001. 日本东海道交通经济带形成和演化机制研究. 世界地理研究, 10(1): 12-19.
张文忠, 余建辉, 王岱, 等. 2014. 中国资源枯竭城市可持续发展研究. 北京: 科学出版社.
张志, 周浩. 2012. 交通基础设施的溢出效应及其产业差异——基于空间计量的比较分析. 财经研究, 38(3): 124-133.
赵渺希, 魏冀明, 吴康. 2014. 京津冀城市群的功能联系及其复杂网络演化. 城市规划汇刊, 214(1): 46-52.
甄峰, 翟青, 陈刚, 等. 2012. 信息时代移动社会理论构建与城市地理研究. 地理研究, 31(2): 197-206.
钟业喜, 陆玉麒. 2011. 基于铁路网络的中国城市等级体系与分布格局. 地理研究, 30(5): 785-794.
钟业喜, 陆玉麒. 2012. 基于空间联系的城市腹地范围划分: 以江苏省为例. 地理科学, 32(5): 536-547.
钟业喜, 冯兴华, 文玉钊. 2016. 长江经济带经济网络结构演变及其驱动机制研究. 地理科学, 36(1): 10-19.
周一星, 胡智勇. 2002. 从航空运输看中国城市体系的空间网络结构. 地理研究, 21(3): 276-286.
周一星, 杨家文. 2001. 九十年代我国区际货流联系的变动趋势, 中国软科学, 6: 85-89.
周一星, 张莉. 2003. 改革开放条件下的中国城市经济区. 地理学报, 58(2): 271-284.
朱兵, 张小雷, 桂东伟, 等. 2010. 新疆城镇发展与交通可达性相互影响. 地理科学进展, 29(10): 1239-1248.
朱杰, 管卫华, 蒋志欣, 等. 2007. 江苏省城市经济影响区格局变化. 地理学报, 62(10): 1023-1033.
朱英明, 于念文. 2002. 沪宁杭城市密集区城市流研究. 城市规划汇刊, 137(1): 31-44.
Alonso W. 1964. Location and Land Use: Toward a General Theory of Land Rent. Cambridge: Harvard University Press.
Andersson D E, Shyr O F, Fu J. 2010. Does high-speed rail accessibility influence residential property prices? Hedonic estimates from southern Taiwan. Journal of Transport Geography, 18(1): 166-174.

Aschauer D A. 1989. Is public expenditure productive? Journal of Monetary Economics, 23(2): 177-200.

Axhausen K W, Froelich P, Tschopp M. 2011. Changes in Swiss accessibility since 1850. Research in Transportation Economics, 31(1): 72-80.

Beria P, Debernardi A, Ferrara E. 2017. Measuring the long-distance accessibility of Italian cities. Journal of Transport Geography, 62(6): 66-79.

Boarnet M G. 1998. Spillovers and the locational effects of public infrastructure. Journal of Regional Science, 38(3): 381-400.

Bröcker J, Korzhenevych A, Schürmann C. 2010. Assessing spatial equity and efficiency impacts of transport infrastructure projects. Transportation Research Part B: Methodological, 44(7): 795-811.

Caceres N, Romero L M, Morales F J, et al. 2018. Estimating traffic volumes on intercity road locations using roadway attributes, socioeconomic features and other work-related activity characteristics. Transportation, 45: 1449-1473.

Cao J, Liu X C, Wang Y H, et al.2013.Accessibility impacts of China's high-speed rail network. Journal of Transport Geography, 28(2): 12-21.

Castells M. 1996. The Rise of Network Society. Oxford: Blackwell.

Chen C L. 2012. Reshaping Chinese space-economy through high-speed trains: Opportunities and challenges. Journal of Transport Geography, 22, 312-316.

Chen C L, Hall P. 2011. The impacts of high-speed trains on British economic geography: A study of the UK'S InterCity 125/225 and its effects. Journal of Transport Geography, 19(4): 689-704.

Choi J, Barnett G, Chon B. 2006. Comparing world city networks: A network analysis of internet backbone and air transport intercity linkages.Global Networks, 6(1): 81-99.

Condeço-Melhorado A, Gutiérrez J, Martín J. 2011. Spatial impacts of road pricing: Accessibility, regional spillovers and territorial cohesion. Transportation Research Part A: Policy and Practice, 45(3): 185-203.

European Commission. 2004. Decision No 884/2004/EC of the European parliament and of the council of 29 April 2004. Official Journal of the European Union, 167: 1-36.

Farber S, Morang M Z, Widener M J. 2014. Temporal variability in transit-based accessibility to supermarkets. Applied Geography, 53(9): 149-159.

Forslund U M, Johansson B. 1995. Assessing road investment: Accessibility changes, cost benefit and production effects. The Annals of Regional Science, 29(2): 155-174.

Geurs K T, van Wee B. 2004. Accessibility evaluation of land-use and transport strategies: Review and research directions. Journal of Transport Geography, 12(2): 127-140.

Givoni M. 2006. Development and impact of the modern high-speed train: A review. Transport Reviews, 26(5): 593-611.

Goetz A R. 1992. Air passenger transportation and growth in the US urban system 1950-1987. Growth and Change, 23(2): 217-238.

Gutiérrez J. 2001. Location, economic potential and daily accessibility: An analysis of the accessibility impact of the high-speed line Madrid-Barcelona-French border. Journal of Transport Geography, 9(4): 229-242.

Gutiérrez J, González R, Gómez G. 1996. The European high-speed train network: Predicted effects on accessibility patterns. Journal of Transport Geography, 4(4): 227-238.

Gutiérrez J, Condeço-Melhorado A, Martín J C. 2010. Using accessibility indicators and GIS to assess spatial spillovers of transport infrastructure investment. Journal of Transport Geography, 18(1): 141-152.

Gutiérrez J, Condeço-Melhorado A, López E, et al. 2011. Evaluating the European added value of TEN-T projects: A methodological proposal based on spatial spillovers, accessibility and GIS. Journal of Transport Geography, 19(4): 840-850.

Halden D. 2003. Accessibility analysis concepts and their application to transport policy, programme and project evaluation//Pearman A, Mackie P, Nellthorp J. Transport Projects Programmes and Policies: Evaluation Needs and Capabilities. Aldershot: Ashgate.

Hansen W G. 1959. How accessibility shapes land-use. Journal of the American Institute of Planners, 25(2): 73-76.

Holl A. 2004. Manufacturing location and impacts of road transport infrastructure: Empirical evidence from Spain. Regional Science and Urban Economics, 34(3): 341-363.

Holl A. 2007. Twenty years of accessibility improvements: The case of the Spanish motorway building programme. Journal of Transport Geography, 15(4): 286-297.

Hou Q, Li S M. 2011. Transport infrastructure development and changing spatial accessibility in the Greater Pearl River Delta, China, 1990—2020. Journal of Transport Geography, 19(6): 1350-1360.

Jiao J J, Wang J E, Jin F J. et al. 2014. Impacts on accessibility of China's present and future HSR network. Journal of Transport Geography, 40(10): 123-132.

Karlqvist A, Lundqvist L. 1971. A contact model for spatial allocation. Regional Studies, 6(4): 401-409.

Keeble D, Owens P L, Thompson C. 1981. Regional accessibility and economic potential in the European community. Regional Studies, 16(6): 419-432.

Keith D, Martin R. 2010. Applying accessibility measures to assess a transport intervention strategy: A Case Study of Bromsgrove. Journal of Maps, 6(1): 181-191.

Kerkman K, Martens k, Meurs H. 2017. A multilevel spatial interaction model of transit flows incorporating spatial and network autocorrelation. Journal of Transport Geography, 25(4): 155-166.

Kim K. 2000. High-speed rail developments and spatial restructuring: A case study of the Capital region in South Korea. Cities, 17(4): 251-262.

Kobayashi K, Okmura M. 1997. The growth of city systems with high-speed railway systems. The Annals of Regional Science, 31(1): 39-56.

Kotavaara O, Antikainen H, Rusanen J. 2011. Population change and accessibility by road and rail networks: GIS and statistical approach to Finland 1970—2007. Journal of Transport Geography, 19(4): 926-935.

Krugman P R. 1991. Geography and Trade. Cambridge: MIT Press.

Kwan M P, Murray A T, O'Kelly M E, et al. 2003. Recent advances in accessibility research: Representation, methodology and applications. Journal of Geographical Systems, 5(1): 129-138.

Kwon O, Jung W S. 2012. Intercity express bus flow in Korea and its network analysis. Physica A: Statistical Mechanics and Its Applications, 391(17): 4261-4265.

Laird J, Nellthorp J, Mackie P. 2005. Network effects and total economic impact in transport appraisal. Transport Policy, 12(6): 537-544.

Lammer S, Gehlsen B, Helbing D. 2006. Scaling laws in the spatial structure of urban road networks. Physica A: Statistical Mechanics and its Applications, 363(1): 89-95.

Levinson D. 2003. Perspectives on efficiency in transportation. International Journal of Transport Management, 1(3): 145-155.

Levinson D. 2012. Accessibility impacts of high-speed rail. Journal of Transport Geography, 22(5): 288-291.

Levinson D, Giacomin D, Badsey-Ellis A. 2016. Accessibility and the choice of network investments in the London Underground. Journal of Transport and Land Use, 9(1): 131-150.

Li S M, Shum Y M. 2001. Impacts of the national trunk highway system on accessibility in China. Journal of Transport Geography, 9(1): 39-45.

Li Z C, Sheng D. 2016. Forecasting passenger travel demand for air and high-speed rail integration service: A case study of Beijing-Guangzhou corridor, China. Transportation Research Part A: Policy and Practice, 94: 397-410.

Linneker B, Spence N. 1996. Road transport infrastructure and regional economic development: The regional development effects of the M25 London orbital motorway. Journal of Transport Geography, 4(2): 77-92.

Liu S, Zhu X. 2004. Accessibility analyst: An integrated GIS tool for accessibility analysis in urban transportation planning. Environment and Planning B: Planning and Design, 31(1): 105-124.

Loo B P Y. 2002. The potential impacts of strategic highways on new town development: A case study of Route 3 in Hong Kong. Transportation Research Part A: Policy and Practice, 36(1): 41-63.

López E, Gutiérrez J, Gómez G. 2008. Measuring regional cohesion effects of large-scale transport infrastructure investments: An accessibility approach. European Planning Studies, 16(2): 277-301.

López S, Monzón A, Ortega E, et al. 2009. Assessment of cross-border spillover effects of national transport infrastructure plans: An accessibility approach. Transport Reviews, 29(4): 515-536.

Luoma M, Mikkonen K, Palomäki M. 1993. The threshold gravity model and transport geography: How transport development influences the distance-decay parameter of the gravity model. Journal of Transport Geography, 1993, 1(4): 240-247.

Määttä-Juntunen H, Antikainen H, Kotavaara O, et al. 2011. Using GIS tools to estimate CO_2 emissions related to the accessibility of large retail stores in the Oulu region, Finland. Journal of Transport Geography, 19(2): 346-354.

Mancuso P. 2014. An analysis of the competition that impinges on the Milan-Rome intercity passenger transport link. Transport Policy, 32: 42-52.

Martin J C, Reggiani A. 2007. Recent methodological developments to measure spatial interaction: Synthetic accessibility indices applied to high-speed train investments. Transport reviews, 27(5): 551-571.

Martínez H, Givoni M. 2012. The accessibility impact of a new high-speed rail line in the UK—A preliminary analysis of winners and losers. Journal of Transport Geography, 25(11): 105-114.

Martínez H, Moyano A, Coronado J, et al. 2016. Catchment areas of high-speed rail stations: A model based on spatial analysis using ridership surveys. European Journal of Transport & Infrastructure Research, 16(2): 364-384.

Massonh S, Petiot R. 2009. Can the high speed rail reinforce tourism attractiveness? The case of the high speed rail between Perpignan (France) and Barcelona (Spain). Technovation, 29(9): 611-617.

Mikkonen K, Luoma M. 1999. The parameters of the gravity model are changing—How and why. Journal of Transport Geography, 7(4): 277-283.

Monzón A, Ortega E, López E. 2013. Efficiency and spatial equity impacts of high-speed rail extensions in urban areas. Cities, 30(1): 18-30.

Morris J M, Dumble P L, Wigan M R. 1978. Accessibility indicators for transport planning. Transportation Research Part A: General, 13(2): 91-109.

Moya-Gómez B, Salas-Olmedo M, García-Palomares, et al. 2018. Dynamic accessibility using big data: The role of the changing conditions of network congestion and destination attractiveness. Networks and Spatial Economics, 18(2): 273-290.

Munnell A H. 1992. Infrastructure Investment and Economic Growth. Journal of Economic Perspectives, 6(4): 189-198.

O'Kelly M E. 1987. A quadratic integer program for the location of interacting hub facilities. European Journal of Operational Research, 32(3): 393-404.

Ortega E, López E, Monzón A. 2012. Territorial cohesion impacts of high-speed rail at different planning levels. Journal of Transport Geography, 24(9): 130-141.

Owen A, Levinson D M. 2015. Modeling the commute mode share of transit using continuous accessibility to jobs. Transportation Research Part A: Policy and Practice, 74(4): 110-122.

Páez A. 2004. Network accessibility and the spatial distribution of economic activity in eastern Asia. Urban Studies, 41(11): 2211-2230.

Pereira M A, Sagalés O R. 2003. Spillover effects of public capital formation: Evidence from the Spanish regions. Journal of Urban Economics, 53(2): 238-256.

Prideaux B. 2000. The role of the transport system in destination development. Tourism Management, (21): 53-63.

Pyrialakou V D, Gkritza K, Fricker J D. 2016. Accessibility, mobility, and realized travel behavior: Assessing transport disadvantage from a policy perspective. Journal of Transport Geography, (51): 252-269.

Ribeiro A, Antunes A P, Páez A. 2010. Road accessibility and cohesion in lagging regions: Empirical evidence from Portugal based on spatial econometric models. Journal of Transport Geography, 18(1): 125-132.

Sasaki K, Ohashi T, Ando A. 1997. High-speed rail transit impact on regional systems: Does the Shinkansen contribute to dispersion? The Annals of Regional Science, 31(1): 77-98.

Shen Q. 1998. Location characteristics of inner-city neighborhoods and employment accessibility of low-wage workers. Environment and Planning B: Planning and Design, 25(3): 345-365.

Simmons J. 2005. The urban system and linkages1building, connecting and sharing knowledge: A dialogue on linkges between communities. Toronto: Ryerson University.

Spieckermann K, Wegener M. 1996.Trans-European networks and unequal accessibility in Europe. European Journal of Regional Development, 4: 35-42.

Taaffe E J. 1962. The urban hierarchy: An air passenger definition. Economic Geography, 38(1): 49.

Upchurch C, Kuby M, Zoldak M, et al. 2004. Using GIS to generate mutually exclusive service areas linking travel on and off a network. Journal of Transport Geography, 12(1): 23-33.

Ureña J M, Menerault P, Garmendia M. 2009. The high-speed rail challenge for big intermediate cities: A national, regional and local perspective. Cities, 26(5): 266-279.

van Wee B. 2016. Accessible accessibility research challenges. Journal of Transport Geography, 51: 9-16.

van Wee B, Geurs K. 2011. Discussing equity and social exclusion in accessibility evaluations. European Journal of Transport and Infrastructure Research, 11(4): 350-367.

van den Heuvel F P, Rivera L, van Donselaar K H, et al. 2014. Relationship between freight accessibility and logistics employment in US counties. Transportation Research Part A: Policy and Practice, 59(1): 91-105.

Vandenbulcke G, Steenberghen T, Thomas I. 2009. Mapping accessibility in Belgium: A tool for land-use and transport planning? Journal of Transport Geography, 17(1): 39-53.

Vickerman R W. 1995. The regional impacts of Trans-European networks. Annals of Regional Science, 29(2): 237-254.

Vickerman R. 1997. High-speed rail in Europe: Experience and issues for future development. The Annals of Regional Science, (31): 21-38.

Vickerman R, Spiekermann K, Wegener, M. 1999. Accessibility and economic development in Europe. Regional Studies, 33(1): 1-5.

Wang X, Huang S S, Zou T Q, et al. 2012. Effects of the high speed rail network on China's regional tourism development. Tourism Management Perspectives, (1): 34-38.

Weisbrod G, Treyz F. 1998. Productivity and accessibility: Bridging project-specific and macroeconomic analyses of transportation investments. Journal of Transportation and Statistics, 1(3): 65-79.

Willigers J, van Wee B. 2011. High-speed rail and office location choices. A stated choice experiment for the Netherlands. Journal of Transport Geography, 19(4): 745-754.

Zhao F, Chung S. 2001. Contributing factors of annual average daily traffic in a Florida county: Exploration with geographic information system and regression models. Journal of the Transportation Research Board, 1769(1): 113-122.

Zheng S Q, Kahn M E. 2013. China's bullet trains facilitate market integration and mitigate the cost of megacity growth. Proceedings of the National Academy of Sciences of the United States of America (PNAS), 110(5): 1248-1253.